全国教育科学“十二五”规划2015年度教育部重点课题
——县域城乡教师交流制度下乡村教师质量监控与问责机制研究(DHA150279)

乡村教师
质量监控问题研究

于海英　郭择汗　张索勋　著

北　京
冶　金　工　业　出　版　社
2018

内 容 提 要

本书以乡村教师质量监控问题为研究主题进行了系统的探讨。在文献研究的基础上，梳理了乡村教师对于乡村教育、乡村文化和城乡教育一体化等方面的价值与意义；实证研究主要从乡村教师监控主体、监控内容、监控方式和监控效果等几个方面进行了数据分析；在数据分析基础上总结了目前乡村教师质量监控中存在的问题；结合理论和现实需要对乡村教师质量监控提出了具体建议。

本书可供教育领域研究、管理、教学等人员阅读，也可供教育专业师生参考。

图书在版编目(CIP)数据

乡村教师质量监控问题研究/于海英，郭择汗，张索勋著.
—北京：冶金工业出版社，2018.4
ISBN 978-7-5024-7769-1

Ⅰ.①乡… Ⅱ.①于… ②郭… ③张… Ⅲ.①农村学校
—师资培养—研究—中国 Ⅳ.①G451.2

中国版本图书馆 CIP 数据核字（2018）第 069354 号

出 版 人 谭学余
地 址 北京市东城区嵩祝院北巷 39 号 邮编 100009 电话 (010)64027926
网 址 www.cnmip.com.cn 电子信箱 yjcbs@cnmip.com.cn
责任编辑 曾 媛 美术编辑 吕欣童 版式设计 孙跃红
责任校对 石 静 责任印制 牛晓波
ISBN 978-7-5024-7769-1
冶金工业出版社出版发行；各地新华书店经销；北京虎彩文化传播有限公司印刷
2018 年 4 月第 1 版，2018 年 4 月第 1 次印刷
169mm×239mm；12.5 印张；242 千字；190 页
69.00 元

冶金工业出版社 投稿电话 (010)64027932 投稿信箱 tougao@cnmip.com.cn
冶金工业出版社营销中心 电话 (010)64044283 传真 (010)64027893
冶金书店 地址 北京市东四西大街 46 号(100010) 电话 (010)65289081(兼传真)
冶金工业出版社天猫旗舰店 yjgycbs.tmall.com

前　言

随着城乡教育一体化的推进，保证乡村教师质量提升成为基础教育领域关注的焦点。对目前的乡村教师质量现状做出一个科学、全面的判断尤为重要。于是，乡村教师质量监控与问责成为城乡教育一体化背景下一个不可回避的问题。这就需要建构乡村教师质量监控与问责机制，据此对乡村教师质量状况进行监督和调控，探索乡村教师质量提升的策略；需要研究乡村教师质量问题的监控与问责机制，据此判断乡村教师质量提升价值大小，以对没有达到预期目标的地区通过实行监控与问责将乡村教师质量提升的负影响降到最低点。

本书通过乡村教师质量监控与问责的现状与问题的调查、解释与评价，为乡村教师质量监控与问责理论发展提供现实起点，在此基础上提升乡村教师质量监控与问责的科学性，促进乡村教师质量提升的可持续发展；以乡村教师质量监控与问责现状的梳理为基础，在系统的理论中认识和评价乡村教师质量监控与问责机制，不断提高乡村教师质量监控与问责机制理论的解释力；在政策与技术层面建立和完善县域内城乡教师交流制度下的乡村教师质量监控与问责机制，为提升县域内乡村教师质量提供教育理论支持和实践操作标准。

书中通过对乡村教师质量监控与问责情况和实践的调查及相应理论研究，来评价乡村教师质量监控与问责实践，寻找乡村教师质量监控与问责的盲点，完善乡村教师质量监控与问责理论体系，为乡村教师质量监控与问责机制的建立与完善提供参考，以获得系统全面的县域内城乡教师交流制度下的乡村教师质量监控与问责状况与实践的数据。

本书是全国教育科学规划2015年度教育部重点项目“县域城乡教师交流制度下乡村教师质量监控与问责机制研究”（课题批准号：DHA150279）的研究成果，感谢全国教育科学规划领导小组办公室对课题研究的资助。本书采用的数据是本课题组成员在某两个省范围内选取的几个有代表性的学校进行的调查中获得的。在本书的写作过程中，本科生孙伍玥、林晓文、刘爽、刘云然、杜佳楠、梁书苹、庞雨婷、孙悦、汪丽、王晨、王桂玲、王天玉、徐余鑫、于晓彤、张汝、张睿航帮助了数据的录入；研究生井雨宁、王聪、李久晶、牛丽莹对文献进行了梳理，并对书稿进行了校对。在此一并表示衷心的感谢！

由于作者水平所限，书中不妥之处，恳请读者批评指正。

著　者

2017年12月

目 录

第一章 乡村教师质量历史扫描与同时态评价

第一节 乡村教师的概念及发展历史

一、乡村及乡村教师的认识

乡村用来指一种地域的概念。乡村指的是城市以外的一切地域，严格地讲是城市建成区以外的地区，这样，乡村是一个空间地域系统，与作为一个产业部门的农业有本质的差异。从空间和人口上看，乡村指的是单个聚落人口规模较小的单位或地域，聚落与聚落之间是相对开阔的地域，每个聚落包括的人口较少，世界各国也都曾将人口多少作为划分城市与乡村的标准。从经济发展的方式来看，乡村的经济发展方式主要为农业经济，乡村的绝大部分土地也为农业用地。居民所从事的生产生活方式也大多为务农，这也是在乡村生活的居民主要的收入来源。

乡村教师即是在乡村从事教育的工作者，服务对象为农村学生，乡村教师为乡村文明和文化事业的发展做出了巨大的贡献。乡村教师是乡村教育发展的基石。

二、乡村教师队伍建设历程

（一） 乡村教师队伍的初建时期（1949—1956 年）

中华人民共和国建立之初，乡村人口占我国总人口的绝大多数，因此农村教育的发展势在必行，乡村教师对教育的发展尤为重要。当时我国的“文盲”率高达 80%，农村（含县、乡、村）仅有 20 万所学校，学生不足 2 千万人，而全国中小学教师只有 90.3 万人，然而全国的中小学教师大部分在城市中任教。由于新中国成立之初，我国生产力发展较为迟缓，科学技术落后，社会生产力对教育具有制约作用，当时我国的广大农村经济落后，人民生活贫困，而在农村为了生产劳动，导致人口急剧增长，出现教育资源紧张，在这百废待兴的历史背景之下，我国的教育基本处于停滞不前的状态，为了建设新中国，我国急需一批关于科学技术、发展经济、提高国防、政治建设、文化发展相关人才，“扫盲运动”

应运而生，而单凭教师队伍是远远不够的，因此业余教师队伍建立起来，初中和高中毕业生也是一个很大的力量，还有一部分是农村小学教师，同时号召识字的工人和农民作为“代课教师”和民办教师出现，来作为乡村教师的代表。

（二） 乡村教师队伍建设的探索改革时期（1956—1966年）

1958年5月，中共八大二次会议正式通过了“鼓足干劲、力争上游、多快好省地建设社会主义”的总路线，期望尽快改变当时我国经济、文化落后的状况。此后在农村教育领域也出现“大跃进”，不考虑教师素质，不顾教学条件，不顾现实社会条件，不顾教育实际情况，盲目追求高速度，致使乡村教师整体素质较低。

在这段时期，知识分子“上山下乡”，一部分知识分子成为乡村教师，但受一定时代的影响，这段时期的教育注重劳动与实践结合。梁漱溟认为，知识分子走向乡村，是改变那时中国社会凋敝和农民困顿的基本途径，也是传统知识分子在其现代转换中应进行的新使命和新事业，更应该是中国民族自救和复兴的最佳选择。下乡的知识分子为乡村教育事业的发展作出贡献，同时为乡村教师注入新的活力。但是这些下乡的知识分子中部分乡村教师缺乏师范教育领域的专业知识。

（三） 乡村教师队伍建设遭受严重冲击时期（1966—1976年）

“文化大革命”时期，教育领域受到严重冲击，知识分子遇到重创，一部分乡村教师失去教师身份，自上而下地出现对教育的不重视，教师被称为“臭老九”，教师成为被批斗和迫害的对象。在这段期间高考被取消，失去了人才的选拔机制。许多大中小学的学生和老师卷入“文革”的活动中，课堂和教育活动处于一片混乱之中，在这段期间师范教育并不注重教师专业化的发展，教师素质低下，乡村教师大量流失，乡村教育出现严重问题。

（四） 乡村教师队伍建设的恢复和发展时期（1976—1993年）

1977年5月24日，邓小平与中央两位同志谈话时指出：“我们要实现现代化，关键是科学技术要能上去。发展科学技术，不抓教育不行。靠空讲不能实现现代化，必须有知识，有人才。”“一定要在党内造成一种空气：尊重知识，尊重人才。”1978年对我国具有划时代意义，党的十一届三中全会实现了思想路线的“拨乱反正”，我国乡村教育事业得以继续发展。

在这一历史背景之下，我国开始重视师范教育，增加乡村教师数量，提高乡村教师的素质，乡村教师的待遇有所提高，加强了对乡村教师队伍的建设，针对应届师范毕业生进行合理分配。

（五） 乡村教师队伍的标准化、法制化建设时期（1993年至今）

进一步提高乡村教师的社会地位。党的第十四次全国代表大会明确提出“必须把教育摆在优先发展的战略地位，努力提高全民族的思想道德和科学文化水平，这是实现我国现代化的根本大计”，确定了20世纪90年代我国改革和建设的主要任务。提出了加强教师队伍建设的重要举措，教育的发展在于教师，教师的地位又一次提高。

通过对20世纪乡村教师队伍建设不足进行的完善，乡村教师队伍逐渐壮大，取得了很大的发展，使我国乡村教师队伍水平有了整体的提高，国家政府制定相应的政策，对乡村教师的重视度不断增加，是提高乡村教育的有力保障，更好更快地促进乡村的文教事业发展，有利于实现我国教育的现代化发展。

第二节　乡村教师质量备受关注的缘由

一、乡村教师质量之于乡村教育的意义

（一）　乡村教师质量是乡村教育发展的关键因素

乡村教师是在乡村从事教育的工作者，服务对象为农村学生，乡村教师为乡村文明和文化事业的发展做出了巨大的贡献，乡村教师是乡村教育发展的基石。教师是人类文明与科学知识的传播者，在教育事业的发展中起着桥梁和纽带的重要作用，将科学文化知识无私地传递给下一代，使得人类文明得以延续和发展。如何更好地把知识和经验传递给学生，主要在于教师，教师的作用日益凸显，提高教师自身素质是不可缺少的条件。

乡村教育的发展依赖于优秀的乡村教师，高质量的乡村教师代表着先进的乡村文化，也是乡村教育发展的关键因素，是社会主义精神文明建设的重要力量，乡村教育中乡村教师是不可或缺的，优秀的师资力量推动乡村教育的发展，是乡村教育发展的关键因素。

（二）　提高乡村教师质量有利于乡村教育的现代化发展

2020年实现教育现代化的战略目标，关键在于乡村教育现代化的实现。乡村教师是知识的传播者，通过不断学习，更新教育观念，打破单一陈旧的东西，促进乡村学生各方面的发展；优秀的师资队伍是优化课程结构的关键，因地制宜，积极汲取现代文明，结合乡村的本土的文化特征，加强校本课程的开发，使乡村教育拥有自己的当地特色。教师在教育过程中逐渐改进教学模式，建立高效的课堂，课堂教学是实现教育现代化的主渠道，通过课堂实施民主化的教学。

乡村教师的质量制约着乡村教育现代化的发展速度，高素质的师资力量通过新的教育观念，利用新的教育方法，推进乡村教育现代化的发展，把乡村学生培养成现代社会所需要的人才，实现我国教育现代化的战略目标。

（三） 提高乡村教师质量有利于乡村教育的可持续发展

乡村教师是乡村教育的砥柱，也是乡村文教事业的主要承担者，教育的基本功能和主要任务是需要教师去完成的。乡村教师在教育过程中，树立新的思想观念，培养创新型人才，在教育管理上不断地创新，促进乡村教学工作的有效性、创造性的发展；培养学生终身学习的观念，在教育教学中尊重学生的个性化发展，促进乡村教育的可持续发展，为将来社会的发展奠定良好的基础。

高专业素质的教师，是学校教育发展的源泉。高质量的乡村教师具有较高的文化素养，通过培养提高下一代的科学文化素质，从而促进经济的发展和社会文明的进步，推进社会的可持续发展。

因此，国家应提高对乡村教师的重视，提高乡村教师的社会地位和教师专业素养。提高乡村教师专业能力素质，进一步提高乡村教育教学质量，还要不断地深入分析乡村地区的教育特点，同时要充分了解乡村地区的基本情况，积极探索适合的教育方法，建设一支强大的乡村教师队伍，促进城乡教育的均衡发展，从而推进我国社会主义的精神文明建设。

二、乡村教师质量之于乡村文化的意义

（一） 提高乡村教师的质量有利于乡村文化的保存

乡村教师具有一定的乡村生活经验，对当前的乡村的实际情况和乡村日常生活较为熟悉，乡村教师作为知识分子是乡村教育的主要的承担者，同时乡村教师被赋予为乡村文化传承者，乡村教师不仅是在校生的教师，同时还是乡村民众的教师。乡村教师能够对本地区的乡村文化进行辨别筛选、汇总整理和文化的保存，运用优秀的乡村文化制定地方课程，这就对乡村教师的素质有了一定的要求。

乡村教师的高质量有利于乡村文化的保存，乡村教师要不断提升自身科学文化素质，了解本地的风土人情和文化历史，提高自身课程开发能力，制定地方放课程，把本地区的乡村文化融入到地方课程中，使得这些优秀文化得以保存和传递。

（二） 提高乡村教师的质量有利于乡村文化的传播

教师作为乡村地区的文化者和高素质群体，是乡村文化传播的重要力量，是乡村文化传递与发展的主要推动者。同时，他们也有能力承担乡村文化的传播与交流。具有良好素质的乡村教师能够汇集优秀文化，在课堂内外与学生交流时能能够潜移默化地影响学生。乡村教师在进行对外交流时承载着自身的文化素养和所处的文化背景，使得各地区的文化碰撞、补充和交融。

乡村文化是我们本民族文化的一部分，将得到世人认可的、优秀的、有价值

的乡村文化传播出去，有利于丰富我国的民族文化，使得各个民族之间相互交流、互为补充，逐渐形成我们整个人类的文明。

（三） 提高乡村教师的质量有利于乡村文化的提升

乡村教师在进行文化选择的过程中“取其精华，去其糟粕”，对于本地区的文化进行取舍，在教学过程中加强引导学生。教师在文化的选择、提升的过程中起着引导的作用，有利于引导乡民们形成价值判断和价值选择，以保证乡村文化自身的发展与进步。文化的提升同时也在交流和交往中进行，吸取其他优秀的文化发展提升本地区的文化。

乡村教师的质量决定了教师对于文化的敏感度，教师的价值观影响着学生对文化的态度、判断和选择，学生是文化发展的未来，因此一名优秀的、高素质的教师显得尤为重要。同时教师作为知识分子，对本地区的民众有着榜样的作用，引导村民对于文化的选择和文化未来的发展方向。

（四） 提高乡村教师的质量有利于乡村文化的更新

通过学校的教育和教师的引导，培养了大量的有创造力的人才来继承和发展家乡文化。这些人才在经过接触其他文化后结合自身的文化背景进行文化的融会贯通，最后为乡村文化的发展注入了新的活力。在经过新文化的注入后，结合本乡村的文化，使得乡村文化能够在基于本地区文化特色的基础上，不断提升使之适应我国现代化的发展。

高素质的教师能够在培养学生的过程中做出正确的示范作用，培养出高素质的人才，把文化进行更好的传承，能够在未来的发展中不断丰富和壮大，使得乡村文化具有强大的生命力。

三、乡村教师质量之于城乡教育一体化的意义

（一） 提高乡村教师的质量有利于实现城乡教育一体化的目标

受历史因素影响，我国乡村人口众多，乡村教师在我国的教师队伍中占有较大比重，乡村教师的质量是实现城乡教育一体化的关键。乡村教师质量提升影响到经济建设、政治进步、文化发展等诸多方面的效益，从而缩短城乡教育一体化建设的时间，早日实现城乡教育一体化的战略目标。

（二） 提高乡村教师的质量有利于完善城乡教育一体化的结构

目前我国的城乡教育一体化体制还处于不断修复与完善中，存在一些需要解决的实际问题，乡村教师充分利用社会创造的如加强乡村教师培训力度等便利条件，不断学习，充实自我，进而提高教师们的整体素质，增强对工作的满意度与职业幸福感，积极投身于教育教学工作，在国家的帮助与扶植下，不断缓解与城市教育中的不协调现象，以实现城乡教育的均衡发展，使其结构不断完善，为城

乡一体化发展提供有利条件。这也能丰富乡村文化建设的内涵，为推进教育公平的实现奠定一定的基础。

（三） 提高乡村教师的质量有利于加快城乡教育一体化的进程

乡村教师的质量可以说直接关系到城乡教育一体化的成败，而提高乡村教师质量就会提高乡村教学的质量，乡村教师在国家对乡村教育的优惠政策影响下，学习城市现代化的教学手段，改进相应的教学方法，实现教学资源的共享，减少基础教育师资队伍的城乡差异，以逐渐缩小城乡之间的教育教学差距，全面提高教学效率，从而加快城乡教育一体化的步伐，实现教育资源的优化合理配置，利于与农村的经济增长相适应，进而加快推进农村现代化和城市化进程，从整体上促进社会主义的新农村建设。

（四） 提高乡村教师的质量有利于开创城乡教育一体化的新局面

近几年，随着"义务教育经费保障机制"等政策的落实，我国乡村教育获得了巨大发展，乡村教师在提高一系列福利待遇的同时，自身能力与质量也在提升，虽然城乡教育一体化是一个庞大而复杂的教育改革，但它又具有一定的目的性、系统性，它需要城市和乡村教育长期而持续的进行共同发展，而又不失城乡自身的原有特色。教育是培养创新型人才的主要阵地，乡村教师质量的提高，会促进乡村创新人才的培养，为日后教育改革提供后备力量，从长远上促进城乡教育的协调发展，真正让城乡之间在教育领域中相互支持与补充，做到城乡教育的整体融合，从而实现各阶段的教育目标。城乡教育一体化也对城乡之间的交流与合作创造了诸多可能性，这在一定程度上也预示着开创出城乡教育一体化的新局面。

由此可见，乡村教师的质量对于我国建设城乡教育一体化具有重要性意义。近几十年国家的快速发展，也为教育奠定了坚实的人才基础和智力保障，在对乡村日益完善的教育政策与制度的推动下，乡村教师们需要承担起建设乡村的重大责任，积极发挥自身的主观能动性，不断进行学习与实践，在社会各界的配合与努力下，实施具有中国特色的城乡教育一体化的实践模式。

需要注意的是，虽然现阶段我国的城乡教育一体化道路未实现，但在国家的正确引导下，随着乡村教师质量的不断提高，相信在不久的将来，我国能够早日实现城乡教育的一体化目标，打破原有的城乡二元体制，缩小城乡之间的差距，最终实现城乡的协调发展。

四、乡村教师质量之于教育公平的意义

（一） 提高乡村教师质量有利于教育公平的实现，优化教育资源配置

在2020年基本实现教育现代化，关键在乡村。提高乡村教师队伍的质量，

建设一支“进得去”“留得住”“教得好”的乡村教师队伍，为乡村教师提供额外的激励政策，补偿其在不利条件和环境下的所付出的额外劳动，是实现教育公平的关键。为实现教育公平，乡村教师这一弱势群体越来越得到国家和地方的关注，扶持力度也逐渐在加大，与此相应，国家出台了一系列相关政策。例如国家支持的“农村义务教育阶段学校教师特设岗位计划”（简称“特岗计划”）、“西部大开发”等都是促进教育公平的有效措施。在有限的教育资源里，通过一系列的政策措施，使教育资源最大化的得以优化，缩小城乡间的教育差异。使每个学生享受到公平的教育资源。

（二）　提高乡村教师质量有利于教育公平的完善，促进乡村建设发展

随着经济的快速发展，作为乡村知识群体的乡村教师，他们的身份不仅是承担着教书育人的“教书匠”的角色，而且也是社会文化的重要传播者。他们围绕新农村建设“生产发展、生活宽裕、乡风文明、村容整洁、管理民主”的要求，在农民核心价值观引领与培育、农村新型人才培养与造就、农民思想道德教育与农村精神文明建设、农村民主法制建设与农村法治文化重构、农村传统文化传承与创新中理应承担着重要的文化责任。乡村教师要充分利用乡村学校教学资源，明确人才培养的战略目标，乡村教师是乡村建设重要的知识文化领路人。

（三）　提高乡村教师质量有利于教育公平的深化，构建和谐社会

和谐社会呼吁全民族科学文化素质和道德水平的提高，以促进社会的进一步发展。而乡村地区整体水平的提高，对构建和谐社会，乃至实现中华民族的伟大复兴都是至关重要的一步。人是社会的主体，教育作为培养人才的基础，对构建和谐社会具有先导性作用。培养同和谐社会相适应的高素质的劳动者和专门人才，发挥我国巨大的人才资源优势，是构建社会主义和谐社会的根本保证。构建社会主义和谐社会，离不开教育公平，教育公平的实现，教师，尤其是乡村教师有不可替代的作用。

综上所述，教育公平是现代教育的核心，是各国政府教育改革的基本出发点和落脚点，始终左右着教育改革的方向并最终决定着教育改革的成败。随着我国市场经济的不断发展和教育改革的不断深入，我国在推进教育公平方面取得了一定的成效，但当前教育不公平问题仍十分突出，教育公平化的进程依然十分艰巨。尤其是乡村地区，与城市相比差别仍然很大。当前我国正处于建设社会主义和谐社会的大背景下，教育改革应积极寻求在教育公平现实问题上取得突破。建设和谐社会是经济高速发展的要求，也是时代发展的要求，它需要我们从更深层次去研究和把握，教育公平作为社会公平的重要组成部分，在构建和谐社会中将必然地发挥其不可替代的基础性推动作用。

第三节　研究思路与方法

通过理论研究和收集文献，厘清乡村教师质量的基本领域，然后设计调查问卷，通过到县、乡学校调查获得相关信息，揭示出乡村教师质量的基本状况和问题，最后，在理论设计和调查数据的基础上，分析乡村教师质量监控的理论与现实的差距，从而提出乡村教师质量监控的合理建议。

（一）研究思路

本书研究思路是从文献梳理开始，理论研究结合实证研究。文献梳理为乡村教师质量监控问题研究呈现相关研究的现状与成果，为开展理论和实践研究奠定起始点。理论研究为乡村教师质量监控的实证研究提供必要的理论框架和指导，并在此基础上为调查量表的设计提供方向与依据；实证研究获得一线数据能够为修正和纠正理论设计的偏差提供数量化的参考结果，对理论设计提供效度证据。

在文献梳理中，主要以乡村教师为核心概念进行检索，收集相关文献资料，包括期刊、书籍、网络等途径获得信息，通过文献梳理，对相关概念进行了界定，并对乡村教师的历史进行了纵向扫描，从历史角度对乡村教师有了一个较为全面的认识与了解。

在理论研究中，主要分析了乡村教师质量备受关注的缘由。探讨了乡村教师之于乡村教育的价值与意义、乡村教师质量之于乡村文化的价值与意义、乡村教师质量之于城乡教育一体化的价值与意义、乡村教师质量之于教育公平的价值与意义。阐释了乡村教师在现代社会中的重要性和必要性。

在实证研究中，主要运用调研数据，从乡村教师质量监控主体、监控内容、监控方式、监控效果等方面进行剖析，探讨了乡村教师质量监控状况与问题，发现了监控主体、监控内容、监控方式、监控效果的相关影响因素，为建构有效策略提供了量化依据。

（二）研究方法

1. 文献梳理

本书在文献梳理过程中主要运用了文献法。通过中国知网、超星图书馆、ERIC 等收集了大量的乡村教师、乡村教师质量方面的文献，并在初步整理的基础上进行了筛选，对于相关性较高的文献进行了深入的分析与研究，析出了价值较高的内容作出综述，通过历史扫描的形式呈现在本书中。

2. 理论研究

本书在相关的教育学、社会学等方面的理论综合的基础上进行了研究框架的设计，从理论上设计了乡村教师质量监控的理论框架：从监控主体、监控内容、监控方式、监控效果等方面思考以及核心概念与问题，为实证的量表设计提供了依据与方向指导。

3. 实证研究

在文献梳理与理论研究的基础上设计了乡村教师质量监控的调查量表（见附录）与访谈提纲。量表形成后进行了小范围的试测，并进行了量表的质量分析，并对量表进行了修订与调整形成了正式量表。本书的调查样本选择了 H 省某县、S 省某县、B 省某县的县、乡学校的教师，于 2016 年 10~12 月实施了调研。样本选取采取了分层法，对各层次（县、乡、村）学校进行了抽样调查，在选定的部分样本中进行了访谈和问卷调查。

第二章　乡村教师质量监控主体

第一节　谁参与了乡村教师质量监控?

一、校内人员

（一） 参与监控的频率

在调查的987名被试中，一直参加教师质量监控的校内人员有191人，占19.4%；经常参加教师质量监控的校内人员有359人，占36.4%；有时参加教师质量监控的校内人员有282人，占28.6%。这三种情况累积百分比达到了84.3%。偶尔参加教师质量监控的校内人员有109人，占11%；从来没有参加教师质量监控的只有46人，占4.7%。从数据分析情况来看，绝大部分学校校内人员能够参与学校的教师质量监控。

（二） 具备的监控素质

在调查的987名被试中，5人未填写相关信息。982名被试中，认为自己非常缺乏专门监控知识的人有28人，占2.8%；认为自己比较缺乏专门监控知识的人有273人，占27.7%；认为自己一般缺乏监控专门知识的人有471人，占47.7%。以上三种情况累积百分比达到了78.6%。认为自己不太缺乏监控专门知识的人有163人，占16.5%；认为自己完全不缺乏监控专门知识的人有47人，占4.8%。从数据分析情况来看，大部分学校校内人员还是认为自己在参加教师质量监控方面缺乏相应的专门知识。

（三） 监控意见受重视程度

在调查的987名被试中，认为自己的监控意见非常应该受到重视的人有219人，占22.2%；认为自己的监控意见比较应该受到重视的人有398人，占40.3%；认为自己的监控意见一般受到重视的人有347人，占35.2%。以上三种情况累积百分比达到了97.7%。认为自己的监控意见不太应该受到重视的人有20人，占2.0%；认为自己的监控意见完全不应该受到重视的人有3人，占0.3%。几乎所有的校内人员都认为自己的监控意见应该受到重视，这也从另一方面体现出对自己的监控意见价值的认可。

二、校外人员

（一） 参与监控的频率

在调查的987名被试中，1人未填写相关信息。986人中，一直参与教师质量监控的人有103人，占10.4%；经常参与教师质量监控的人有255人，占25.8%；有时参与教师质量监控的人有290人，占29.4%。这三种情况累积百分比达到了65.7%。偶尔参与教师质量监控的人有195人，占19.8%；从来没有参与教师质量监控的人有143人，占14.5%。从数据分析情况来看，部分学校中有校外人员参与学校的教师质量监控。

（二） 具备的监控素质

在调查的987名被试中，认为校外人员完全能胜任的被试有76人，占7.7%；认为校外人员大部分能胜任的被试有267人，占27.1%；认为校外人员一半能胜任的被试有133人，占13.5%；认为校外人员小部分能胜任的被试有388人，占39.3%；认为完全不能胜任的被试有123人，占12.5%。从统计数据分析结果可以看出，对于校外人员参与教师质量监控，学校的教师并不是十分认可，许多被试认为校外人员在胜任能力方面存在不足。

（三） 监控意见受重视程度

在调查的987名被试中，1名被试为填写相关信息。986名被试中，认为校外人员的监控意见非常应该受到重视的人有220人，占22.3%；认为校外人员的监控意见比较应该受到重视的人有407人，占41.2%；认为校外人员的监控意见一般受到重视的人有276人，占28.0%。以上三种情况累积百分比达到了91.6%。认为校外人员的监控意见不太应该受到重视的人有65人，占6.6%。认为校外人员的监控意见完全不应该受到重视的人有18人，占1.8%。大部分的被试都认为校外人员的监控意见应该受到重视，但也有8%的被试对校外人员参与教师质量监控不太重视。

第二节　不同主体间的监控是否存在差异？

一、校内人员作为监控主体的差异分析

（一） 监控频率差异分析

1. 家庭所在地不同的校内人员参与监控频率

家庭所在地不同的被试参与教师质量监控的频率存在显著差异（表2-1）。在987名被试中，有5名被试未填写相关信息，作为缺失值处理。982名被试中，

家庭所在地在县城的被试共有 333 人，其中一直参与教师质量监控的有 63 人，占 18.9%；经常参与教师质量监控的有 115 人，占 34.5%；有时参与教师质量监控的有 93 人，占 27.9%；偶尔参与教师质量监控的有 48 人，占 14.4%；从来没有参与教师质量监控的有 14 人，占 4.2%。家庭所在地在乡镇的被试共有 382 人，其中一直参与教师质量监控的有 70 人，占 18.3%；经常参与教师质量监控的有 159 人，占 41.6%；有时参与教师质量监控的有 93 人，占 24.3%；偶尔参与教师质量监控的有 39 人，占 10.2%；从来没有参与教师质量监控的有 21 人，占 5.5%。家庭所在地在村屯的被试共有 267 人，其中一直参与教师质量监控的有 57 人，占 21.3%；经常参与教师质量监控的有 82 人，占 30.7%；有时参与教师质量监控的有 96 人，占 36.0%；偶尔参与教师质量监控的有 21 人，占 7.9%；从来没有参与教师质量监控的有 11 人，占 4.1%。

表 2-1 不同家庭所在地与参与教师教学质量的监控频率交叉制表

项目			参加教师教学质量的监控情况					合计
			一直	经常	有时	偶尔	从来没有	
家庭所在地	县城	计数	63	115	93	48	14	333
		家庭所在地中的占比/%	18.9	34.5	27.9	14.4	4.2	100.0
	乡镇	计数	70	159	93	39	21	382
		家庭所在地中的占比/%	18.3	41.6	24.3	10.2	5.5	100.0
	村屯	计数	57	82	96	21	11	267
		家庭所在地中的占比/%	21.3	30.7	36.0	7.9	4.1	100.0
合计		计数	190	356	282	108	46	982
		家庭所在地中的占比/%	19.3	36.3	28.7	11.0	4.7	100.0

通过卡方检验结果显示，卡方值等于 20.865，自由度为 8，P 值为 0.008，$P<0.01$，家庭所在地不同的校内人员参加教师教学质量的监控的频率方面存在显著差异。从整体情况来看，不同家庭所在地的被试大部分都能参与教师质量监控，只有小部分从来没有参与过。从累积百分比来看，家庭所在地在乡镇的被试中一直和经常参与教师质量监控的百分比高于家庭所在地为县城与村屯的被试。县城和乡镇的被试中较大的百分比集中在经常参与监控中，而村屯的被试中较大百分比集中在有时参与监控中。

2. 不同身份的校内人员参与监控频率

不同身份的被试参与教师质量监控的频率存在显著差异（表 2-2）。在 987 名被试中，有 54 人未填写相关信息，作为缺失值处理。在 933 名被试中，本校教师 905 人中，一直参与教师质量监控的有 175 人，占 19.3%；经常参与教师质量监控的有 340 人，占 37.6%；有时参与教师质量监控的有 256 人，占 28.3%；偶尔参与教师质量监控的有 94 人，占 10.4%；从来没有参与教师质量监控的有 40 人，占 4.4%。交流与代课教师的 28 名被试中，一直参与教师质量监控的有 3 人，占 10.7%；经常参与教师质量监控的有 4 人，占 14.3%；有时参与教师质量监控的有 13 人，占 46.4%；偶尔参与教师质量监控的有 5 人，占 17.9%；从来没有参与教师质量监控的有 3 人，占 10.7%。

表 2-2　不同身份教师与参与教师教学质量的监控频率交叉制表

项目			参与教师教学质量的监控情况					合计
			一直	经常	有时	偶尔	从来没有	
不同身份教师	本校教师	计数	175	340	256	94	40	905
		不同身份教师中的占比/%	19.3	37.6	28.3	10.4	4.4	100.0
	交流与代课教师	计数	3	4	13	5	3	28
		不同身份教师中的占比/%	10.7	14.3	46.4	17.9	10.7	100.0
合计		计数	178	344	269	99	43	933
		不同身份教师中占比/%	19.1	36.9	28.8	10.6	4.6	100.0

通过卡方检验结果显示，卡方值等于 11.915，自由度为 4，P 值为 0.018，$P<0.05$，不同身份教师参与教师教学质量的监控频率方面存在显著差异。从整体数据情况来看，本校教师一直和经常参与监控频率的百分比较高，累积百分比达到 56%，而交流与代课教师的参与监控频率的百分比较低，交流与代课教师参与教师质量监控频率较高的百分比集中在有时这一选项。从这一分析数据可以看出，交流与代课教师参与教师质量监控的频率较小，机会较少。

3. 不同职务的校内人员参与监控频率

不同职务的校内人员参与教师质量监控频率方面存在显著差异（表 2-3）。在 987 名被试中，有 5 名被试未填写相关信息，作为缺失值处理。982 名被试中，学校高层被试 63 人中，一直参与教师质量监控的有 30 人，占 47.6%；经常参与教师质量监控的有 22 人，占 34.9%；有时参与教师质量监控的有 6 人，占 9.5%；偶尔参与教师质量监控的有 3 人，占 4.8%；从来没有参与教师质量监控的有 2 人，占 3.2%。学校中层被试 287 人中，一直参与教师质量监控的有 44 人，占 15.3%；经常参与教师质量监控的有 123 人，占 42.9%；有时参与教师质量监控的有 82 人，占 28.6%；偶尔参与教师质量监控的有 22 人，占 7.7%；从来没有参与教师质量监控的有 16 人，占 5.6%。学校教师被试 632 人中，一直参与教师质量监控的有 116 人，占 18.4%；经常参与教师质量监控的有 212 人，占

33.5%；有时参与教师质量监控的有 192 人，占 30.4%；偶尔参与教师质量监控的有 84 人，占 13.3%；从来没有参与教师质量监控的有 28 人，占 4.4%。

表 2-3　不同职务的教师与参与教师教学质量的监控频率交叉制表

项目			参加教师教学质量的监控情况					合计
			一直	经常	有时	偶尔	从来没有	
不同职务	学校高层	计数	30	22	6	3	2	63
		不同职务中的占比/%	47.6	34.9	9.5	4.8	3.2	100.0
	学校中层	计数	44	123	82	22	16	287
		不同职务中的占比/%	15.3	42.9	28.6	7.7	5.6	100.0
	教师	计数	116	212	192	84	28	632
		不同职务中的占比/%	18.4	33.5	30.4	13.3	4.4	100.0
合计		计数	190	357	280	109	46	982
		不同职务中的占比/%	19.3	36.4	28.5	11.1	4.7	100.0

通过卡方检验结果显示，卡方值等于 51.170，自由度为 8，P 值为 0.000，$P<0.01$，不同职务的校内人员参与教师质量监控频率方面存在显著差异。学校高层（校长、副校长、教导主任）参与教师质量监控较高频率主要集中在一直和经常选项上，累积百分比达到 80%多，学校中层和教师参与教师质量监控较高百分比主要集中在经常和有时选项上。数据显示，学校高层参与教师质量监控的频率比学校中层和普通教师要高。

4. 不同类型学校的校内人员参与监控频率

不同类型学校的校内人员参与教师质量监控频率方面存在显著差异（表 2-4）。在 987 名被试中，小学 478 名被试中，一直参与教师质量监控的有 101 人，占 21.1%；经常参与教师质量监控的有 167 人，占 34.9%；有时参与教师质量监控的有 133 人，占 27.8%；偶尔参与教师质量监控的有 45 人，占 9.4%；从来没有参与教师质量监控的有 32 人，占 6.7%。初中 478 名被试中，一直参与教师质量监控的有 57 人，占 22.8%；经常参与教师质量监控的有 106 人，占 42.4%；有时参与教师质量监控的有 57 人，占 22.8%；偶尔参与教师质量监控的有 23 人，占 9.2%；从来没有参与教师质量监控的有 7 人，占 2.8%。完全中学 32 名被试中，一直参与教师质量监控的有 4 人，占 12.5%；经常参与教师质量监控的有 15 人，占 46.9%；有时参与教师质量监控的有 7 人，占 21.9%；偶尔参与教师质量监控的有 5 人，占 15.6%；从来没有参与教师质量监控的有 1 人，占 3.1%。九年一贯制学校 227 名被试中，一直参与教师质量监控的有 29 人，占 12.8%；经常参与教师质量监控的有 71 人，占 31.3%；有时参与教师质量监控的有 85 人，占 37.4%；偶尔参与教师质量监控的有 36 人，占 15.9%；从来没有参与教师质量监控的有 6 人，占 2.6%。

表 2-4　不同类型学校的教师与参加教师教学质量的监控情况交叉制表

项目			参加教师教学质量的监控情况					合计
			一直	经常	有时	偶尔	从来没有	
不同类型学校	小学	计数	101	167	133	45	32	478
		不同类型学校中的占比/%	21.1	34.9	27.8	9.4	6.7	100.0
	初中	计数	57	106	57	23	7	250
		不同类型学校中的占比/%	22.8	42.4	22.8	9.2	2.8	100.0
	完全中学	计数	4	15	7	5	1	32
		不同类型学校中的占比/%	12.5	46.9	21.9	15.6	3.1	100.0
	九年一贯制学校	计数	29	71	85	36	6	227
		不同类型学校中的占比/%	12.8	31.3	37.4	15.9	2.6	100.0
合计		计数	191	359	282	109	46	987
		不同类型学校中的占比/%	19.4	36.4	28.6	11.0	4.7	100.0

通过卡方检验结果显示，卡方值等于 38.828，自由度为 12，P 值为 0.000，$P<0.01$，不同类型学校的校内人员参与教师质量监控频率方面存在显著差异。小学、初中、完全中学中参与教师质量监控的校内人员最高百分比主要集中在经常参与这一选项上，九年一贯制学校中参与教师质量监控的校内人员最高百分比主要集中在有时选项上。小学和九年一贯制学校中有时参与教师质量监控的被试的百分比相对要高于其他类型学校的被试。

5. 不同学校所在地的校内人员参与监控频率

不同学校所在地的校内人员参与教师质量监控频率方面存在显著差异（表 2-5）。在 987 名被试中，有 1 名被试未填写相关信息，按缺失值处理。在 986 名被试中，学校所在地在县城的 256 名被试中，一直参与教师质量监控的有 60 人，占 23.4%；经常参与教师质量监控的有 83 人，占 32.4%；有时参与教师质量监控的有 67 人，占 26.2%；偶尔参与教师质量监控的有 32 人，占 12.5%；从来没有参与教师质量监控的有 14 人，占 5.5%。学校所在地在乡镇的 463 名被试中，一直参与教师质量监控的有 78 人，占 16.8%；经常参与教师质量监控的有 187 人，占 40.4%；有时参与教师质量监控的有 122 人，占 26.3%；偶尔参与教师质量监控的有 52 人，占 11.2%；从来没有参与教师质量监控的有 24 人；占 5.2%。学校所在地在村中的 267 名被试中，一直参与教师质量监控的有 53 人，占 19.9%；经常参与教师质量监控的有 89 人，占 33.3%；有时参与教师质量监控的有 93 人，占 34.8%；偶尔参与教师质量监控的有 25 人，占 9.4%；从来没有参与教师质量监控的有 7 人，占 2.6%。

表 2-5　不同学校所在地的教师与参加教师教学质量的监控情况交叉制表

项　目			参加教师教学质量的监控情况					合计
			一直	经常	有时	偶尔	从来没有	
学校所在地	县城	计　数	60	83	67	32	14	256
		学校所在地中的占比/%	23.4	32.4	26.2	12.5	5.5	100.0
	乡镇	计　数	78	187	122	52	24	463
		学校所在地中的占比/%	16.8	40.4	26.3	11.2	5.2	100.0
	村屯	计　数	53	89	93	25	7	267
		学校所在地中的占比/%	19.9	33.3	34.8	9.4	2.6	100.0
合　计		计　数	191	359	282	109	45	986
		学校所在地中的占比/%	19.4	36.4	28.6	11.1	4.6	100.0

通过卡方检验结果显示，卡方值等于 16.781，自由度为 8，P 值为 0.032，$P<0.05$，不同学校所在地的校内人员参与教师质量监控频率方面存在显著差异。县城与乡镇学校的校内人员参与教师质量监控的最高百分比集中在经常选项上，村屯学校的校内人员参与教师质量监控最高百分比集中在有时选项上，乡镇学校的校内人员经常参与教师质量监控的百分比高于县城与村屯。

（二）具备的监控素质差异分析

1. 不同第一学历的校内人员监控素质

不同第一学历的校内人员参与教师质量监控中具备的监控素质方面存在显著差异（表 2-6）。在 987 名被试中，有 36 名被试未填写相关信息，按缺失值处理。在 951 名被试中，第一学历在高中及以下的 116 名被试中，非常缺乏监控知识的有 1 人，占 0.9%；比较缺乏监控知识的有 29 人，占 25.0%；一般缺乏监控知识的有 61 人，占 52.6%；不太缺乏监控知识的有 19 人，占 16.4%；完全不缺乏监控知识的有 6 人，占 5.2%。第一学历在中专/中师的 326 名被试中，非常缺乏监控知识的有 13 人，占 4.0%；比较缺乏监控知识的有 70 人，占 21.5%；一般缺乏监控知识的有 171 人，占 52.5%；不太缺乏监控知识的有 55 人，占 16.9%；完全不缺乏监控知识的有 17 人，占 5.2%。第一学历在大专的 268 名被试中，非常缺乏监控知识的有 8 人，占 3.0%；比较缺乏监控知识的有 75 人，占 28.0%；一般缺乏监控知识的有 113 人，占 42.2%；不太缺乏监控知识的有 57 人，占 21.3%；完全不缺乏监控知识的有 15 人，占 5.6%。第一学历在本科以上的 241 名被试中，非常缺乏监控知识的有 6 人，占 2.5%；比较缺乏监控知识的有 88

人，占 36.5%；一般缺乏监控知识的有 112 人，占 46.5%；不太缺乏监控知识的有 27 人，占 11.2%；完全不缺乏监控知识的有 8 人，占 3.3%。

表 2-6　不同第一学历的教师与参与教师质量监控专门监控知识缺乏情况交叉制表

项目			参与教师质量监控专门监控知识缺乏情况					合计
			非常缺乏	比较缺乏	一般	不太缺乏	完全不缺乏	
第一学历	高中及以下	计数	1	29	61	19	6	116
		第一学历中的占比/%	0.9	25.0	52.6	16.4	5.2	100.0
	中专/中师	计数	13	70	171	55	17	326
		第一学历中的占比/%	4.0	21.5	52.5	16.9	5.2	100.0
	大专	计数	8	75	113	57	15	268
		第一学历中的占比/%	3.0	28.0	42.2	21.3	5.6	100.0
	本科以上	计数	6	88	112	27	8	241
		第一学历中的占比/%	2.5	36.5	46.5	11.2	3.3	100.0
合计		计数	28	262	457	158	46	951
		第一学历中的占比/%	2.9	27.5	48.1	16.6	4.8	100.0

通过卡方检验结果显示，卡方值等于 27.995，自由度为 12，*P* 值为 0.006，$P<0.05$，不同第一学历的校内人员在教师质量监控专门监控知识方面存在显著差异。第一学历在高中及以下、中专/中师的被试中一般缺乏监控知识的百分比最高，相比之下，第一学历在大专、本科以上的被试一般缺乏的百分比稍低一些；所有被试中，高学历（第一学历为本科以上）比较缺乏监控知识的被试百分比最高，高中及以下、中专/中师的被试的百分比则较低。

2. 不同职称的校内人员监控素质

不同职称的校内人员参与教师质量监控中具备的监控素质方面存在显著差异（表 2-7）。在 987 名被试中，有 5 名被试未填写相关信息，按缺失值处理。在 982 名被试中，职称在中教高级的 59 名被试中，非常缺乏监控知识的有 1 人，占 1.7%；比较缺乏监控知识的有 16 人，占 27.1%，一般缺乏监控知识的有 25 人，占 42.4%；不太缺乏监控知识的有 16 人，占 27.1%，完全不缺乏监控知识的有 1 人，占 1.7%。职称在中教初级的 494 名被试中，非常缺乏监控知识的有 14 人，占 2.8%；比较缺乏监控知识的有 128 人，占 25.9%；一般缺乏监控知识的有 249 人，占 50.4%；不太缺乏监控知识的有 77 人，占 15.6%；完全不缺乏监控知识的有 26 人，占 5.3%。职称在小教高级的 190 名被试中，非常缺乏监控知识的有 4 人，占 2.1%；比较缺乏监控知识的有 49 人，占 25.8%；一般缺乏监控知识的有 92 人，占 48.4%；不太缺乏监控知识的有 35 人，占 18.4%；完全不缺乏监控知识的有 10 人，占 5.3%。职称在小教初级的 139 名被试中，非常缺乏监控知识的有 4 人，占 2.9%；比较缺乏监控知识的有 34 人，占 24.5%；一般缺乏监控知识的有 68 人，占 48.9%；不太缺乏监控知识的有 25 人，占 18.0%；完全不缺乏监控知识的有 8 人，占 5.8%。没有职称的 100 名被试中，非常缺乏监控知识的有 5 人，占 5.0%；比较缺乏监控知识的有 46 人，占 46.0%；一般缺乏监控知识的有 37 人，占 37.0%；不太缺乏监控知识的有 10 人，占 10.0%；完全不缺乏监控知识的有 2 人，占 2.0%。

表 2-7　不同职称的教师与参与教师质量监控专门监控知识缺乏情况交叉制表

项目			参与教师质量监控专门监控知识缺乏情况					合计
			非常缺乏	比较缺乏	一般	不太缺乏	完全不缺乏	
不同职称	中教高级	计数	1	16	25	16	1	59
		不同职称中的占比/%	1.7	27.1	42.4	27.1	1.7	100.0
	中教初级	计数	14	128	249	77	26	494
		不同职称中的占比/%	2.8	25.9	50.4	15.6	5.3	100.0
	小教高级	计数	4	49	92	35	10	190
		不同职称中的占比/%	2.1	25.8	48.4	18.4	5.3	100.0
	小教初级	计数	4	34	68	25	8	139
		不同职称中的占比/%	2.9	24.5	48.9	18.0	5.8	100.0
	无职称	计数	5	46	37	10	2	100
		不同职称中的占比/%	5.0	46.0	37.0	10.0	2.0	100.0
合计		计数	28	273	471	163	47	982
		不同职称中的占比/%	2.9	27.8	48.0	16.6	4.8	100.0

通过卡方检验结果显示，卡方值等于 30.000，自由度为 16，P 值为 0.018，$P<0.05$，不同职称的校内人员在教师质量监控专门监控知识方面存在显著差异。除了没有职称的被试外，其他职称的被试认为自己一般缺乏监控知识的百分比最高，没有职称的被试比较缺乏的百分比最高。相比之下，中教高级职称的被试不太缺乏监控知识的百分比高于其他职称的被试。

3. 不同学校所在地的校内人员监控素质

不同学校所在地的校内人员参与教师质量监控中具备的监控素质方面存在显著差异（表 2-8）。在 987 名被试中，有 6 名被试未填写相关信息，按缺失值处理。在 981 名被试中，学校所在地在县城的 252 名被试中，非常缺乏监控知识的有 13 人，占 5.2%；比较缺乏监控知识的有 74 人，占 29.4%；一般缺乏监控知识的有 102 人，占 40.5%；不太缺乏监控知识的有 49 人，占 19.4%；完全不缺乏监控知识的有 14 人，占 5.6%。学校所在地在乡镇的 463 名被试中，非常缺乏监控知识的有 11 人，占 2.4%；比较缺乏监控知识的有 146 人，占 31.5%；一般缺乏监控知识的有 229 人，占 49.5%；不太缺乏监控知识的有 62 人，占 13.4%；完全不缺乏监控知识的有 15 人，占 3.2%。学校所在地在村屯的 266 名被试中，非常缺乏监控知识的有 4 人，占 1.5%；比较缺乏监控知识的有 53 人，占 19.9%；一般缺乏监控知识的有 139 人，占 52.3%；不太缺乏监控知识的有 52 人，占 19.5%；完全不缺乏监控知识的有 18 人，占 6.8%。

表 2-8　不同学校所在地与参与教师质量监控专门监控知识缺乏情况交叉制表

项　目			参与教师质量监控专门监控知识缺乏情况					合计
			非常缺乏	比较缺乏	一般	不太缺乏	完全不缺乏	
学校所在地	县城	计　数	13	74	102	49	14	252
		学校所在地中的占比/%	5.2	29.4	40.5	19.4	5.6	100.0
	乡镇	计　数	11	146	229	62	15	463
		学校所在地中的占比/%	2.4	31.5	49.5	13.4	3.2	100.0
	村屯	计　数	4	53	139	52	18	266
		学校所在地中的占比/%	1.5	19.9	52.3	19.5	6.8	100.0
合　计		计　数	28	273	470	163	47	981
		学校所在地中的占比/%	2.9	27.8	47.9	16.6	4.8	100.0

通过卡方检验结果显示，卡方值等于 29.705，自由度为 8，P 值为 0.000，$P<0.05$，不同学校所在地的校内人员在教师质量监控专门监控知识方面存在显著差异。学校所在地在村屯的被试中，认为自己参与教师质量监控中一般缺乏监控知识的被试比例最高，超过了 50%，而在比较缺乏监控知识方面，学校所在地在乡镇的被试百分比最高，而学校所在地在村屯的被试的百分比低于县城和乡镇学校的被试。

（三）　监控意见的受重视程度差异分析

1. 家庭所在地不同的校内人员监控意见的受重视程度

不同家庭所在地的校内人员在教师质量监控意见受重视程度方面存在显著差异（表 2-9）。在 987 名被试中，有 5 名被试未填写相关信息，按缺失值处理。在 982 名被试中，家庭所在地在县城的 333 名被试中，非常应该的有 71 人，占 21.3%；比较应该的有 158 人，占 47.4%；一般的有 97 人，占 29.1%；不应该的有 7 人，占 2.1%；家庭所在地在乡镇的 382 名被试中，非常应该的有 90 人，占 23.6%；比较应该的有 158 人，占 41.4%；一般的有 127 人，占 33.2%；不应该的有 7 人，占 1.8%；家庭所在地在村屯的 267 名被试中，非常应该的有 56

人，占 21.0%；比较应该的有 79 人，占 29.6%；一般的有 123 人，占 46.1%；不应该的有 9 人，占 3.4%。

表 2-9　不同家庭所在地与教师质量监控意见受重视程度交叉制表

项　目			参与教师质量监控意见受重视程度				合计
			非常应该	比较应该	一般	不应该	
家庭所在地	县城	计　数	71	158	97	7	333
		家庭所在地中的占比/%	21.3	47.4	29.1	2.1	100.0
	乡镇	计　数	90	158	127	7	382
		家庭所在地中的占比/%	23.6	41.4	33.2	1.8	100.0
	村屯	计　数	56	79	123	9	267
		家庭所在地中的占比/%	21.0	29.6	46.1	3.4	100.0
合　计		计　数	217	395	347	23	982
		家庭所在地中的占比/%	22.1	40.2	35.3	2.3	100.0

通过卡方检验结果显示，卡方值等于 27.081，自由度为 6，P 值为 0.000，$P<0.05$，家庭所在地不同的校内人员在监控意见的受重视程度方面存在显著差异。家庭所在地在县城与乡镇的被试认为自己监控意见比较应该受到重视的百分比最高，高于家庭所在地在村屯的被试，而家庭所在地在村屯的被试认为自己监控意见一般应该受到重视的程度百分比最高，明显高于家庭所在地在县城与乡镇的被试。

2. 不同第一学历的校内人员监控意见的受重视程度

不同第一学历的校内人员在教师质量监控意见受重视程度方面存在显著差异（表 2-10）。在 987 名被试中，有 32 名被试未填写相关信息，按缺失值处理。在 955 名被试中，第一学历为高中及以下的 116 名被试中，认为非常应该的有 23 人，占 19.8%；认为比较应该的有 50 人，占 43.1%；认为一般的有 41 人，占 35.3%；认为不应该的有 2 人，占 1.7%。第一学历为中专/中师的 328 名被试中，认为非常应该的有 76 人，占 23.2%；认为比较应该的有 106 人，占 32.3%；认为一般的有 141 人，占 43.0%；认为不应该的有 5 人，占 1.5%。第一学历为大专的 269 名被试中，认为非常应该的有 50 人，占 18.6%；认为比较应该的有

122 人，占 45.4%；认为一般的有 88 人，占 32.7%；认为不应该的有 9 人，占 3.3%。第一学历为本科以上的 242 名被试中，认为非常应该的有 65 人，占 26.9%；认为比较应该的有 107 人，占 44.2%；认为一般的有 64 人，占 26.4%；认为不应该的有 6 人，占 2.5%。

表 2-10　不同第一学历与教师质量监控意见受重视程度交叉制表

项目			参与教师质量监控意见受重视程度				合计
			非常应该	比较应该	一般	不应该	
第一学历	高中及以下	计数	23	50	41	2	116
		第一学历中的占比/%	19.8	43.1	35.3	1.7	100.0
	中专/中师	计数	76	106	141	5	328
		第一学历中的占比/%	23.2	32.3	43.0	1.5	100.0
	大专	计数	50	122	88	9	269
		第一学历中的占比/%	18.6	45.4	32.7	3.3	100.0
	本科以上	计数	65	107	64	6	242
		第一学历中的占比/%	26.9	44.2	26.4	2.5	100.0
合计		计数	214	385	334	22	955
		第一学历中的占比/%	22.4	40.3	35.0	2.3	100.0

通过卡方检验结果显示，卡方值等于 26.144，自由度为 9，P 值为 0.002，$P<0.05$，第一学历不同的校内人员在监控意见的受重视程度方面存在显著差异。在认为自己监控意见非常应该受到的所有不同第一学历的被试中，学历为本科以上的被试的百分比最高，高于其他学历的被试，认为比较应该上，除了中专/中师学历外，其他学历的被试的百分比都是本学历中最高的，中专/中师的被试在一般方面的选择百分比最高，达到了 43.0%。

3. 不同职务的校内人员监控意见的受重视程度

不同职务的校内人员在教师质量监控意见受重视程度方面存在显著差异（表 2-11）。在 987 名被试中，有 5 名被试未填写相关信息，按缺失值处理。在 982 名被试中，职务为学校高层的 63 名被试中，认为非常应该的有 20 人，占 31.7%；认为比较应该的有 29 人，占 46.0%；认为一般的有 14 人，占 22.2%；认为不应该的有 0 人，占 0%。职务为学校中层的 287 名被试中，认为非常应该的有 65 人，占 22.6%；认为比较应该的有 128 人，占 44.6%；认为一般的有 88 人，占 30.7%，认为不应该的有 6 人，占 2.1%。职务为教师的 632 名被试中，认为非常应该的有 133 人，占 21.0%；认为比较应该的有 239 人，占 37.8%；认为一般的有 243 人，占 38.4%；认为不应该的有 17 人，占 2.7%。

表 2-11　不同职务与教师质量监控意见受重视程度交叉制表

项　目			参与教师质量监控意见受重视程度				合计
			非常应该	比较应该	一般	不应该	
不同职务	学校高层	计　数	20	29	14	0	63
		不同职务中的占比/%	31.7	46.0	22.2	0.0	100.0
	学校中层	计　数	65	128	88	6	287
		不同职务中的占比/%	22.6	44.6	30.7	2.1	100.0
	教师	计　数	133	239	243	17	632
		不同职务中的占比/%	21.0	37.8	38.4	2.7	100.0
合　计		计　数	218	396	345	23	982
		不同职务中的占比/%	22.2	40.3	35.1	2.3	100.0

通过卡方检验结果显示，卡方值等于 14.267，自由度为 6，P 值为 0.027，$P<0.05$，不同职务的校内人员在监控意见的受重视程度方面存在显著差异。职务在学校高层的被试认为自己的监控意见非常应该受到重视的百分比明显高于其他职务的被试，认为自己监控意见比较应该受到重视的被试中，学校高层和学校中层的被试百分比较高，而作为教师的被试认为自己监控意见一般受到重视的百分比最高，而且还有 2.7%的教师认为自己的监控意见不应该受到重视。

4. 不同类型学校的校内人员监控意见的受重视程度

不同类型学校的校内人员在教师质量监控意见受重视程度方面存在显著差异（表 2-12）。在 987 名被试中，学校类型为小学的 478 名被试中，认为自己监控意见非常应该受到重视的有 123 人，占 25.7%；认为比较应该受到重视的有 206 人，占 43.1%；认为一般受到重视的 137 人，占 28.7%；认为不应该受到重视的有 12 人，占 2.5%。学校类型为初中的 250 名被试中，认为自己监控意见非常应该受到重视的有 47 人，占 18.8%；认为比较应该受到重视的有 101 人，占 40.4%；认为一般受到重视的 98 人，占 39.2%；认为不应该受到重视的有 4 人，占 1.6%。学校类型为完全中学的 32 名被试中，认为自己监控意见非常应该受到重视的有 13 人，占 40.6%；认为比较应该受到重视的有 9 人，占 28.1%；认为一般受到重视的 9 人，占 28.1%；认为不应该受到重视的有 1 人，占 3.1%。学校类型为九年一贯制学校的 227 名被试中，认为自己监控意见非常应该受到重视的有 36 人，占 15.9%；认为比较应该受到重视的有 82 人，占 36.1%；认为一般受到重视的 103 人，占 45.4%；认为不应该受到重视的有 6 人，占 2.6%。

表 2-12 不同类型学校与教师质量监控意见受重视程度交叉制表

项目			参与教师质量监控意见受重视程度				合计
			非常应该	比较应该	一般	不应该	
不同类型学校	小学	计数	123	206	137	12	478
		不同类型学校中的占比/%	25.7	43.1	28.7	2.5	100.0
	初中	计数	47	101	98	4	250
		不同类型学校中的占比/%	18.8	40.4	39.2	1.6	100.0
	完全中学	计数	13	9	9	1	32
		不同类型学校中的占比/%	40.6	28.1	28.1	3.1	100.0
	九年一贯制学校	计数	36	82	103	6	227
		不同类型学校中的占比/%	15.9	36.1	45.4	2.6	100.0
合计		计数	219	398	347	23	987
		不同类型学校中的占比/%	22.2	40.3	35.2	2.3	100.0

通过卡方检验结果显示，卡方值等于 30.996，自由度为 9，P 值为 0.000，$P<0.05$，不同类型学校的校内人员在监控意见的受重视程度方面存在显著差异。在认为自己监控意见非常应该受到重视方面，完全中学教师的百分比高于其他类型学校的教师，而认为自己监控意见比较应该受到重视的被试中，学校类型为小学的被试百分比高于其他类型学校的被试，而认为自己监控意见一般应该受到重视的被试中，学校类型为九年一贯制学校的被试百分比高于其他类型学校的被试。

5. 不同学校所在地的校内人员监控意见的受重视程度

不同学校所在地的校内人员在教师质量监控意见受重视程度方面存在显著差异（表 2-13）。在 987 名被试中，有 1 名被试未填写相关信息，按缺失值处理。在 986 名被试中，学校所在地为县城的 256 名被试中，认为自己监控意见非常应该受到重视的有 63 人，占 24.6%；认为比较应该受到重视的有 118 人，占 46.1%；认为一般受到重视的有 68 人，占 26.6%；认为不应该受到重视的有 7 人，占 2.7%。学校所在地为乡镇的 463 名被试中，认为自己监控意见非常应该受到重视的有 108 人，占 23.3%；认为比较应该受到重视的有 192 人，占 41.5%；认为一般受到重视的有 153 人，占 33.0%；认为不应该受到重视的有 10 人，占 2.2%。学校所在地为村屯的 267 名被试中，认为自己监控意见非常应该受到重视的有 48 人，占 18.0%；认为比较应该受到重视的有 88 人，占 33.0%；认为一般受到重视的有 125 人，占 46.8%；认为不应该受到重视的有 6 人，占 2.2%。

表 2-13　不同学校所在地与教师质量监控意见受重视程度交叉制表

项　目			参与教师质量监控意见受重视程度				合计
			非常应该	比较应该	一般	不应该	
学校所在地	县城	计　数	63	118	68	7	256
		学校所在地中的占比/%	24.6	46.1	26.6	2.7	100.0
	乡镇	计　数	108	192	153	10	463
		学校所在地中的占比/%	23.3	41.5	33.0	2.2	100.0
	村屯	计　数	48	88	125	6	267
		学校所在地中的占比/%	18.0	33.0	46.8	2.2	100.0
合　计		计　数	219	398	346	23	986
		学校所在地中的占比/%	22.2	40.4	35.1	2.3	100.0

通过卡方检验结果显示，卡方值等于 25.490，自由度为 6，P 值为 0.000，$P<0.05$，不同学校所在地的校内人员在监控意见的受重视程度方面存在显著差异。在认为自己监控意见非常应该受到重视的被试中，学校所在地在县城的百分比高于其他地方的学校。在认为自己监控意见比较应该受到重视的被试中县城的被试百分比最高，在认为自己监控意见一般受到重视的被试中，村屯教师的百分比最高，达到了 46.8%。

二、校外人员作为监控主体的差异分析

（一）　监控频率差异分析

1. 不同类型学校的校外人员参与监控频率

不同类型学校的校外人员在参与教师质量监控频率方面存在显著差异（表 2-14）。在 987 名被试中，有 1 名被试未填写相关信息，按缺失值处理。在 986 名被试中，学校类型为小学的 477 名被试中，认为校外人员一直参与的有 66 人，占 13.8%；认为经常参与的有 134 人，占 28.1%；认为有时参与的有 135 人，占 28.3%；认为偶尔参与的有 84 人，占 17.6%；认为从来没参与的有 58 人，占 12.2%。学校类型为初中的 250 名被试中，认为校外人员一直参与的有 20 人，占 8.0%；认为经常参与的有 75 人，占 30.0%；认为有时参与的有 61 人，占 24.4%；认为偶尔参与的有 51 人，占 20.4%；认为从来没参与的有 43 人，占 17.2%。学校类型为完全中学的 32 名被试中，认为校外人员一直参与的有 2 人，占 6.2%；认为经常参与的有 11 人，占 34.4%；认为有时参与的有 10 人，占 31.2%；认为偶尔参与的有 7 人，占 21.9%；认为从来没参与的有 2 人，占

6.2%。学校类型为九年一贯制学校的227名被试中，认为校外人员一直参与的有15人，占6.6%；认为经常参与的有35人，占15.4%；认为有时参与的有84人，占37.0%；认为偶尔参与的有53人，占23.3%；认为从来没参与的有40人，占17.6%。

表2-14　不同类型学校与校外人员参与学校教师质量监控情况交叉制表

项目			校外人员参与学校教师质量监控情况					合计
			一直参与	经常参与	有时参与	偶尔参与	从来没参与	
学校类型	小学	计　数	66	134	135	84	58	477
		学校类型中的占比/%	13.8	28.1	28.3	17.6	12.2	100.0
	初中	计　数	20	75	61	51	43	250
		学校类型中的占比/%	8.0	30.0	24.4	20.4	17.2	100.0
	完全中学	计　数	2	11	10	7	2	32
		学校类型中的占比/%	6.2	34.4	31.2	21.9	6.2	100.0
	九年一贯制学校	计　数	15	35	84	53	40	227
		学校类型中的占比/%	6.6	15.4	37.0	23.3	17.6	100.0
合　计		计　数	103	255	290	195	143	986
		学校类型中的占比/%	10.4	25.9	29.4	19.8	14.5	100.0

通过卡方检验结果显示，卡方值等于39.086，自由度为12，P值为0.000，$P<0.05$，不同类型学校的校外人员参与学校教师质量监控频率方面存在显著差异。不同类型学校在一直参与方面存在显著差异，小学的校外人员参与的百分比高于其他类型学校，在经常参与方面，完全中学的校外人员参与百分比要高于其他类型学校，在有时参与方面九年一贯制学校的校外人员参与百分比高于其他类型学校。

2. 不同教学质量学校的校外人员参与监控频率

不同教学质量学校的校外人员在参与教师质量监控频率方面存在显著差异（表2-15）。在987名被试中，有1名被试未填写相关信息，按缺失值处理。在986名被试中，学校教学质量非常高的被试有237人，认为校外人员一直参与教师质量监控的有48人，占20.3%；认为校外人员经常参与的有81人，占34.2%；认为校外人员有时参与的有65人，占27.4%；认为校外人员偶尔参与的有30人，占12.7%；认为校外人员从来没有参与的有13人，占5.5%。学校教学质量比较高的被试有490人，认为校外人员一直参与教师质量监控的有45人，占9.2%；认为校外人员经常参与的有144人，占29.4%；认为校外人员有时参与的有 158 人，占 32.2%；认为校外人员偶尔参与的有 86 人，占 17.6%；认为校外人员从来没有参与的有 57 人，占 11.6%。学校教学质量一般的被试有 240 人，认为校外人员一直参与教师质量监控的有 9 人，占 3.8%；认为校外人员经常参与的有 27 人，占 11.2%；认为校外人员有时参与的有 64 人，占 26.7%；认为校外人员偶尔参与的有 73 人，占 30.4%；认为校外人员从来没有参与的有 67 人，占 27.9%。学校教学质量比较低的被试有 19 人，认为校外人员一直参与教师质量监控的有 1 人，占 5.3%；认为校外人员经常参与的有 3 人，占 15.8%；认为校外人员有时参与的有 3 人，占 15.8%；认为校外人员偶尔参与的有 6 人，占 31.6%；认为校外人员从来没有参与的有 6 人，占 31.6%。

表 2-15 不同教学质量学校与校外人员参与学校教师质量监控情况交叉制表

项目			校外人员参与学校教师质量监控情况					合计
			一直	经常	有时	偶尔	从来没有	
学校教学质量	非常高	计数	48	81	65	30	13	237
		学校教学质量中的占比/%	20.3	34.2	27.4	12.7	5.5	100.0
	比较高	计数	45	144	158	86	57	490
		学校教学质量中的占比/%	9.2	29.4	32.2	17.6	11.6	100.0
	一般	计数	9	27	64	73	67	240
		学校教学质量中的占比/%	3.8	11.2	26.7	30.4	27.9	100.0
	比较低	计数	1	3	3	6	6	19
		学校教学质量中的占比/%	5.3	15.8	15.8	31.6	31.6	100.0
合计		计数	103	255	290	195	143	986
		学校教学质量中的占比/%	10.4	25.9	29.4	19.8	14.5	100.0

通过卡方检验结果显示，卡方值等于 138.121，自由度为 12，P 值为 0.000，$P<0.05$，学校教学质量非常高的学校中，校外人员一直和经常参与教师质量监控的百分比较高，而教学质量比较高的学校里，校外人员有时参与教师质量监控的百分比高于其他学校，而在偶尔参与教师质量监控方面，教学质量一般和教学质量比较低的学校的百分比较高。教学质量比较低的学校的校外人员参与监控百分比主要集中在偶尔和从来没有参与的选项上。

（二） 具备的监控素质差异分析

1. 不同类型学校的校外人员具备的监控素质

不同类型学校的校外人员具备的监控素质方面存在显著差异（表 2-16）。在 987 名被试中，学校类型为小学的 478 人，认为校外人员完全能胜任的有 51 人，占 10.7%；认为校外人员大部分能胜任的有 138 人，占 28.9%；认为校外人员一半能胜任的有 61 人，占 12.8%；认为校外人员小部分能的有 181 人，占 37.9%；认为校外人员完全不能的有 47 人，占 9.8%。学校类型为初中的 250 人，认为校外人员完全能胜任的有 11 人，占 4.4%；认为校外人员大部分能胜任的有 75 人，占 30.0%；认为校外人员一半能胜任的有 22 人，占 8.8%；认为校外人员小部分能的有 104 人，占 41.6%；认为校外人员完全不能的有 38 人，占 15.2%。学校类型为完全中学的 32 人，认为校外人员完全能胜任的有 3 人，占 9.4%；认为校外人员大部分能胜任的有 9 人，占 28.1%；认为校外人员一半能胜任的有 6 人，占 18.8%；认为校外人员小部分能的有 9 人，占 28.1%；认为校外人员完全不能的有 5 人，占 15.6%。学校类型为九年一贯制学校的 227 人，认为校外人员完全能胜任的有 11 人，占 4.8%；认为校外人员大部分能胜任的有 45 人，占 19.8%；认为校外人员一半能胜任的有 44 人，占 19.4%。认为校外人员小部分能的有 94 人，占 41.4%；认为校外人员完全不能的有 33 人，占 14.5%。

表 2-16　不同类型学校与校外人员具备的监控素质交叉制表

项目			校外人员具备的监控素质					合计
			完全能	大部分能	一半能	小部分能	完全不能	
学校类型	小学	计数	51	138	61	181	47	478
		学校类型中的占比/%	10.7	28.9	12.8	37.9	9.8	100.0
	初中	计数	11	75	22	104	38	250
		学校类型中的占比/%	4.4	30.0	8.8	41.6	15.2	100.0
	完全中学	计数	3	9	6	9	5	32
		学校类型中的占比/%	9.4	28.1	18.8	28.1	15.6	100.0
	九年一贯制学校	计数	11	45	44	94	33	227
		学校类型中的占比/%	4.8	19.8	19.4	41.4	14.5	100.0
合计		计数	76	267	133	388	123	987
		学校类型中的占比/%	7.7	27.1	13.5	39.3	12.5	100.0

通过卡方检验结果显示，卡方值等于 35.147，自由度为 12，P 值为 0.000，$P<0.05$，不同类型学校的校外人员具备的监控素质方面存在显著差异。学校类型为小学的被试认为小学完全能胜任的选择百分比略高于其他类型学校，在学校类型为初中的被试认为校外人员大部分能胜任的选择百分比略高于其他类型学校，在学校类型为九年一贯制学校的被试认为校外人员一半能胜任的选择百分比略高于其他类型学校，所有类型学校最高选择百分比都集中在校外人员小部分能胜任选择项上。

2. 不同教学质量学校的校外人员具备的监控素质

不同教学质量学校的校外人员具备的监控素质方面存在显著差异（表2-17）。在987名被试中，学校教学质量非常高的237名被试中，认为校外人员完全能胜任的有47人，占19.8%；认为校外人员大部分能胜任的有77人，占32.5%；认为校外人员一半能胜任的有26人，占11.0%；认为校外人员小部分能胜任的有72人，占30.4%；认为校外人员完全不能胜任的有15人，占6.3%。学校教学质量比较高的491名被试中，认为校外人员完全能胜任的有21人，占4.3%；认为校外人员大部分能胜任的有153人，占31.2%；认为校外人员一半能胜任的有72人，占14.7%；认为校外人员小部分能胜任的有186人，占37.9%；认为校外人员完全不能胜任的有59人，占12.0%。学校教学质量一般的240名被试中，认为校外人员完全能胜任的有8人，占3.3%；认为校外人员大部分能胜任的有37人，占15.4%；认为校外人员一半能胜任的有31人，占12.9%；认为校外人员小部分能胜任的有120人，占50.0%；认为校外人员完全不能胜任的有44人，占18.3%。学校教学质量比较低的19名被试中，认为校外人员完全能胜任的有0人，占0%；认为校外人员大部分能胜任的有0人，占0%；认为校外人员一半能胜任的有4人，占21.1%；认为校外人员小部分能胜任的有10人，占52.6%；认为校外人员完全不能胜任的有5人，占26.3%。

表2-17　不同教学质量学校与校外人员具备的监控素质交叉制表

项目			校外人员具备的监控素质					合计
			完全能	大部分能	一半能	小部分能	完全不能	
学校教学质量	非常高	计数	47	77	26	72	15	237
		学校教学质量中的占比/%	19.8	32.5	11.0	30.4	6.3	100.0
	比较高	计数	21	153	72	186	59	491
		学校教学质量中的占比/%	4.3	31.2	14.7	37.9	12.0	100.0
	一般	计数	8	37	31	120	44	240
		学校教学质量中的占比/%	3.3	15.4	12.9	50.0	18.3	100.0
	比较低	计数	0	0	4	10	5	19
		学校教学质量中的占比/%	0.0	0.0	21.1	52.6	26.3	100.0
合计		计数	76	267	133	388	123	987
		学校教学质量中的占比/%	7.7	27.1	13.5	39.3	12.5	100.0

通过卡方检验结果显示，卡方值等于115.156，自由度为12，P值为0.000，$P<0.05$，不同教学质量学校的校外人员具备的监控素质方面存在显著差异。不同教学质量学校中认为校外人员完全能、大部分能胜任教师质量监控，在百分比

较高的是教学质量非常高学校，而认为校外人员一般能、完全不能胜任教师质量监控，在百分比较高的是教学质量比较低学校，在教学质量比较高、一般、比较低的学校中认为校外人员小部分能胜任的百分比与其他选择性相比都最高。

（三）监控意见的受重视程度差异分析

1. 不同职务认为校外人员监控意见的重视程度

不同职务的被试在校外人员监控意见的重视程度方面存在显著差异（表2-18）。在987名被试中，有6名被试未填写相关信息，作为缺失值处理。在981名被试中，学校高层的63人中，认为校外人员监控意见非常应该重视的有26人，占41.3%；认为校外人员比较应该重视的有23人，占36.5%；认为校外人员监控意见一般重视的有11人，占17.5%；认为校外人员监控意见不太应该重视的有3人，占4.8%；认为校外人员监控意见完全不应该重视的有0人，占0%。学校中层的286人中，认为校外人员监控意见非常应该重视的有73人，占25.5%；认为校外人员比较应该重视的有106人，占37.1%；认为校外人员监控意见一般重视的有86人，占30.1%；认为校外人员监控意见不太应该重视的有13人，占4.5%；认为校外人员监控意见完全不应该重视的有8人，占2.8%。学校教师的632人中，认为校外人员监控意见非常应该重视的有120人，占19.0%；认为校外人员比较应该重视的有277人，占43.8%；认为校外人员监控意见一般重视的有176人，占27.8%；认为校外人员监控意见不太应该重视的有49人，占7.8%；认为校外人员监控意见完全不应该重视的有10人，占1.6%。

表2-18　不同职务与校外人员监控意见的重视程度交叉制表

项目			校外人员监控意见的重视程度					合计
			非常应该	比较应该	一般	不太应该	完全不应该	
不同职务	学校高层	计数	26	23	11	3	0	63
		不同职务中的占比/%	41.3	36.5	17.5	4.8	0.0	100.0
	学校中层	计数	73	106	86	13	8	286
		不同职务中的占比/%	25.5	37.1	30.1	4.5	2.8	100.0
	教师	计数	120	277	176	49	10	632
		不同职务中的占比/%	19.0	43.8	27.8	7.8	1.6	100.0
合计		计数	219	406	273	65	18	981
		不同职务中的占比/%	22.3	41.4	27.8	6.6	1.8	100.0

通过卡方检验结果显示，卡方值等于26.339，自由度为8，P值为0.001，$P<0.05$，不同职务的被试在校外人员监控意见的重视程度方面存在显著差异。学校高层认为校外人员教师质量监控意见非常应该的百分比高于其他职务的被

试，教师认为校外人员教师质量监控意见比较应该的百分比高于其他职务的被试，学校高层所有选项中最高百分比集中在非常应该上，学校中层和教师所有选项中最高百分比集中在比较应该选项上。学校高层没有人认为校外人员的监控意见完全不应该重视。

2. 不同教学质量学校的校外人员监控意见的重视程度

不同教学质量学校中的校外人员监控意见的重视程度方面存在显著差异（表 2-19）。在 987 名被试中，有 1 名被试未填写相关信息，作为缺失值处理。在 986 名被试中，学校教学质量非常高的被试有 237 人，认为校外人员监控意见非常应该重视的有 90 人，占 38.0%；认为校外人员监控意见比较应该重视的 77 人，占 32.5%；认为校外人员监控意见一般重视的有 53 人，占 22.4%；认为校外人员监控意见不太应该重视的有 11 人，占 4.6%；认为校外人员监控意见完全不应该重视的有 6 人，占 2.5%。学校教学质量比较高的被试有 490 人，认为校外人员监控意见非常应该重视的有 93 人，占 19.0%；认为校外人员监控意见比较应该重视的 217 人，占 44.3%；认为校外人员监控意见一般重视的有 147 人，占 30.0%；认为校外人员监控意见不太应该重视的有 30 人，占 6.1%；认为校外人员监控意见完全不应该重视的有 3 人，占 0.6%。学校教学质量不高的被试有 259 人，认为校外人员监控意见非常应该重视的有 37 人，占 14.3%；认为校外人员监控意见比较应该重视的 113 人，占 43.6%；认为校外人员监控意见一般重视的有 76 人，占 29.3%。认为校外人员监控意见不太应该重视的有 24 人，占 9.3%；认为校外人员监控意见完全不应该重视的有 9 人，占 3.5%。

表 2-19　不同教学质量学校与校外人员监控意见的重视程度交叉制表

项　目			校外人员监控意见的重视程度					合计
			非常应该	比较应该	一般	不太应该	完全不应该	
学校教学质量	非常高	计　数	90	77	53	11	6	237
		学校教学质量中的占比/%	38.0	32.5	22.4	4.6	2.5	100.0
	比较高	计　数	93	217	147	30	3	490
		学校教学质量中的占比/%	19.0	44.3	30.0	6.1	0.6	100.0
	不高	计　数	37	113	76	24	9	259
		学校教学质量中的占比/%	14.3	43.6	29.3	9.3	3.5	100.0
合　计		计　数	220	407	276	65	18	986
		学校教学质量中的占比/%	22.3	41.3	28.0	6.6	1.8	100.0

通过卡方检验结果显示，卡方值等于 58.188，自由度为 8，P 值为 0.000，$P<0.05$，不同教学质量学校中的校外人员监控意见的重视程度方面存在显著差

异。不同教学质量的学校中，认为校外人员监控意见非常应该重视的选择百分比最高的集中在教学质量非常高的学校，认为校外人员监控意见比较应该、一般重视的选择百分比最高在教学质量比较高的学校，认为校外人员监控意见不太应该和完全不应该的选择班干部最高集中在教学质量不高的学校。

第三节 哪些因素决定了不同主体参与监控?

一、校内人员参与监控的决定因素分析

（一） 参与监控的频率回归分析

1. 个人自然特征与监控频率的回归分析

从个人自然特征与监控频率的回归分析结果可以看出（表 2-20），家庭所在地乡镇-村屯、婚姻状况、性别、工资收入、家庭所在地县城-村屯、从教年份、是否有孩子、出生年 8 个变量与参与监控频率的多元相关系数为 0.202，表示上述 8 个变量可以解释监控频率共 4.1%的变异量。此变异量主要由教龄、性别变量造成。

表 2-20 个人自然特征与监控频率的回归分析

模型	进入的变量顺序	多元相关系数 R	R^2	ΔR	净 F 值	模型 F 值	B 估计值	Beta
1	教龄	0.184①	0.034	0.034	32.169	32.169	0.017	0.184
2	教龄	0.195②	0.038	0.004	4.051	18.163	0.015	0.163
	性别						0.153	0.069

注：8 个变量自变量与因变量的多元相关系数等于 0.202③，R^2为 0.041。

①预测变量：（常量），教龄。

②预测变量：（常量），教龄，性别。

③预测变量：（常量），家庭所在地乡镇-村屯，婚姻状况，性别，工资收入，家庭所在地县城-村屯，从教年份，是否有孩子，出生年。

在模型 1 中，教龄变量与监控频率的多元相关系数为 0.184，教龄可以解释监控频率 3.4%的变异量。从标准化回归系数来看，教龄对监控频率的 Beta 值为 0.184，为正值，表示教龄越高，参加监控频率越高。

在模型 2 中，教龄变量、性别与监控频率的多元相关系数为 0.195，教龄可以解释监控频率 3.8%的变异量。从标准化回归系数来看，教龄对监控频率的 Beta 值为 0.163，性别对监控频率的 Beta 值为 0.069，均为正值，表示教龄越高，参加监控频率越高，越是男性参与监控的频率越高。

2. 个人教育特征与监控频率的回归分析

从个人教育特征与监控频率的回归分析结果可以看出（表 2-21），第一学历

表 2-21　个人教育特征与监控频率的回归分析

模型	进入的变量顺序	多元相关系数 R	R^2	ΔR	净 F 值	模型 F 值	B 估计值	Beta
1	职务学校高层-教师	0. 148①	0. 022	0. 022	17. 563	17. 563	−0. 629	−0. 148
2	职务学校高层-教师	0. 176②	0. 031	0. 009	7. 264	12. 484	−0. 568	−0. 134
	职称中教高级-无职称						−0. 435	−0. 096
3	职务学校高层-教师	0. 197③	0. 039	0. 008	6. 546	10. 563	−0. 572	−0. 135
	职称中教高级-无职称						−0. 443	−0. 098
	身份						0. 567	0. 090
4	职务学校高层-教师	0. 209④	0. 044	0. 005	3. 971	8. 945	−0. 579	−0. 136
	职称中教高级-无职称						−0. 443	−0. 097
	身份						0. 601	0. 095
	第一学历大专-本科以上						−0. 165	−0. 070
5	职务学校高层-教师	0. 221⑤	0. 049	0. 005	4. 243	8. 034	−0. 590	−0. 139
	职称中教高级-无职称						−0. 434	−0. 095
	身份						0. 600	0. 095
	第一学历大专-本科以上						−0. 207	−0. 087
	第一学历高中及以下-本科以上						−0. 240	−0. 074
6	职务学校高层-教师	0. 240⑥	0. 058	0. 009	7. 160	7. 941	−0. 551	−0. 130
	职称中教高级-无职称						−0. 393	−0. 087
	身份						0. 574	0. 091
	第一学历大专-本科以上						−0. 363	−0. 154
	第一学历高中及以下-本科以上						−0. 398	−0. 123
	第一学历中专/中师-本科以上						−0. 265	−0. 119

注：14 个变量自变量与因变量的多元相关系数等于 0. 259⑦，R^2 为 0. 067。

①预测变量：（常量），职务学校高层-教师。

②预测变量：（常量），职务学校高层-教师，职称中教高级-无职称。

③预测变量：（常量），职务学校高层-教师，职称中教高级-无职称，身份。

④预测变量：（常量），职务学校高层-教师，职称中教高级-无职称，身份，第一学历大专-本科以上。

⑤预测变量：（常量），职务学校高层-教师，职称中教高级-无职称，身份，第一学历大专-本科以上，第一学历高中及以下-本科以上。

⑥预测变量：（常量），职务学校高层-教师，职称中教高级-无职称，身份，第一学历大专-本科以上，第一学历高中及以下-本科以上，第一学历中专/中师-本科以上。

⑦预测变量：（常量），第一学历大专-本科以上，第一学历中专/中师-本科以上，第一学历高中及以下-本科以上，最高学历大专-本科以上，最高学历中专/中师-本科以上，最高学历高中及以下-本科以上，身份，职务学校高层-教师，职务学校中层-教师，职称中教高级-无职称，职称中教初级-无职称，职称小教高级-无职称，职称小教初级-无职称，每周上课数。

大专-本科以上、第一学历中专/中师-本科以上、第一学历高中及以下-本科以上、最高学历大专-本科以上、最高学历中专/中师-本科以上、最高学历高中及以下-本科以上、身份、职务学校高层-教师、职务学校中层-教师、职称中教高级-无职称、职称中教初级-无职称、职称小教高级-无职称、职称小教初级-无职称、每周上课数 14 个变量与参与监控频率的多元相关系数为 0. 295，表示上述 14 个变量可以解释监控频率共 6. 7%的变异量。此变异量主要由职务学校高层-教师、职称中教高级-无职称、身份、第一学历大专-本科以上、第一学历高中及以下-本科以上、第一学历中专/中师-本科以上造成。

模型 1 中，职务学校高层-教师与监控频率的多元相关系数为 0. 148，职务学校高层-教师变量可以解释监控频率 2. 2%的变异量，从标准化回归系数来看，职务学校高层-教师对监控频率的 Beta 值为-0. 148，为负值，表示与教师相比，职务为学校高层的被试，参加监控频率较高。

模型 2 中，职务学校高层-教师、职称中教高级-无职称与监控频率的多元相关系数为 0. 176，可以解释监控频率 3. 1%的变异量，从标准化回归系数来看，职务学校高层-教师对监控频率的 Beta 值为-0. 134，职称中教高级-无职称对监控频率的 Beta 值为-0. 096，均为负数，与教师相比，学校高层参与监控频率较高；与无职称相比，职称中教高级参与监控频率较高。

模型 3 中，职务学校高层-教师、职称中教高级-无职称、身份与监控频率的多元相关系数为 0. 197，可以解释监控频率 3. 9%的变异量，从标准化回归系数来看，职务学校高层-教师对监控频率的 Beta 值为-0. 135，职称中教高级-无职称对监控频率的 Beta 值为-0. 098，均为负数，与教师相比，学校高层参与监控频率较高；与无职称相比，职称中教高级参与监控频率较高；而身份对监控频率的 Beta 值为 0. 090，与交流、代课教师相比，本校教师参与监控频率较高。

模型 4 中，职务学校高层-教师、职称中教高级-无职称、身份、第一学历大专-本科以上与监控频率的多元相关系数为 0. 209，可以解释监控频率 4. 4%的变异量，从标准化回归系数来看，职务学校高层-教师对监控频率的 Beta 值为-0. 136，职称中教高级-无职称对监控频率的 Beta 值为-0. 097，第一学历大专-本科以上对监控频率的 Beta 值为-0. 070，均为负数，与教师相比，学校高层参与监控频率较高；与无职称相比，职称中教高级参与监控频率高；与本科以上学历相比，第一学历是大专的参与频率较高；而身份对监控频率的 Beta 值为 0. 095，与交流、代课教师相比，本校教师参与监控频率较高。

模型 5 中，职务学校高层-教师、职称中教高级-无职称、身份、第一学历大专-本科以上、第一学历高中及以下-本科以上与监控频率的多元相关系数为 0. 221，可以解释监控频率 4. 9%的变异量，从标准化回归系数来看，职务学校高层-教师对监控频率的 Beta 值为-0. 139，职称中教高级-无职称对监控频率的

Beta 值为-0.095，第一学历大专-本科以上对监控频率的 Beta 值为-0.087，第一学历高中及以下-本科以上对监控频率的 Beta 值为-0.074，均为负数，与教师相比，学校高层参与监控频率较高；与无职称相比，职称中教高级参与监控频率较高；与本科以上学历相比，第一学历是大专的参与频率较高；与本科以上学历相比，第一学历为高中及以下的参与频率较高；而身份对监控频率的 Beta 值为 0.095，与交流、代课教师相比，本校教师参与监控频率较高。

模型 6 中，职务学校高层-教师、职称中教高级-无职称、身份、第一学历大专-本科以上、第一学历高中及以下-本科以上、第一学历中专/中师-本科以上与监控频率的多元相关系数为 0.240，可以解释监控频率 5.8%的变异量，从标准化回归系数来看，职务学校高层-教师对监控频率的 Beta 值为-0.130，职称中教高级-无职称对监控频率的 Beta 值为-0.087，第一学历大专-本科以上对监控频率的 Beta 值为-0.154，第一学历高中及以下-本科以上对监控频率的 Beta 值为-0.123，第一学历中专/中师-本科以上对监控频率的 Beta 值为-0.119，均为负数，与教师相比，学校高层参与监控频率较高；与无职称相比，职称中教高级参与监控频率较高；与本科以上学历相比，第一学历是大专的参与频率较高；与本科以上学历相比，第一学历为高中及以下的参与频率较高；与本科以上学历相比，第一学历为中专/中师的参与频率较高；而身份对监控频率的 Beta 值为 0.091，与交流、代课教师相比，本校教师参与监控频率较高。

3. 学校特征与监控频率的回归分析

从学校特征与监控频率的回归分析结果可以看出（表 2-22），学校教研活动开展情况、完全中学-九年一贯、学校所在地乡镇-村屯、小学-九年一贯、学校教学质量、学校所在地县城-村屯、初中-九年一贯、学校教学设备配置情况与参与监控频率的多元相关系数为 0.441，表示上述 8 个变量可以解释监控频率共 19.4%的变异量。此变异量主要由学校教研活动开展情况、县城-村屯、学校教学质量、初中-九年一贯、学校所在地乡镇-村屯造成。

表 2-22　学校特征与监控频率的回归分析

模型	进入的变量顺序	多元相关系数 R	R^2	ΔR	净 F 值	模型 F 值	B 估计值	Beta
1	学校教研活动开展情况	0.407①	0.165	0.165	194.647	194.647	0.540	0.407
2	学校教研活动开展情况	0.418②	0.174	0.009	10.899	103.753	0.571	0.430
	县城-村屯						0.239	0.099
3	学校教研活动开展情况	0.429③	0.184	0.009	11.160	73.60	0.487	0.367
	县城-村屯						0.255	0.105
	学校教学质量						0.166	0.116

续表 2-22

模型	进入的变量顺序	多元相关系数 R	R^2	ΔR	净 F 值	模型 F 值	B 估计值	Beta
4	学校教研活动开展情况	0.434④	0.189	0.005	6.089	57.012	0.477	0.359
	县城-村屯						0.224	0.092
	学校教学质量						0.169	0.119
	初中-九年一贯						-0.176	-0.072
5	学校教研活动开展情况	0.440⑤	0.194	0.005	5.976	47.036	0.486	0.366
	县城-村屯						0.337	0.139
	学校教学质量						0.164	0.115
	初中-九年一贯						-0.218	-0.089
	学校所在地乡镇-村屯						0.186	0.087

注：8 个变量自变量与因变量的多元相关系数等于 0.441⑥，R^2 为 0.194。

①预测变量：（常量），学校教研活动开展情况。

②预测变量：（常量），学校教研活动开展情况，县城-村屯。

③预测变量：（常量），学校教研活动开展情况，县城-村屯，学校教学质量。

④预测变量：（常量），学校教研活动开展情况，县城-村屯，学校教学质量，初中-九年一贯。

⑤预测变量：（常量），学校教研活动开展情况，县城-村屯，学校教学质量，初中-九年一贯，学校所在地乡镇-村屯。

⑥预测变量：（常量），学校教研活动开展情况，完全中学-九年一贯，学校所在地乡镇-村屯，小学-九年一贯，学校教学质量，学校所在地县城-村屯，初中-九年一贯，学校教学设备配置情况。

模型 1 中，学校教研活动开展情况与监控频率的多元相关系数为 0.407，学校教研活动开展情况变量可以解释监控频率 16.5%的变异量，从标准化回归系数来看，学校教研活动开展情况对监控频率的 Beta 值为 0.407，为正值，表示学校教研活动开展的越好，被试参加监控频率较高。

模型 2 中，学校教研活动开展情况、学校所在地县城-村屯与监控频率的多元相关系数为 0.418，可以解释监控频率 17.4%的变异量，从标准化回归系数来看，学校教研活动开展情况对监控频率的 Beta 值为 0.430，学校所在地县城-村屯对监控频率的 Beta 值为 0.099，均为正值，表示学校教研活动开展的越好，被试参加监控频率较高。与村屯相比，学校所在地在县城的被试参与监控频率较低。

模型 3 中，学校教研活动开展情况、学校所在地县城-村屯、学校教学质量与监控频率的多元相关系数为 0.429，可以解释监控频率 18.4%的变异量，从标准化回归系数来看，学校教研活动开展情况对监控频率的 Beta 值为 0.367，学校所在地县城-村屯对监控频率的 Beta 值为 0.105，学校教学质量对监控频率的 Beta 值为 0.116，均为正值，表示学校教研活动开展的越好，被试参加监控频率较高；与村屯相比，学校所在地在县城的被试参与监控频率较低；学校教学质量越高，被试参与监控频率越高。

模型 4 中，学校教研活动开展情况、学校所在地县城-村屯、学校教学质量、学校类型初中-九年一贯与监控频率的多元相关系数为 0.434，可以解释监控频率 18.9%的变异量，从标准化回归系数来看，学校教研活动开展情况对监控频率的 Beta 值为 0.359，学校所在地县城-村屯对监控频率的 Beta 值为 0.092，学校教学质量对监控频率的 Beta 值为 0.119，均为正值，表示学校教研活动开展的越好，被试参加监控频率较高；与村屯相比，学校所在地在县城的被试参与监控频率较低；学校教学质量越高，被试参与监控频率越高；而学校类型初中-九年一贯对监控频率的 Beta 值为-0.072，与九年一贯制学校相比，学校类型为初中的被试参与监控频率较高。

模型 5 中，学校教研活动开展情况、学校所在地县城-村屯、学校教学质量、学校类型初中-九年一贯、学校所在地乡镇-村屯与监控频率的多元相关系数为 0.440，可以解释监控频率 19.4%的变异量，从标准化回归系数来看，学校教研活动开展情况对监控频率的 Beta 值为 0.366，学校所在地县城-村屯对监控频率的 Beta 值为 0.139，学校教学质量对监控频率的 Beta 值为 0.115，学校所在地乡镇-村屯对监控频率的 Beta 值为 0.087，均为正值，表示学校教研活动开展的越好，被试参加监控频率较高；与村屯相比，学校所在地在县城的被试参与监控频率较低；学校教学质量越高，被试参与监控频率越高，与村屯相比，学校所在地在乡镇的被试参与监控频率较低；而学校类型初中-九年一贯对监控频率的 Beta 值为-0.089，与九年一贯制学校相比，学校类型为初中的被试参与监控频率较高。

（二）　具备的监控素质回归分析

1. 个人自然特征与具备的监控素质回归分析

从个人自然特征与具备的监控素质的回归分析结果可以看出（表 2-23），家庭所在地乡镇-村屯、婚姻状况、性别、工资收入、家庭所在地县城-村屯、从教年份、是否有孩子、出生年与具备的监控素质的多元相关系数为 0.179，表示上述 8 个变量可以解释具备监控素质共 3.2%的变异量。此变异量主要由出生年造成。

表 2-23　个人自然特征与具备的监控素质的回归分析

模型	进入的变量顺序	多元相关系数 R	R^2	ΔR	净 F 值	模型 F 值	B 估计值	Beta
1	出生年	0.157①	0.025	0.025	23.175	23.175	-0.014	-0.157

注：8 个变量自变量与因变量的多元相关系数等于 0.179②，R^2 为 0.032。

①预测变量：（常量），出生年。

②预测变量：（常量），家庭所在地乡镇-村屯，婚姻状况，性别，工资收入，家庭所在地县城-村屯，从教年份，是否有孩子，出生年。

模型 1 中，出生年与具备的监控素质多元相关系数为 0. 157，出生年可以解释具备的监控素质 2. 5%的变异量，从标准化回归系数来看，出生年对监控频率的 Beta 值为-0. 157，为负值，表示年龄越大，越不缺乏监控知识。

2. 个人教育特征与具备监控素质的回归分析

从个人教育特征与具备的监控素质的回归分析结果可以看出（表 2-24），每周上课数、第一学历大专-本科以上、最高学历高中及以下-本科以上、身份、最高学历中专/中师-本科以上、职称中教高级-无职称、职称小教初级-无职称、最高学历大专-本科以上、职务学校中层-教师、职务学校高层-教师、职称小教高级-无职称、第一学历中专/中师-本科以上、第一学历高中及以下-本科以上、职称中教初级-无职称与具备的监控素质的多元相关系数为 0. 214，表示上述 14 个变量可以解释具备监控素质共 4. 6%的变异量。此变异量主要由职务学校高层-教师造成。

表 2-24　个人教育特征与具备监控素质的回归分析

模型	进入的变量顺序	多元相关系数 R	R^2	ΔR	净 F 值	模型 F 值	B 估计值	Beta
1	职务学校高层-教师	0. 096①	0. 009	0. 009	7. 306	7. 306	0. 328	0. 096

注：14 个变量自变量与因变量的多元相关系数等于 0. 214②，R^2 为 0. 046。

①预测变量：(常量)，职务学校高层-教师。

②预测变量：(常量)，每周上课数，第一学历大专-本科以上，最高学历高中及以下-本科以上，身份，最高学历中专/中师-本科以上，职称中教高级-无职称，职称小教初级-无职称，最高学历大专-本科以上、职务学校中层-教师，职务学校高层-教师，职称小教高级-无职称，第一学历中专/中师-本科以上，第一学历高中及以下-本科以上，职称中教初级-无职称。

模型 1 中，个人教育特征与具备的监控素质多元相关系数为 0. 096，个人教育特征可以解释具备的监控素质 0. 9%的变异量，从标准化回归系数来看，职务学校高层-教师对具备监控素质的 Beta 值为 0. 096，为正值，与教师相比，职务是学校高层的被试具备监控素质较高。

3. 学校特征与具备监控素质的回归分析

从学校特征与具备的监控素质的回归分析结果可以看出（表 2-25），学校教研活动开展情况、完全中学-九年一贯、学校所在地乡镇-村屯、小学-九年一贯、学校教学质量、学校所在地县城-村屯、初中-九年一贯、学校教学设备配置情况 8 个变量与具备的监控素质的多元相关系数等于 0. 235，表示上述 8 个变量可以解释具备监控素质共 5. 5%的变异量。此变异量主要由学校教研活动开展情况、学校所在地乡镇-村屯、学校所在地县城-村屯、完全中学-九年一贯四个变量造成。

表 2-25　学校特征与具备监控素质的回归分析

模型	进入的变量顺序	多元相关系数 R	R^2	ΔR	净 F 值	模型 F 值	B 估计值	Beta
1	学校教研活动开展情况	0.147①	0.022	0.022	21.694	21.694	−0.159	−0.147
2	学校教研活动开展情况	0.173②	0.030	0.008	8.377	15.117	−0.152	−0.141
	学校所在地乡镇-村屯						−0.158	−0.091
3	学校教研活动开展情况	0.209③	0.044	0.014	13.834	14.822	−0.183	−0.170
	学校所在地乡镇-村屯						−0.293	−0.170
	学校所在地县城-村屯						−0.285	−0.144
4	学校教研活动开展情况	0.220④	0.048	0.005	4.840	12.370	−0.183	−0.170
	学校所在地乡镇-村屯						−0.300	−0.173
	学校所在地县城-村屯						−0.296	−0.150
	完全中学-九年一贯						0.335	0.069

注：8 个变量自变量与因变量的多元相关系数等于 0.235⑤，R^2为 0.55。

①预测变量：(常量)，学校教研活动开展情况。

②预测变量：(常量)，学校教研活动开展情况，学校所在地乡镇-村屯。

③预测变量：(常量)，学校教研活动开展情况，学校所在地乡镇-村屯，学校所在地县城-村屯。

④预测变量：(常量)，学校教研活动开展情况，学校所在地乡镇-村屯，学校所在地县城-村屯，完全中学-九年一贯。

⑤预测变量：(常量)，学校教研活动开展情况，完全中学-九年一贯，学校所在地乡镇-村屯，小学-九年一贯，学校教学质量，学校所在地县城-村屯，初中-九年一贯，学校教学设备配置情况。

模型 1 中，学校教研活动开展情况与具备的监控素质多元相关系数为 0.147，学校教研活动开展情况可以解释具备的监控素质 2.2%的变异量，从标准化回归系数来看，学校教研活动开展情况对具备监控素质的 Beta 值为-0.147，为负值，学校教研活动开展的越好，被试越不缺乏监控知识。

模型 2 中，学校教研活动开展情况、学校所在地乡镇-村屯与具备的监控素质多元相关系数为 0.173，可以解释具备的监控素质 3.0%的变异量，从标准化回归系数来看，学校教研活动开展情况对具备监控素质的 Beta 值为-0.141，学校所在地乡镇-村屯对具备监控素质的 Beta 值为-0.091，均为负值，学校教研活动开展的越好，被试越不缺乏监控知识；与村屯相比，学校所在地在乡镇的被试比较缺乏监控知识。

模型 3 中，学校教研活动开展情况、学校所在地乡镇-村屯、学校所在地县城-村屯与具备的监控素质多元相关系数为 0.209，可以解释具备的监控素质 4.4%的变异量，从标准化回归系数来看，学校教研活动开展情况对具备监控素质的 Beta 值为-0.170，学校所在地乡镇-村屯对具备监控素质的 Beta 值为-0.170，学校所在地县城-村屯对具备监控素质的 Beta 值为-0.144，均为负值，学校教研活动开展的越好，被试越不缺乏监控知识；与村屯相比，学校所在地在乡镇、县城的被试比较缺乏监控知识。

模型 4 中，学校教研活动开展情况、学校所在地乡镇-村屯、学校所在地县城-村屯、完全中学-九年一贯与具备的监控素质多元相关系数为 0.22，可以解释具备的监控素质 4.8%的变异量，从标准化回归系数来看，学校教研活动开展情况对具备监控素质的 Beta 值为-0.170，学校所在地乡镇-村屯对具备监控素质的 Beta 值为-0.173，学校所在地县城-村屯对具备监控素质的 Beta 值为-0.150，均为负值，学校教研活动开展的越好，被试越不缺乏监控知识；与村屯相比，学校所在地在乡镇、县城的被试缺乏监控知识。而完全中学-九年一贯对具备监控素质的 Beta 值为 0.069，与九年一贯制学校学校相比，完全中学的被试比较缺乏监控知识。

（三） 监控意见受重视程度的回归分析

1. 个人自然特征与监控意见受重视程度的回归分析

从个人自然特征与监控意见受重视程度的回归分析结果可以看出（表 2-26），家庭所在地乡镇-村屯、婚姻状况、性别、工资收入、家庭所在地县城-村屯、从教年份、是否有孩子、出生年 8 个变量与监控意见受重视程度的多元相关系数等于 0.15，表示上述 8 个变量可以解释监控意见受重视程度共 2.3%的变异量。此变异量主要由婚姻状况造成。

表 2-26　个人自然特征与监控意见受重视程度的回归分析

模型	进入的变量顺序	多元相关系数 R	R^2	ΔR	净 F 值	模型 F 值	B 估计值	Beta
1	婚姻状况	0.098①	0.010	0.010	8.867	8.867	−0.225	−0.098

注：8 个变量自变量与因变量的多元相关系数等于 0.15②，R^2 为 0.023。

①预测变量：(常量)，婚姻状况。

②预测变量：(常量)，家庭所在地乡镇-村屯，婚姻状况，性别，工资收入，家庭所在地县城-村屯，从教年份，是否有孩子，出生年。

模型 1 中，婚姻状况与监控意见受重视程度多元相关系数为 0.098，学校教研活动开展情况可以解释监控意见受重视程度 1.0%的变异量，从标准化回归系数来看，婚姻状况对监控意见受重视程度的 Beta 值为−0.098，为负值，已婚被试监控意见受重视程度不高。

2. 个人教育特征与监控意见受重视程度的回归分析

从个人教育特征与监控意见受重视程度的回归分析结果可以看出（表2-27），每周上几节课、第一学历大专-本科以上、最高学历高中及以下-本科以上、身份、最高学历中专/中师-本科以上、职称中教高级-无职称、职称小教初级-无职称、最高学历大专-本科以上、职务学校中层-教师、职务学校高层-教师、职称小教高级-无职称、第一学历中专/中师-本科以上、第一学历高中及以下-本科以上、职称中教初级-无职称 14 个变量与监控意见受重视程度的多元相关系数等于 0.193，表示上述 14 个变量可以解释监控意见受重视程度共 3.7%的变异量。此变异量主要由职称中教初级-无职称、职务学校高层-教师、最高学历中专/中师-本科以上造成。

模型 1 中，职称中教初级-无职称与监控意见受重视程度多元相关系数为 0.102，职称中教初级-无职称可以解释监控意见受重视程度 1.0%的变异量，从标准化回归系数来看，职称中教初级-无职称对监控意见受重视程度的 Beta 值为 0.102，为正值，与无职称相比，职称为中教初级的被试监控意见受重视程度较低。

模型 2 中，职称中教初级-无职称、职务学校高层-教师与监控意见受重视程度多元相关系数为 0.127，可以解释监控意见受重视程度 1.6%的变异量，从标准化回归系数来看，职称中教初级-无职称对监控意见受重视程度的 Beta 值为 0.101，为正值，与无职称相比，职称为中教初级的被试监控意见受重视程度较低。职务学校高层-教师对监控意见受重视程度的 Beta 值为−0.077，为负值，与教师相比，职务为学校高层的被试监控意见受重视程度高。

模型 3 中，职称中教初级-无职称、职务学校高层-教师、最高学历中专/中师-本科以上与监控意见受重视程度多元相关系数为 0. 145，可以解释监控意见受重视程度 2. 1%的变异量，从标准化回归系数来看，职称中教初级-无职称对监控意见受重视程度的 Beta 值为 0. 109，最高学历中专/中师-本科以上对监控意见受重视程度的 Beta 值为 0. 070，均为正值，与无职称相比，职称为中教初级的被试监控意见受重视程度较低。与本科以上相比，学历为中专/中师的被试监控意见受重视程度较低；职务学校高层-教师对监控意见受重视程度的 Beta 值为 -0. 077,为负值，与教师相比，职务为学校高层的被试监控意见受重视程度高。

表 2-27　个人教育特征与监控意见受重视程度的回归分析

模型	进入的变量顺序	多元相关系数 R	R^2	ΔR	净 F 值	模型 F 值	B 估计值	Beta
1	职称中教初级-无职称	0. 102①	0. 010	0. 010	8. 216	8. 216	0. 163	0. 102
2	职称中教初级-无职称	0. 127②	0. 016	0. 006	4. 711	6. 483	0. 162	0. 101
	职务学校高层-教师						-0. 246	-0. 077
3	职称中教初级-无职称	0. 145③	0. 021	0. 005	3. 930	5. 648	0. 175	0. 109
	职务学校高层-教师						-0. 246	-0. 077
	最高学历中专/中师-本科以上						0. 300	0. 070

注：14 个变量自变量与因变量的多元相关系数等于 0. 193④，R^2为 0. 037。

①预测变量：（常量），职称中教初级-无职称。

②预测变量：（常量），职称中教初级-无职称，职务学校高层-教师。

③预测变量：（常量），职称中教初级-无职称，职务学校高层-教师，最高学历中专/中师-本科以上。

④预测变量：（常量），每周上几节课，第一学历大专-本科以上，最高学历高中及以下-本科以上，身份，最高学历中专/中师-本科以上，职称中教高级-无职称，职称小教初级-无职称，最高学历大专-本科以上，职务学校中层-教师，职务学校高层-教师，职称小教高级-无职称，第一学历中专/中师-本科以上，第一学历高中及以下-本科以上，职称中教初级-无职称。

3. 学校特征与监控意见受重视程度的回归分析

从学校特征与监控意见受重视程度的回归分析结果可以看出（表 2-28），学校教研活动开展情况、完全中学-九年一贯、学校所在地乡镇-村屯、小学-九年一贯、学校教学质量、学校所在地县城-村屯、初中-九年一贯、学校教学设备配置情况 8 个变量与监控意见受重视程度的多元相关系数等于 0. 250，表示上述 8 个变量可以解释监控意见受重视程度共 6. 2%的变异量。此变异量主要由学校教研活动开展情况、小学-九年一贯、学校所在地乡镇-村屯、完全中学-九年一贯造成。

表 2-28　学校特征与监控意见受重视程度的回归分析

模型	进入的变量顺序	多元相关系数 R	R^2	ΔR	净 F 值	模型 F 值	B 估计值	Beta
1	学校教研活动开展情况	0. 179①	0. 032	0. 032	32. 431	32. 431	0. 180	0. 179
2	学校教研活动开展情况	0. 207②	0. 043	0. 011	11. 163	21. 965	0. 173	0. 172
	小学-九年一贯						-0. 168	-0. 104
3	学校教研活动开展情况	0. 223③	0. 050	0. 007	6. 987	17. 061	0. 178	0. 177
	小学-九年一贯						-0. 200	-0. 124
	学校所在地乡镇-村屯						-0. 137	-0. 085
4	学校教研活动开展情况	0. 235④	0. 055	0. 006	5. 851	14. 322	0. 176	0. 175
	小学-九年一贯						-0. 223	-0. 138
	学校所在地乡镇-村屯						-0. 141	-0. 087
	完全中学-九年一贯						-0. 347	-0. 076

注：8 个变量自变量与因变量的多元相关系数等于 0. 250⑤，R^2 为 0. 062。

①预测变量：（常量），学校教研活动开展情况。

②预测变量：（常量），学校教研活动开展情况，小学-九年一贯。

③预测变量：（常量），学校教研活动开展情况，小学-九年一贯，学校所在地乡镇-村屯。

④预测变量：（常量），学校教研活动开展情况，小学-九年一贯，学校所在地乡镇-村屯，完全中学-九年一贯。

⑤预测变量：（常量），学校教研活动开展情况，完全中学-九年一贯，学校所在地乡镇-村屯，小学-九年一贯，学校教学质量，学校所在地县城-村屯，初中-九年一贯，学校教学设备配置情况。

模型 1 中，学校教研活动开展情况与监控意见受重视程度多元相关系数为 0. 179，学校教研活动开展情况可以解释监控意见受重视程度 3. 2%的变异量，从标准化回归系数来看，学校教研活动开展情况对监控意见受重视程度的 Beta 值为 0. 179，为正值，学校教研活动开展的越好，监控意见受重视程度越高。

模型2中，学校教研活动开展情况、小学-九年一贯与监控意见受重视程度多元相关系数为0.207，可以解释监控意见受重视程度4.3%的变异量，从标准化回归系数来看，学校教研活动开展情况对监控意见受重视程度的Beta值为0.172，为正值，学校教研活动开展的越好，监控意见受重视程度越高。小学-九年一贯对监控意见受重视程度的Beta值为-0.104，为负值，与九年一贯制学校学校相比，学校类型为小学的被试监控意见受重视程度较高。

模型3中，学校教研活动开展情况、小学-九年一贯、学校所在地乡镇-村屯与监控意见受重视程度多元相关系数为0.223，可以解释监控意见受重视程度5.0%的变异量，从标准化回归系数来看，学校教研活动开展情况对监控意见受重视程度的Beta值为0.177，为正值，学校教研活动开展的越好，监控意见受重视程度越高。小学-九年一贯对监控意见受重视程度的Beta值为-0.124，学校所在地乡镇-村屯对监控意见受重视程度的Beta值为-0.085，均为负值，与九年一贯制学校学校相比，学校类型为小学的被试监控意见受重视程度较高。与村屯相比，学校所在地在乡镇的被试监控意见受重视程度较高。

模型4中，学校教研活动开展情况、小学-九年一贯、学校所在地乡镇-村屯、完全中学-九年一贯与监控意见受重视程度多元相关系数为0.235，可以解释监控意见受重视程度5.5%的变异量，从标准化回归系数来看，学校教研活动开展情况对监控意见受重视程度的Beta值为0.175，为正值，学校教研活动开展的越好，监控意见受重视程度越高。小学-九年一贯对监控意见受重视程度的Beta值为-0.138，学校所在地乡镇-村屯对监控意见受重视程度的Beta值为-0.087，完全中学-九年一贯对监控意见受重视程度的Beta值为-0.076，均为负值，与九年一贯制学校学校相比，学校类型为小学的被试监控意见受重视程度较高；与村屯相比，学校所在地在乡镇的被试监控意见受重视程度较高；与九年一贯制学校相比，学校类型为完全中学的被试监控意见受重视程度较高。

二、校外人员参与监控的决定因素分析

（一） 参与监控的频率回归分析

1. 个人自然特征与参与监控的频率的回归分析

从个人自然特征与参与监控的频率的回归分析结果可以看出（表2-29），家庭所在地乡镇-村屯、婚姻状况、性别、工资收入、家庭所在地县城-村屯、从教年份、是否有孩子、出生年8个变量与监控的频率的多元相关系数等于0.228，表示上述8个变量可以解释监控的频率共5.2%的变异量。此变异量主要由从教年份、性别造成。

表 2-29　个人自然特征与参与监控的频率的回归分析

模型	进入的变量顺序	多元相关系数 R	R^2	ΔR	净 F 值	模型 F 值	B 估计值	Beta
1	从教年份	0.172①	0.030	0.030	28.051	28.051	0.018	0.172
2	从教年份	0.202②	0.041	0.011	10.653	19.500	0.014	0.138
	性别						0.279	0.111

注：8 个变量自变量与因变量的多元相关系数等于 0.228③，R^2 为 0.052。

①预测变量：（常量），从教年份。

②预测变量：（常量），从教年份，性别。

③预测变量：（常量）家庭所在地乡镇-村屯，婚姻状况，性别，工资收入，家庭所在地县城-村屯，从教年份，是否有孩子，出生年。

模型 1 中，从教年份与参与监控的频率多元相关系数为 0.172，二者可以解释参与监控的频率 3.0%的变异量，从标准化回归系数来看，从教年份对参与监控的频率的 Beta 值为 0.172，为正值，教龄越大，参与监控的频率越高。

模型 2 中，从教年份、性别与参与监控的频率多元相关系数为 0.202，从教年份可以解释参与监控的频率 4.1%的变异量，从标准化回归系数来看，从教年份对参与监控的频率的 Beta 值为 0.138，性别对参与监控的频率的 Beta 值为 0.111，均为正值，教龄越大，参与监控的频率越高；男性参与监控的频率较高。

2. 个人教育特征与参与监控的频率的回归分析

从个人教育特征与参与监控的频率的回归分析结果可以看出（表 2-30），每周上几节课、第一学历大专-本科以上、最高学历高中及以下-本科以上、身份、最高学历中专/中师-本科以上、职称中教高级-无职称、职称小教初级-无职称、最高学历大专-本科以上、职务学校中层-教师、职务学校高层-教师、职称小教高级-无职称、第一学历中专/中师-本科以上、第一学历高中及以下-本科以上、职称中教初级-无职称 14 个变量与监控的频率的多元相关系数等于 0.183，表示上述 14 个变量可以解释监控的频率共 3.3%的变异量。此变异量主要由最高学历大专-本科以上造成。

模型 1 中，最高学历大专-本科以上与参与监控的频率多元相关系数为 0.106，最高学历大专-本科以上可以解释参与监控的频率 1.1%的变异量，从标准化回归系数来看，最高学历大专-本科以上对参与监控的频率的 Beta 值为 -0.106，为负值，与本科以上相比，最高学历为大专的被试参与监控的频率较高。

表 2-30 个人教育特征与参与监控的频率的回归分析

模型	进入的变量顺序	多元相关系数 R	R^2	ΔR	净 F 值	模型 F 值	B 估计值	Beta
1	最高学历大专-本科以上	0.106①	0.011	0.011	8.901	8.901	−0.307	−0.106

注：14 个变量自变量与因变量的多元相关系数等于 0.183②，R^2 为 0.033。

①预测变量：(常量)，最高学历大专-本科以上。

②预测变量：(常量)，每周上几节课，第一学历大专-本科以上，最高学历高中及以下-本科以上，身份，最高学历中专/中师-本科以上，职称中教高级-无职称，职称小教初级-无职称，最高学历大专-本科以上，职务学校中层-教师，职务学校高层-教师，职称小教高级-无职称，第一学历中专/中师-本科以上，第一学历高中及以下-本科以上，职称中教初级-无职称。

3. 学校特征与参与监控的频率的回归分析

从学校特征与参与监控的频率的回归分析结果可以看出（表 2-31），学校教研活动开展情况、完全中学-九年一贯、学校所在地乡镇-村屯、小学-九年一贯、学校教学质量、学校所在地县城-村屯、初中-九年一贯、学校教学设备配置情况 8 个变量与监控的频率的多元相关系数等于 0.423，表示上述 8 个变量可以解释监控的频率共 17.9%的变异量。此变异量主要由学校教研活动开展情况、学校教学质量、小学-九年一贯、学校所在地县城-村屯、学校教学设备配置情况造成。

表 2-31 学校特征与参与监控的频率的回归分析

模型	进入的变量顺序	多元相关系数 R	R^2	ΔR	净 F 值	模型 F 值	B 估计值	Beta
1	学校教研活动开展情况	0.359①	0.129	0.129	145.725	145.725	0.541	0.359
2	学校教研活动开展情况	0.400②	0.160	0.031	35.637	93.251	0.365	0.242
	学校教学质量						0.340	0.210
3	学校教研活动开展情况	0.409③	0.167	0.008	8.891	65.631	0.367	0.244
	学校教学质量						0.320	0.198
	小学-九年一贯						-0.212	-0.088
4	学校教研活动开展情况	0.417④	0.174	0.007	7.753	51.501	0.392	0.261
	学校教学质量						0.328	0.203
	小学-九年一贯						−0.244	−0.101
	学校所在地县城-村屯						0.233	0.085
5	学校教研活动开展情况	0.422⑤	0.178	0.004	4.569	42.265	0.345	0.229
	学校教学质量						0.281	0.174
	小学-九年一贯						−0.221	−0.091

续表 2-31

模型	进入的变量顺序	多元相关系数 R	R^2	ΔR	净 F 值	模型 F 值	B 估计值	Beta
5	学校所在地县城-村屯						0.257	0.093
	学校教学设备配置情况						0.119	0.085

注：8 个变量自变量与因变量的多元相关系数等于 0.423⑥，R^2 为 0.179。

①预测变量：（常量），学校教研活动开展情况。

②预测变量：（常量），学校教研活动开展情况，学校教学质量。

③预测变量：（常量），学校教研活动开展情况，学校教学质量，小学-九年一贯。

④预测变量：（常量），学校教研活动开展情况，学校教学质量，小学-九年一贯，学校所在地县城-村屯。

⑤预测变量：（常量），学校教研活动开展情况，学校教学质量，小学-九年一贯，学校所在地县城-村屯，学校教学设备配置情况。

⑥预测变量：（常量），学校教研活动开展情况，完全中学-九年一贯，学校所在地乡镇-村屯，小学-九年一贯，学校教学质量，学校所在地县城-村屯，初中-九年一贯，学校教学设备配置情况。

模型 1 中，学校教研活动开展情况与参与监控的频率多元相关系数为 0.359，学校教研活动开展情况可以解释参与监控的频率 12.9%的变异量，从标准化回归系数来看，学校教研活动开展情况对参与监控的频率的 Beta 值为 0.359，为正值，学校教研活动开展的越好，被试参与监控的频率越高。

模型 2 中，学校教研活动开展情况、学校教学质量与参与监控的频率多元相关系数为 0.400，可以解释参与监控的频率 16.0%的变异量，从标准化回归系数来看，学校教研活动开展情况对参与监控的频率的 Beta 值为 0.242，学校教学质量对参与监控的频率的 Beta 值为 0.210，均为正值，学校教研活动开展的越好，被试参与监控的频率越高；学校教学质量越好，被试参与监控的频率越高。

模型 3 中，学校教研活动开展情况、学校教学质量、小学-九年一贯与参与监控的频率多元相关系数为 0.409，可以解释参与监控的频率 16.7%的变异量，从标准化回归系数来看，学校教研活动开展情况对参与监控的频率的 Beta 值为 0.244，学校教学质量对参与监控的频率的 Beta 值为 0.198，均为正值，学校教研活动开展的越好，被试参与监控的频率越高；学校教学质量越好，被试参与监控的频率越高。小学-九年一贯对参与监控的频率的 Beta 值为-0.088，为负值，与九年一贯制学校相比，学校类型为小学的被试参与监控的频率较高。

模型 4 中，学校教研活动开展情况、学校教学质量、小学-九年一贯、学校所在地县城-村屯与参与监控的频率多元相关系数为 0.417，可以解释参与监控的频率 17.4%的变异量，从标准化回归系数来看，学校教研活动开展情况对参与监控的频率的 Beta 值为 0.261，学校教学质量对参与监控的频率的 Beta 值为 0.203，学校所在地县城-村屯对参与监控的频率的 Beta 值为 0.085，均为正值，学校教研活动开展的越好，被试参与监控的频率越高；学校教学质量越好，被试参与监控的频率越高；与村屯相比，学校所在地在县城的被试参与监控的频率较高。小学-九年一贯对参与监控的频率的 Beta 值为-0.101，为负值，与九年一贯制学校相比，学校类型为小学的被试参与监控的频率较高。

模型 5 中，学校教研活动开展情况、学校教学质量、小学-九年一贯、学校所在地县城-村屯、学校教学设备配置情况与参与监控的频率多元相关系数为 0.422，可以解释参与监控的频率 17.8%的变异量，从标准化回归系数来看，学校教研活动开展情况对参与监控的频率的 Beta 值为 0.229，学校教学质量对参与监控的频率的 Beta 值为 0.174，学校所在地县城-村屯对参与监控的频率的 Beta 值为 0.093，学校教学设备配置情况对参与监控的频率的 Beta 值为 0.085，均为正值，学校教研活动开展的越好，被试参与监控的频率越高；学校教学质量越好，被试参与监控的频率越高；与村屯相比，学校所在地在县城的被试参与监控的频率较高；学校教学设备配置越好，被试参与监控频率越高。小学-九年一贯对参与监控的频率的 Beta 值为-0.091，为负值，与九年一贯制学校相比，学校类型为小学的被试参与监控的频率较高。

（二）具备的监控素质回归分析

1. 个人自然特征与具备的监控素质的回归分析

从个人自然特征与具备的监控素质的回归分析结果可以看出（表 2-32），家庭所在地乡镇-村屯、婚姻状况、性别、工资收入、家庭所在地县城-村屯、从教年份、是否有孩子、出生年 8 个变量与具备的监控素质的多元相关系数等于 0.135，表示上述 8 个变量可以解释具备的监控素质共 1.8%的变异量。此变异量主要由工资收入造成。

表 2-32 个人自然特征与具备的监控素质的回归分析

模型	进入的变量顺序	多元相关系数 R	R^2	ΔR	净 F 值	模型 F 值	B 估计值	Beta
1	工资收入	0.093①	0.009	0.009	7.920	7.920	-0.174	-0.093

注：8 个变量自变量与因变量的多元相关系数等于 0.135②，R^2 为 0.018。

①预测变量：（常量），工资收入。

②预测变量：（常量），家庭所在地乡镇-村屯，婚姻状况，性别，工资收入，家庭所在地县城-村屯，从教年份，是否有孩子，出生年。

模型 1 中，工资收入与具备的监控素质多元相关系数为 0.093，工资收入可以解释具备的监控素质 0.9%的变异量，从标准化回归系数来看，工资收入对具备的监控素质的 Beta 值为-0.093，为负值，工资收入越高，被试越能胜任监控工作。

2. 个人教育特征与具备的监控素质的回归分析

从个人教育特征与具备的监控素质的回归分析结果可以看出（表 2-33），每周上几节课、第一学历大专-本科以上、最高学历高中及以下-本科以上、身份、最高学历中专/中师-本科以上、职称中教高级-无职称、职称小教初级-无职称、最高学历大专-本科以上、职务学校中层-教师、职务学校高层-教师、职称小教高级-无职称、第一学历中专/中师-本科以上、第一学历高中及以下-本科以上、职称中教初级-无职称 14 个变量与具备的监控素质的多元相关系数等于 0.148，表示上述 14 个变量可以解释具备的监控素质共 2.2%的变异量。此变异量主要由最高学历大专-本科以上、职务学校中层-教师造成。

表 2-33　个人教育特征与具备的监控素质的回归分析

模型	进入的变量顺序	多元相关系数 R	R^2	ΔR	净 F 值	模型 F 值	B 估计值	Beta
1	最高学历大专-本科以上	0.080①	0.006	0.006	5.093	5.093	-0.232	-0.080
2	最高学历大专-本科以上	0.118②	0.014	0.008	6.002	5.564	-0.261	-0.091
	职务学校中层-教师						-0.228	-0.087

注：14 个变量自变量与因变量的多元相关系数等于 0.148③，R^2 为 0.022。

①预测变量：（常量），最高学历大专-本科以上。

②预测变量：（常量），最高学历大专-本科以上，职务学校中层-教师。

③预测变量：（常量），每周上几节课，第一学历大专-本科以上，最高学历高中及以下-本科以上，身份，最高学历中专/中师-本科以上，职称中教高级-无职称，职称小教初级-无职称，最高学历大专-本科以上，职务学校中层-教师，职务学校高层-教师，职称小教高级-无职称，第一学历中专/中师-本科以上，第一学历高中及以下-本科以上，职称中教初级-无职称。

模型 1 中，最高学历大专-本科以上与具备的监控素质多元相关系数为 0.080，最高学历大专-本科以上可以解释具备的监控素质 0.6%的变异量，从标准化回归系数来看，最高学历大专-本科以上对具备的监控素质的 Beta 值为-0.080，为负值，与本科以上相比，最高学历为大专的被试具备监控素质较高。

模型 2 中，最高学历大专-本科以上、职务学校中层-教师与具备的监控素质多元相关系数为 0.118，可以解释具备的监控素质 1.4%的变异量，从标准化回归系数来看，最高学历大专-本科以上对具备的监控素质的 Beta 值为-0.091，职务学校中层-教师对具备的监控素质的 Beta 值为-0.087，均为负值，与本科以上相比，最高学历为大专的被试具备监控素质较高；与教师相比，职务是学校中层的被试监控素质较高。

3. 学校特征与具备的监控素质的回归分析

从学校特征与具备的监控素质的回归分析结果可以看出（表 2-34），学校教研活动开展情况、完全中学-九年一贯、学校所在地乡镇-村屯、小学-九年一贯、学校教学质量、学校所在地县城-村屯、初中-九年一贯、学校教学设备配置情况 8 个变量与具备的监控素质的多元相关系数等于 0.362，表示上述 8 个变量可以解释具备的监控素质共 13.1%的变异量。此变异量主要由学校教学设备配置情况、学校教学质量、学校所在地县城-村屯、小学-九年一贯造成。

模型 1 中，学校教学设备配置情况与具备的监控素质多元相关系数为 0.32，学校教学设备配置情况可以解释具备的监控素质 10.2%的变异量，从标准化回归系数来看，学校教学设备配置情况对具备的监控素质的 Beta 值为 0.320，学校教学设备越好，被试具备的监控素质越高。

模型 2 中，学校教学设备配置情况、学校教学质量与具备的监控素质多元相关系数为 0.344，可以解释具备的监控素质 11.8%的变异量，从标准化回归系数来看，学校教学设备配置情况对具备的监控素质的 Beta 值为 0.231，学校教学质量对具备的监控素质的 Beta 值为 0.154，均为正值，学校教学设备越好，被试具备的监控素质越高；学校教学质量越高，被试具备的监控素质越高。

模型 3 中，学校教学设备配置情况、学校教学质量、学校所在地县城-村屯与具备的监控素质多元相关系数为 0.352，可以解释具备的监控素质 12.4%的变异量，从标准化回归系数来看，学校教学设备配置情况对具备的监控素质的 Beta 值为 0.251，学校教学质量对具备的监控素质的 Beta 值为 0.157，学校所在地县城-村屯对具备的监控素质的 Beta 值为 0.078，均为正值，学校教学设备越好，被试具备的监控素质越高；学校教学质量越高，被试具备的监控素质越高；与村屯相比，学校所在地在县城的被试监控素质较低。

模型 4 中，学校教学设备配置情况、学校教学质量、学校所在地县城-村屯、小学-九年一贯与具备的监控素质多元相关系数为 0.358，可以解释具备的监控素质 12.8%的变异量，从标准化回归系数来看，学校教学设备配置情况对具备的监控素质的 Beta 值为 0.240，学校教学质量对具备的监控素质的 Beta 值为 0.156，学校所在地县城-村屯对具备的监控素质的 Beta 值为 0.086，均为正值，学校教学设备越好，被试具备的监控素质越高；学校教学质量越高，被试具备的监控素质越高；与村屯相比，学校所在地在县城的被试监控素质较低。小学-九年一贯对具备的监控素质的 Beta 值为-0.066，为负值，与九年一贯制学校相比，学校类型为小学的被试监控素质较高。

表 2-34　学校特征与具备的监控素质的回归分析

模型	进入的变量顺序	多元相关系数 R	R^2	ΔR	净 F 值	模型 F 值	B 估计值	Beta
1	学校教学设备配置情况	0. 320①	0. 102	0. 102	112. 139	112. 139	0. 445	0. 320
2	学校教学设备配置情况	0. 344②	0. 118	0. 016	17. 473	65. 745	0. 321	0. 231
	学校教学质量						0. 245	0. 154
3	学校教学设备配置情况	0. 352③	0. 124	0. 006	6. 229	35. 903	0. 348	0. 251
	学校教学质量						0. 250	0. 157
	学校所在地县城-村屯						0. 211	0. 078
4	学校教学设备配置情况	0. 358④	0. 128	0. 004	4. 675	35. 903	0. 334	0. 240
	学校教学质量						0. 249	0. 156
	学校所在地县城-村屯						0. 235	0. 086
	小学-九年一贯						−0. 158	−0. 066

注：8 个变量自变量与因变量的多元相关系数等于 0. 362⑤，R^2 为 0. 131。

①预测变量：（常量），学校教学设备配置情况。

②预测变量：（常量），学校教学设备配置情况，学校教学质量。

③预测变量：（常量），学校教学设备配置情况，学校教学质量，学校所在地县城-村屯。

④预测变量：（常量），学校教学设备配置情况，学校教学质量，学校所在地县城-村屯，小学-九年一贯。

⑤预测变量：（常量），学校教研活动开展情况，完全中学-九年一贯，学校所在地乡镇-村屯，小学-九年一贯，学校教学质量，学校所在地县城-村屯，初中-九年一贯，学校教学设备配置情况。

（三）监控意见受重视程度回归分析

1. 个人自然特征与监控意见受重视程度的回归分析

从个人自然特征与监控意见受重视程度的回归分析结果可以看出（表2-35），家庭所在地乡镇-村屯、婚姻状况、性别、工资收入、家庭所在地县城-村屯、从教年份、是否有孩子、出生年 8 个变量与监控意见受重视程度的多元相关系数等于0. 149，表示上述8 个变量可以解释监控意见受重视程度共 2. 2%的变异量。此变异量主要由是否有孩子、性别造成。

表 2-35　个人自然特征与监控意见受重视程度的回归分析

模型	进入的变量顺序	多元相关系数 R	R^2	ΔR	净 F 值	模型 F 值	B 估计值	Beta
1	是否有孩子	0.107①	0.011	0.011	10.537	10.537	-0.266	-0.107
2	是否有孩子	0.128②	0.016	0.005	4.749	7.665	-0.301	-0.121
	性别						0.141	0.073

注：个变量自变量与因变量的多元相关系数等于 0.149③，R^2 为 0.022。

①预测变量：（常量），是否有孩子。

②预测变量：（常量），是否有孩子，性别。

③预测变量：（常量），家庭所在地乡镇-村屯，婚姻状况，性别，工资收入，家庭所在地县城-村屯，从教年份，是否有孩子，出生年。

模型 1 中，是否有孩子与监控意见受重视程度多元相关系数为 0.107，是否有孩子可以解释监控意见受重视程度 1.1%的变异量，从标准化回归系数来看，是否有孩子对监控意见受重视程度的 Beta 值为-0.107，为负值，有孩子的被试的监控意见受重视程度较低。

模型 2 中，是否有孩子、性别与监控意见受重视程度多元相关系数为 0.128，可以解释监控意见受重视程度 1.6%的变异量，从标准化回归系数来看，是否有孩子对监控意见受重视程度的 Beta 值为-0.121，为负值，有孩子的被试的监控意见受重视程度较低。而性别对监控意见受重视程度的 Beta 值为 0.073，为正值，男性被试监控意见受重视程度较高。

2. 个人教育特征与监控意见受重视程度的回归分析

从个人教育特征与监控意见受重视程度的回归分析结果可以看出（表2-36），每周上几节课、第一学历大专-本科以上、最高学历高中及以下-本科以上、身份、最高学历中专/中师-本科以上、职称中教高级-无职称、职称小教初级-无职称、最高学历大专-本科以上、职务学校中层-教师、职务学校高层-教师、职称小教高级-无职称、第一学历中专/中师-本科以上、第一学历高中及以下-本科以上、职称中教初级-无职称 14 个变量与监控意见受重视程度的多元相关系数等于 0.217，表示上述 14 个变量可以解释监控意见受重视程度共 4.7%的变异量。此变异量主要由职务学校高层-教师、职称中教初级-无职称造成。

模型 1 中，职务学校高层-教师与监控意见受重视程度多元相关系数为 0.092，职务学校高层-教师可以解释监控意见受重视程度 0.9%的变异量，从标准化回归系数来看，职务学校高层-教师对监控意见受重视程度的 Beta 值为-0.092，为负值，与教师相比，职务为学校高层的被试的监控意见受重视程度较高。

模型 2 中，职务学校高层-教师、职称中教初级-无职称与监控意见受重视程度多元相关系数为 0.128，职务学校高层-教师可以解释监控意见受重视程度 1.6%的变异量，从标准化回归系数来看，职务学校高层-教师对监控意见受重视程度的 Beta 值为-0.092，为负值，与教师相比，职务为学校高层的被试的监控意见受重视程度较高。职称中教初级-无职称对监控意见受重视程度的 Beta 值为 0.088，为正值，与无职称相比，职称为中教初级的被试的监控意见受重视程度较低。

表 2-36　个人教育特征与监控意见受重视程度的回归分析

模型	进入的变量顺序	多元相关系数 R	R^2	ΔR	净 F 值	模型 F 值	B 估计值	Beta
1	职务学校高层-教师	0.092①	0.009	0.009	6.754	6.754	-0.338	-0.092
2	职务学校高层-教师	0.128②	0.016	0.008	6.203	6.501	-0.337	-0.092
	职称中教初级-无职称						0.162	0.088

注：14 个变量自变量与因变量的多元相关系数等于 0.217③，R^2 为 0.047。

①预测变量：（常量），职务学校高层-教师。

②预测变量：（常量），职务学校高层-教师，职称中教初级-无职称。

③预测变量：（常量），每周上几节课，第一学历大专-本科以上，最高学历高中及以下-本科以上，身份，最高学历中专/中师-本科以上，职称中教高级-无职称，职称小教初级-无职称，最高学历大专-本科以上，职务学校中层-教师，职务学校高层-教师，职称小教高级-无职称，第一学历中专/中师-本科以上，第一学历高中及以下-本科以上，职称中教初级-无职称。

3. 学校特征与监控意见受重视程度的回归分析

从学校特征与监控意见受重视程度的回归分析结果可以看出（表 2-37），学校教研活动开展情况、完全中学-九年一贯、学校所在地乡镇-村屯、小学-九年一贯、学校教学质量、学校所在地县城-村屯、初中-九年一贯、学校教学设备配置情况 8 个变量与监控意见受重视程度的多元相关系数等于 0.195，表示上述 8 个变量可以解释监控意见受重视程度共 3.8%的变异量。此变异量主要由学校教研活动开展情况、学校教学设备配置情况造成。

模型 1 中，学校教研活动开展情况与监控意见受重视程度多元相关系数为 0.168，学校教研活动开展情况可以解释监控意见受重视程度 2.8%的变异量，从标准化回归系数来看，学校教研活动开展情况对监控意见受重视程度的 Beta 值为 0.168，为正值，学校教研活动开展情况越好，被试监控意见受重视程度越高。

模型 2 中，学校教研活动开展情况、学校教学设备配置情况与监控意见受重视程度多元相关系数为 0.185，可以解释监控意见受重视程度 3.4%的变异量，从标准化回归系数来看，学校教研活动开展情况对监控意见受重视程度的 Beta 值为 0.110，学校教学设备配置情况对监控意见受重视程度的 Beta 值为 0.097，均为正值，学校教研活动开展情况越好，被试监控意见受重视程度越高；学校教学设备配置越好，被试监控意见受重视程度越高。

表 2-37 学校特征与监控意见受重视程度的回归分析

模型	进入的变量顺序	多元相关系数 R	R^2	ΔR	净 F 值	模型 F 值	B 估计值	Beta
1	学校教研活动开展情况	0.168①	0.028	0.028	28.520	28.520	0.196	0.168
2	学校教研活动开展情况	0.185②	0.034	0.006	6.269	17.471	0.129	0.110
	学校教学设备配置情况						0.106	0.097

注：8 个变量自变量与因变量的多元相关系数等于 0.195③，R^2 为 0.038。

①预测变量：（常量），学校教研活动开展情况。

②预测变量：（常量），学校教研活动开展情况，学校教学设备配置情况。

③预测变量：（常量），学校教研活动开展情况，完全中学-九年一贯，学校所在地乡镇-村屯，小学-九年一贯，学校教学质量，学校所在地县城-村屯，初中-九年一贯，学校教学设备配置情况。

第三章　乡村教师质量监控内容

第一节　从哪些方面监控乡村教师？

一、教师质量监控指标

（一）依据专业知识水平来监控教师教学质量

在调查的987名被试中，认为学校一直依据专业知识水平来监控教师教学质量的有240人，占24.3%；认为经常依据专业知识水平来监控教师教学质量的有329人，占33.3%。这两项积累百分比达到57.6%。认为有时依据专业知识水平来监控教师教学质量的有244人，占24.7%；认为偶尔依据专业知识水平来监控教师教学质量的有97人，占9.8%；认为从来没有依据专业知识水平来监控教师教学质量的有77人，占7.8%。从总体上看，大多数学校都能够做到依据专业知识水平作为教师教学质量监控的内容。

（二）依据教学经验与能力来监控教师教学质量

在调查的987名被试中，有2人未填写相关信息，按缺失值处理。在985名被试中，认为学校一直依据教学经验与能力来监控教师教学质量的有236人，占23.9%；认为学校经常依据教学经验与能力来监控教师教学质量的有379人，占38.4%。这两项累积百分比达到62.4%。认为学校有时依据教学经验与能力来监控教师教学质量的有234人，占23.7%；认为学校偶尔依据教学经验与能力来监控教师教学质量的有76人，占7.7%；认为学校从来没有依据教学经验与能力来监控教师教学质量的有60人，占6.1%。统计结果显示，大部分学校能够依据教学经验与能力来监控教师教学质量。

（三）依据师德水平来监控教师教学质量

在987名被试中，1人未填写相关信息，按缺失值处理。986名被试中，认为学校一直依据师德水平来监控教师教学质量的有257人，占26.0%；认为学校经常依据师德水平来监控教师教学质量的有338人，占34.2%。这两项累积百分比达到60.3%。认为学校有时依据师德水平来监控教师教学质量的有224人，占22.7%；认为学校偶尔依据师德水平来监控教师教学质量的有77人，占7.8%；

认为学校从来没有依据师德水平来监控教师教学质量的有 90 人，占 9.1%。从统计结果分析来看，大部分学校在监控教师质量时，都将师德水平作为一项指标。

（四）依据学生成绩来监控教师教学质量

在 987 名被试中，1 人未填写相关信息，按缺失值处理。986 名被试中，认为学校一直依据学生成绩来监控教师教学质量的有 354 人，占 35.9%；认为学校经常依据学生成绩来监控教师教学质量的有 340 人，占 34.4%。这两项累积百分比达到 70.4%。认为学校有时依据学生成绩来监控教师教学质量的有 194 人，占 19.7%；认为学校偶尔依据学生成绩来监控教师教学质量的有 55 人，占 5.6%；认为学校从来没有依据学生成绩来监控教师教学质量的有 43 人，占 4.4%。从统计分析结果来看，学生成绩作为监控教师质量指标的学校所占比例教导。

二、监控指标与教师质量符合度分析

在 987 名被试中，4 人未填写相关信息，按缺失值处理。在 983 名被试中，认为学校监控指标能全部涵盖教师素质的有 152 人，占 15.4%；认为学校监控指标大部分能涵盖教师素质的有 470 人，占 47.6%。这两项累积达到 63.3%。认为学校监控指标一半能涵盖教师素质的有 180 人，占 18.2%；认为学校监控指标小部分能涵盖教师素质的有 139 人，占 14.1%；认为学校监控指标不能涵盖教师素质的有 42 人，占 4.3%。统计分析结果显示，学校监控指标能够涵盖教师素质，但并不是全部。

三、监控指标使用范围

在 987 名被试中，有 1 名被试未填写相关信息，按缺失值处理。986 名被试中，认为学校对所有教师教学质量监控内容完全相同的有 280 人，占 28.4%；认为学校对所有教师教学质量监控内容大部分相同的有 521 人，占 52.8%；认为学校对所有教师教学质量监控内容一半相同的有 80 人，占 8.1%；认为学校对所有教师教学质量监控内容小部分相同的有 64 人，占 6.5%；认为学校对所有教师教学质量监控内容完全不一样的有 41 人，占 4.2%。从统计结果来看，在大部分学校所有教师的监控指标是一样的。

四、被试参与监控指标制定情况

在 987 名被试中，2 人未填写相关信息，按缺失值处理。985 名被试中，认为自己一直参加选择与制定学校的教师教学质量监控内容的有 100 人，占 10.1%；认为经常参加选择与制定学校的教师教学质量监控内容的有 224 人，占 22.7%；认为有时参加选择与制定学校的教师教学质量监控内容的有 224 人，占 22.7%；认为偶尔参加选择与制定学校的教师教学质量监控内容的有 165 人，占

16.7%；认为从来没有参加选择与制定学校的教师教学质量监控内容的有 272 人，占 27.6%。统计结果显示，在所有被试中，没有参加过教师质量监控指标的选择与制定的人所在比例较大。

第二节　不同主体间的监控内容是否存在差异?

一、个人自然特征间监控内容是否存在差异

（一）性别与监控内容差异分析

从性别与监控内容的 t 检验结果表可以发现（表 3-1），不同性别的被试在依据专业知识水平来监控教师教学质量、依据教学经验与能力来监控教师教学质量、依据师德水平来监控教师教学质量、依据学生成绩来监控教师教学质量、教师教学质量监控内容涵盖教师素质的程度 5 个变量上都没有显著差异。而性别在所有教师的教学质量监控内容相同程度、参加选择与制定学校的教师教学质量监控内容 2 个变量上存在显著差异。在达到显著水平的变量中，从平均数得知，在所有教师的教学质量监控内容相同程度方面，男性（$M=1.92$）比女性（$M=2.12$）更倾向于选择所有教师的教学质量监控内容相同；在参加选择与制定学校的教师教学质量监控内容方面，男性（$M=3.04$）比女性所在学校（$M=3.44$）更倾向于选择参加选择与制定学校的教师教学质量监控。从效果值的大小来看，性别对所有教师的教学质量监控内容相同程度、参加选择与制定学校的教师教学质量监控内容 2 个变量的方差的解释分别为 0.9%、2.0%。都小于 6%，表示性别自变量与所有教师的教学质量监控内容相同程度、参加选择与制定学校的教师教学质量监控内容 2 个变量间的关系都是微弱关系。

表 3-1　性别与监控内容的 t 检验结果

项　目	性别	*N*	均值	标准差	*t* 值	Eta 方
依据专业知识水平来监控教师教学质量	男	354	2.37	1.104	-1.400n.s.	—
	女	624	2.47	1.227		
依据教学经验与能力来监控教师教学质量	男	353	2.31	1.085	-0.415n.s.	—
	女	623	2.35	1.120		
依据师德水平来监控教师教学质量	男	354	2.38	1.231	-0.396n.s.	—
	女	623	2.41	1.203		
依据学生成绩来监控教师教学质量	男	354	2.08	1.104	0.112n.s.	—
	女	623	2.07	1.067		

续表 3-1

项　　目	性别	N	均值	标准差	t 值	Eta 方
教师教学质量监控内容涵盖教师素质的程度	男	352	2.38	1.025	-1.355n.s.	—
	女	622	2.47	1.062		
所有教师的教学质量监控内容相同程度	男	353	1.92	0.902	-3.130**	0.009
	女	624	2.12	1.042		
参加选择与制定学校的教师教学质量监控内容	男	353	3.04	1.305	-4.499**	0.020
	女	623	3.44	1.358		

注：**—$P<0.01$；n.s.—$P>0.05$（未达到显著性水平）。

（二）年龄与监控内容差异分析

从年龄与监控内容的 t 检验结果表可以发现（表 3-2），不同年龄的被试在依据专业知识水平来监控教师教学质量、依据师德水平来监控教师教学质量、依据学生成绩来监控教师教学质量 3 个变量上都没有显著差异。而年龄在依据教学经验与能力来监控教师教学质量、教师教学质量监控内容涵盖教师素质的程度、所有教师的教学质量监控内容相同程度、参加选择与制定学校的教师教学质量监控内容 4 个变量上存在显著差异。在达到显著水平的变量中，从平均数得知，在依据教学经验与能力来监控教师教学质量方面，出生年大于或等于 1975 年的被试（$M=2.26$）比出生年小于 1975 年的被试（$M=2.40$）更倾向于选择依据教学经验与能力来监控教师教学质量；在教师教学质量监控内容涵盖教师素质的程度方面，出生年小于 1975 年的被试（$M=2.36$）比出生年大于或等于 1975 年的被试（$M=2.53$）更倾向于选择教师教学质量监控内容能涵盖教师素质。在所有教师的教学质量监控内容相同程度方面，出生年小于 1975 年的被试（$M=1.91$）比出生年大于或等于 1975 年的被试（$M=2.20$）更倾向于选择所有教师的教学质量监控内容相同。在参加选择与制定学校的教师教学质量监控内容方面，出生年小于 1975 年的被试（$M=3.17$）比出生年大于或等于 1975 年的被试（$M=3.41$）更倾向于与选择参加选择与制定学校的教师教学质量监控内容。

表 3-2　年龄与监控内容的 t 检验结果

项　　目	出生年	N	均值	标准差	t 值
依据专业知识水平来监控教师教学质量	≥1975	450	2.49	1.198	1.371n.s.
	<1975	500	2.38	1.159	
依据教学经验与能力来监控教师教学质量	≥1975	450	2.26	1.054	-2.001*
	<1975	499	2.40	1.144	

续表 3-2

项　目	出生年	*N*	均值	标准差	*t* 值
依据师德水平来监控教师教学质量	≥1975	449	2. 37	1. 166	-0. 433n. s.
	<1975	500	2. 41	1. 235	
依据学生成绩来监控教师教学质量	≥1975	449	2. 10	1. 040	0. 521n. s.
	<1975	500	2. 06	1. 096	
教师教学质量监控内容涵盖教师素质的程度	≥1975	449	2. 53	1. 075	2. 484 *
	<1975	497	2. 36	1. 022	
所有教师的教学质量监控内容相同程度	≥1975	450	2. 20	1. 056	4. 353 * *
	<1975	500	1. 91	0. 923	
参加选择与制定学校的教师教学质量监控内容	≥1975	448	3. 41	1. 327	2. 749 * *
	<1975	500	3. 17	1. 366	

注：＊—$P<0.05$；＊＊—$P<0.01$；n. s. —$P>0.05$（未达到显著性水平）。

（三）教龄与监控内容差异分析

从教龄与监控内容的 t 检验结果表可以发现（表 3-3），依据教学经验与能力来监控教师教学质量、依据师德水平来监控教师教学质量、依据学生成绩来监控教师教学质量、教师教学质量监控内容涵盖教师素质 4 个变量上没有显著差异。依据专业知识水平来监控教师教学质量、所有教师的教学质量监控内容相同程度、参加选择与制定学校的教师教学质量监控内容 3 个变量上存在显著差异。在达到显著水平的变量中，从平均数得知，在依据专业知识水平来监控教师教学质量方面，出生年小于 1975 年的被试（M=2. 35）比出生年大于或等于 1975 年的被试（M=2. 53）更倾向于选择依据专业知识水平来监控教师教学质量；在所有教师的教学质量监控内容相同程度方面，出生年小于 1975 年的被试（M=1. 92）比出生年大于或等于 1975 年的被试（M=2. 19）更倾向于选择所有教师的教学质量监控内容相同。在参加选择与制定学校的教师教学质量监控内容方面，出生年小于 1975 年的被试（M=3. 14）比出生年大于或等于 1975 年的被试（M=3. 48）更倾向于与选择参加选择与制定学校的教师教学质量监控内容。

表 3-3　教龄与监控内容的 t 检验结果

项　目	出生年	*N*	均值	标准差	*t* 值
依据专业知识水平来监控教师教学质量	≥1997	437	2. 53	1. 211	2. 304 *
	<1997	498	2. 35	1. 140	

续表 3-3

项目	出生年	N	均值	标准差	t值
依据教学经验与能力来监控教师教学质量	≥1997	437	2.31	1.071	-0.727n.s.
	<1997	497	2.37	1.135	
依据师德水平来监控教师教学质量	≥1997	436	2.41	1.207	0.418n.s.
	<1997	498	2.38	1.203	
依据学生成绩来监控教师教学质量	≥1997	436	2.13	1.083	1.469n.s.
	<1997	498	2.03	1.054	
教师教学质量监控内容涵盖教师素质的程度	≥1997	436	2.52	1.058	1.951n.s.
	<1997	495	2.38	1.043	
所有教师的教学质量监控内容相同程度	≥1997	437	2.19	1.065	4.149**
	<1997	498	1.92	0.928	
参加选择与制定学校的教师教学质量监控内容	≥1997	435	3.48	1.334	3.855**
	<1997	498	3.14	1.350	

注：*—$P<0.05$；**——$P<0.01$；n.s.—$P>0.05$（未达到显著性水平）。

（四）婚姻状况与监控内容差异分析

从婚姻状况与监控内容的t检验结果表可以发现（表3-4），依据专业知识水平来监控教师教学质量、依据教学经验与能力来监控教师教学质量、依据师德水平来监控教师教学质量、教师教学质量监控内容涵盖教师素质的程度4个变量上都没有显著差异。而婚姻状况在依据学生成绩来监控教师教学质量、所有教师的教学质量监控内容相同程度、参加选择与制定学校的教师教学质量监控内容3个变量上存在显著差异。在达到显著水平的变量中，从平均数得知，在依据学生成绩来监控教师教学质量方面，已婚被试（$M=2.05$）比单身被试（$M=2.26$）更倾向于选项依据学生成绩来监控教师教学质量；在所有教师的教学质量监控内容相同程度方面，已婚被试（$M=2.01$）比单身被试（$M=2.27$）更倾向于选择所有教师的教学质量监控内容相同；在参加选择与制定学校的教师教学质量监控内容方面，已婚被试（$M=3.25$）比单身被试（$M=3.52$）更倾向于选择参加选择与制定学校的教师教学质量监控内容。从效果值的大小来看，依据学生成绩来监控教师教学质量、所有教师的教学质量监控内容相同程度、参加选择与制定学校的教师教学质量监控内容3个变量的方差的解释分别为0.5%、0.8%、0.5%。都小于6%，表示婚姻状况自变量与依据学生成绩来监控教师教学质量、所有教师的教学质量监控内容相同程度、参加选择与制定学校的教师教学质量监控内容3个变量间的关系都是微弱关系。

表 3-4　婚姻状况与监控内容的 t 检验结果

项　　目	婚姻状况	N	均值	标准差	t 值	Eta 方
依据专业知识水平来监控教师教学质量	已婚	842	2.42	1.192	−1.063n.s.	—
	单身	145	2.53	1.125		
依据教学经验与能力来监控教师教学质量	已婚	840	2.35	1.133	1.173n.s.	—
	单身	145	2.25	0.932		
依据师德水平来监控教师教学质量	已婚	842	2.40	1.224	0.380n.s.	—
	单身	144	2.36	1.132		
依据学生成绩来监控教师教学质量	已婚	842	2.05	1.082	−2.130*	0.005
	单身	144	2.26	1.056		
教师教学质量监控内容涵盖教师素质的程度	已婚	838	2.44	1.051	−0.281n.s.	—
	单身	145	2.46	1.028		
所有教师的教学质量监控内容相同程度	已婚	841	2.01	0.987	−2.738**	0.008
	单身	145	2.27	1.043		
参加选择与制定学校的教师教学质量监控内容	已婚	841	3.25	1.356	−2.231*	0.005
	单身	144	3.52	1.295		

注：**—$P<0.01$；n.s.—$P>0.05$（未达到显著性水平）。

（五）是否有孩子与监控内容差异分析

从是否有孩子与监控内容的 t 检验结果表可以发现（表 3-5），依据专业知识水平来监控教师教学质量、依据教学经验与能力来监控教师教学质量、依据师德水平来监控教师教学质量、教师教学质量监控内容涵盖教师素质的程度 4 个变量上都没有显著差异。而是否有孩子在依据学生成绩来监控教师教学质量、所有教师的教学质量监控内容相同程度、参加选择与制定学校的教师教学质量监控内容 3 个变量上存在显著差异。在达到显著水平的变量中，从平均数得知，在依据学生成绩来监控教师教学质量方面，有孩子的被试（M=2.04）比没有孩子的被试（M=2.27）更倾向于选择依据学生成绩来监控教师教学质量；所有教师的教学质量监控内容相同程度方面，有孩子的被试（M=2.00）比没有孩子的被试（M=2.32）更倾向于选择所有教师的教学质量监控内容相同；在参加选择与制定学校的教师教学质量监控内容方面，有孩子的被试（M=3.24）比没有孩子的被试（M=3.54）更倾向于选择参加选择与制定学校的教师教学质量监控内容。从效果值的大小来看，依据学生成绩来监控教师教学质量、所有教师的教学质量监控内容相同程度、参加选择与制定学校的教师教学质量监控内容 3 个变量的方差的解释分别为 6%、14%、7%。都大于或等于 6%，表示是否有孩子自变量与依据学生成绩来监控教师教学质量、所有教师的教学质量监控内容相同程度、参加选择与制定学校的教师教学质量监控内容 3 个变量间的关系都是中等强度关系。

表 3-5　是否有孩子与监控内容的 t 检验结果

项　　目	是否有孩子	*N*	均值	标准差	*t* 值	Eta 方
依据专业知识水平来监控教师教学质量	有	818	2.42	1.189	−0.769n.s.	—
	没有	168	2.50	1.148		
依据教学经验与能力来监控教师教学质量	有	816	2.35	1.130	1.289n.s.	—
	没有	168	2.24	0.982		
依据师德水平来监控教师教学质量	有	818	2.39	1.223	−0.178n.s.	—
	没有	167	2.41	1.153		
依据学生成绩来监控教师教学质量	有	818	2.04	1.078	−2.505*	0.06
	没有	167	2.27	1.072		
教师教学质量监控内容涵盖教师素质的程度	有	814	2.43	1.043	−0.412n.s.	—
	没有	168	2.47	1.072		
所有教师的教学质量监控内容相同程度	有	818	2.00	0.966	−3.453**	0.14
	没有	167	2.32	1.114		
参加选择与制定学校的教师教学质量监控内容	有	817	3.24	1.351	−2.678**	0.07
	没有	167	3.54	1.320		

注：*—$P<0.05$；**—$P<0.01$；n.s.—$P>0.05$（未达到显著性水平）。

（六）工资收入与监控内容差异分析

由以下的方差分析表可以发现，不同工资收入被试在依据专业知识水平来监控教师教学质量上、依据师德水平来监控教师教学质量上、依据学生成绩来监控教师教学质量上、教师教学质量监控内容涵盖教师素质的程度上的没有显著差异（$P>0.05$）。也就是说，不同工资收入的被试在这 4 个变量上的选择没有差异。

由表 3-6 方差分析可以显示，不同工资收入的被试在依据教学经验与能力来监控教师教学质量上有显著差异（$P<0.05$）。由事后比较得知，5000 元以上 >3000~4000 元，即工资收入为 3000~4000 元的被试倾向于依据教学经验与能力来监控教师教学质量。进一步从关联强度指数来看，ω^2 的值等于 0.007，可见，工资收入与依据教学经验与能力来监控教师教学质量存在微弱关系。统计检验力等于 0.747，决策正确率不高，工资收入对依据教学经验与能力来监控教师教学质量的解释量很小。

表 3-6　不同工资收入在依据教学经验与能力来监控教师教学质量上的方差分析表

变异来源	平方和	*DF*	均方	*F*	事后比较	ω^2	统计检验力
组间	11.845	3	3.948	3.251*	5000 元以上>3000~4000 元	0.007	0.747
组内	1191.597	981	1.215				
全体	1203.442	984					

由表 3-7 方差分析可以显示，不同工资收入的被试在所有教师的教学质量监控内容相同程度上有显著差异（$P<0.01$），由事后比较得知，1000~2000 元>3000~4000 元、1000~2000 元>5000 元以上，即工资收入为 3000~4000 元、5000 元以上的被试倾向于选择所有教师的教学质量监控内容相同。进一步从关联强度指数来看，ω^2的值等于 0.022，可见，工资收入与所有教师的教学质量监控内容相同程度存在微弱关系。统计检验力等于 0.993，决策正确率较高。工资收入对所有教师的教学质量监控内容相同程度的解释量很小。

表 3-7　不同工资收入在所有教师的教学质量监控内容相同程度上的方差分析表

变异来源	平方和	*DF*	均方	*F*	事后比较	ω^2	统计检验力
组间	24.176	3	8.059	8.259**	1000~2000 元>3000~4000 元；1000~2000 元>5000 元以上	0.022	0.993
组内	958.186	982	0.976				
全体	982.362	985					

由表 3-8 方差分析可以显示，不同工资收入的被试在参加选择与制定学校的教师教学质量监控内容上有显著差异（$P<0.01$），由事后比较得知，1000~2000 元>3000~4000 元、1000~2000 元>5000 元以上，即工资收入为 3000~4000 元、5000 元以上的被试倾向于选择参加选择与制定学校的教师教学质量监控内容上。进一步从关联强度指数来看，ω^2的值等于 0.02，可见，工资收入与参加选择与制定学校的教师教学质量监控内容上存在微弱关系。统计检验力等于 0.988，决策正确率较高。工资收入对参加选择与制定学校的教师教学质量监控内容上的解释量很小。

表 3-8　不同工资收入在参加选择与制定学校的教师教学质量监控内容上的方差分析表

变异来源	平方和	DF	均方	F	事后比较	ω^2	统计检验力
组间	41.035	3	13.678	7.652**	1000~2000 元>3000~4000 元；1000~2000 元>5000 元以上	0.020	0.988
组内	1753.503	981	1.787				
全体	1794.538	984					

（七）家庭所在地与监控内容差异分析

由以下的方差分析表可以发现，不同家庭所在地在依据教学经验与能力来监控教师教学质量上、依据学生成绩来监控教师教学质量上的、所有教师的教学质量监控内容相同程度上、参加选择与制定学校的教师教学质量监控内容上没有显著差异（$P>0.05$）。也就是说，不同家庭所在地的被试在这 4 个变量上的选择没有差异。

由表 3-9 方差分析可以显示，不同家庭所在地的被试在依据专业知识水平来监控教师教学质量上有显著差异（$P<0.05$），由事后比较得知，家庭所在地在村屯的>县城和乡镇，即家庭所在地在县城和乡镇的被试倾向于依据专业知识水平来监控教师教学质量。进一步从关联强度指数来看，ω^2的值等于 0.005，可见，家庭所在地与依据专业知识水平来监控教师教学质量存在微弱关系。统计检验力等于 0.666，决策正确率不高，家庭所在地对依据专业知识水平来监控教师教学质量的解释量很小。

表 3-9　不同家庭所在地在依据专业知识水平来监控教师教学质量上的方差分析表

变异来源	平方和	DF	均方	F	事后比较	ω^2	统计检验力
组间	10.007	2	5.003	3.592*	村屯>县城；村屯>乡镇	0.005	0.666
组内	1363.704	979	1.393				
全体	1373.711	981					

由表 3-10 方差分析可以显示，不同家庭所在地的被试在依据师德水平来监控教师教学质量有显著差异（$P<0.01$），由事后比较得知，家庭所在地在村屯的>县城和乡镇，即家庭所在地在县城和乡镇的被试倾向于依据师德水平来监控教师教学质量。进一步从关联强度指数来看，ω^2的值等于 0.01，可见，家庭所在地与依据师德水平来监控教师教学质量存在微弱关系。统计检验力等于 0.882，决策正确率一般，家庭所在地对依据师德水平来监控教师教学质量的解释量很小。

表 3-10　不同家庭所在地在依据师德水平来监控教师教学质量上的方差分析表

变异来源	平方和	*DF*	均方	*F*	事后比较	ω^2	统计检验力
组间	17. 395	2	8. 698	5. 990**	村屯>县城； 村屯>乡镇	0. 010	0. 882
组内	1420. 164	978	1. 452				
全体	1437. 560	980					

表 3-11 方差分析可以显示，不同家庭所在地的被试在教师教学质量监控内容涵盖教师素质的程度上有显著差异（$P<0.05$），由事后比较得知，家庭所在地在村屯的>乡镇，即家庭所在地在乡镇的被试倾向于教师教学质量监控内容涵盖教师素质的程度。进一步从关联强度指数来看，ω^2的值等于 0. 005，可见，家庭所在地与教师教学质量监控内容涵盖教师素质的程度存在微弱关系。统计检验力等于 0. 680，决策正确率不高，家庭所在地对教师教学质量监控内容涵盖教师素质的程度的解释量很小。

表 3-11　不同家庭所在地在教师教学质量监控内容涵盖教师素质的程度上的方差分析表

变异来源	平方和	*DF*	均方	*F*	事后比较	ω^2	统计检验力
组间	8. 081	2	4. 041	3. 698*	村屯>乡镇	0. 005	0. 680
组内	1065. 212	975	1. 093				
全体	1073. 293	977					

二、个人教育特征间监控内容是否存在差异

（一）第一学历与监控内容差异分析

由以下的方差分析表可以发现，不同第一学历在依据学生成绩来监控教师教学质量上、教师教学质量监控内容涵盖教师素质的程度上没有显著差异（$P>0.05$）。也就是说，不同第一学历的被试在这两个变量上的选择没有差异。

表 3-12 方差分析可以显示，第一学历在依据专业知识水平来监控教师教学质量上有显著差异（$P<0.01$），由事后比较得知，大专>中专/中师、本科以上>中专/中师，即第一学历为中专/中师的被试倾向于依据专业知识水平来监控教师教学质量。进一步从关联强度指数来看，ω^2的值等于 0. 014，可见，第一学历与依据专业知识水平来监控教师教学质量存在微弱关系。统计检验力等于 0. 934，决策正确率较高，第一学历对依据专业知识水平来监控教师教学质量的解释量很小。

表 3-12　第一学历在依据专业知识水平来监控教师教学质量上的方差分析表

变异来源	平方和	DF	均方	F	事后比较	ω^2	统计检验力
组间	22.324	3	7.441	5.358**	大专>中专/中师；本科以上>中专/中师	0.014	0.934
组内	1320.719	951	1.389				
全体	1343.043	954					

表 3-13 方差分析可以显示，第一学历在依据教学经验与能力来监控教师教学质量上有显著差异（$P<0.01$），由事后比较得知，大专>中专/中师，即第一学历为中专/中师的被试倾向于依据教学经验与能力来监控教师教学质量上。进一步从关联强度指数来看，ω^2的值等于 0.014，可见，第一学历与依据教学经验与能力来监控教师教学质量上存在微弱关系。统计检验力等于 0.935，决策正确率高，第一学历对依据教学经验与能力来监控教师教学质量上的解释量很小。

表 3-13　第一学历在依据教学经验与能力来监控教师教学质量上的方差分析表

变异来源	平方和	DF	均方	F	事后比较	ω^2	统计检验力
组间	19.782	3	6.594	5.383**		0.014	0.935
组内	1162.384	949	1.225		大专>中专/中师		
全体	1182.166	952					

表 3-14 方差分析可以显示，第一学历在依据师德水平来监控教师教学质量上有显著差异（$P<0.05$），由事后比较得知，大专>中专/中师，即第一学历为中专/中师的被试倾向于依据师德水平来监控教师教学质量。进一步从关联强度指数来看，ω^2的值等于 0.006，可见，第一学历与依据师德水平来监控教师教学质量存在微弱关系。统计检验力等于 0.694，决策正确率不高，第一学历对依据师德水平来监控教师教学质量上的解释量很小。

表 3-14　第一学历在依据师德水平来监控教师教学质量上的方差分析表

变异来源	平方和	DF	均方	F	事后比较	ω^2	统计检验力
组间	12.888	3	4.296	2.910*	大专>中专/中师	0.006	0.694
组内	1402.739	950	1.477				
全体	1415.628	953					

表 3-15 方差分析可以显示，第一学历在所有教师的教学质量监控内容相同程度上有显著差异（$P<0.05$），由事后比较得知，本科以上>高中及以下，即第一学历为高中及以下的被试倾向于所有教师的教学质量监控内容相同。进一步从

关联强度指数来看，ω^2的值等于0.007，可见，第一学历与所有教师的教学质量监控内容相同存在微弱关系。统计检验力等于0.745，决策正确率不高，第一学历对所有教师的教学质量监控内容相同程度上的解释量很小。

表3-15　第一学历在所有教师的教学质量监控内容相同程度上的方差分析表

变异来源	平方和	DF	均方	F	事后比较	ω^2	统计检验力
组间	9.645	3	3.215	3.237*	本科以上>高中及以下	0.007	0.745
组内	943.521	950	0.993				
全体	953.166	953					

表3-16方差分析可以显示，第一学历在参加选择与制定学校的教师教学质量监控内容上有显著差异（$P<0.01$），由事后比较得知，本科以上>中专/中师，即第一学历为中专/中师的被试倾向于参加选择与制定学校的教师教学质量监控内容。进一步从关联强度指数来看，ω^2的值等于0.013，可见，第一学历与参加选择与制定学校的教师教学质量监控内容存在微弱关系。统计检验力等于0.917，决策正确率较高，第一学历对参加选择与制定学校的教师教学质量监控内容上的解释量很小。

表3-16　第一学历在参加选择与制定学校的教师教学质量监控内容上的方差分析表

变异来源	平方和	DF	均方	F	事后比较	ω^2	统计检验力
组间	28.118	3	9.373	5.201**	本科以上>中专/中师	0.013	0.917
组内	1710.027	949	1.802				
全体	1738.145	952					

（二）不同身份与监控内容差异分析

由以下的方差分析表可以发现，不同身份在依据专业知识水平来监控教师教学质量上、依据教学经验与能力来监控教师教学质量上、依据师德水平来监控教师教学质量上、依据学生成绩来监控教师教学质量上、教师教学质量监控内容涵盖教师素质的程度上、所有教师的教学质量监控内容相同程度上、所有教师的教学质量监控内容相同程度上、参加选择与制定学校的教师教学质量监控内容上没有显著差异（$P>0.05$）。也就是说，不同身份的被试在这7个变量上的选择没有差异。

（三）不同职务与监控内容差异分析

由以下的方差分析表可以发现，不同职务在依据学生成绩来监控教师教学质量上、教师教学质量监控内容涵盖教师素质的程度上没有显著差异（$P>0.05$）。也就是说，不同职务的被试在这两个变量上的选择没有差异。

表 3-17 方差分析可以显示，不同职务在依据专业知识水平来监控教师教学质量上有显著差异（$P<0.01$），由事后比较得知，学校中层>学校高层、教师>学校高层，即学校高层的被试倾向于依据专业知识水平来监控教师教学质量。进一步从关联强度指数来看，ω^2的值等于 0.016，可见，不同职务与依据专业知识水平来监控教师教学质量存在微弱关系。统计检验力等于 0.977，决策正确率较高，不同职务对依据专业知识水平来监控教师教学质量的解释量很小。

表 3-17 不同职务在依据专业知识水平来监控教师教学质量上的方差分析表

变异来源	平方和	*DF*	均方	*F*	事后比较	ω^2	统计检验力
组间	25.297	2	12.648	9.187**	学校中层>学校高层；教师>学校高层	0.016	0.977
组内	1347.901	979	1.377				
全体	1373.198	981					

表 3-18 方差分析可以显示，不同职务在依据教学经验与能力来监控教师教学质量上有显著差异（$P<0.05$），由事后平均数比较得知教师>学校高层。进一步从关联强度指数来看，ω^2的值等于 0.005，可见，不同职务与依据教学经验与能力来监控教师教学质量存在微弱关系。统计检验力等于 0.678，决策正确率较低，不同职务对依据教学经验与能力来监控教师教学质量的解释量很小。

表 3-18 不同职务在依据教学经验与能力来监控教师教学质量上的方差分析表

变异来源	平方和	*DF*	均方	*F*	事后比较	ω^2	统计检验力
组间	8.983	2	4.492	3.683*	教师>学校高层	0.005	0.678
组内	1191.567	977	1.220				
全体	1200.550	979					

表 3-19 方差分析可以显示，不同职务在依据师德水平来监控教师教学质量上有显著差异（$P<0.05$），由事后比较得知，教师>学校高层，即学校高层的被试倾向于依据师德水平来监控教师教学质量。进一步从关联强度指数来看，ω^2的值等于 0.007，可见，不同职务与依据师德水平来监控教师教学质量存在微弱关系。

表 3-19 不同职务在依据师德水平来监控教师教学质量上的方差分析表

变异来源	平方和	*DF*	均方	*F*	事后比较	ω^2	统计检验力
组间	13.392	2	6.696	4.617*	教师>学校高层	0.007	0.781
组内	1418.512	978	1.450				
全体	1431.904	980					

统计检验力等于0.781，决策正确率不高，不同职务对依据师德水平来监控教师教学质量的解释量很小。

表3-20方差分析可以显示，不同职务在所有教师的教学质量监控内容相同程度上有显著差异（$P<0.05$），由事后比较得知，教师>学校高层，即学校高层的被试倾向于所有教师的教学质量监控内容相同程度上。进一步从关联强度指数来看，ω^2的值等于0.004，可见，不同职务与所有教师的教学质量监控内容相同程度上存在微弱关系。统计检验力等于0.583，决策正确率不高，不同职务对所有教师的教学质量监控内容相同程度的解释量很小。

表3-20　不同职务在所有教师的教学质量监控内容相同程度上的方差分析表

变异来源	平方和	*DF*	均方	*F*	事后比较	ω^2	统计检验力
组间	5.979	2	2.990	3.001*	教师>学校高层	0.004	0.583
组内	974.157	978	0.996				
全体	980.137	980					

表3-21方差分析可以显示，不同职务在参加选择与制定学校的教师教学质量监控内容上有显著差异（$P<0.01$），由事后比较得知，学校中层>学校高层、教师>学校高层，即学校高层的被试倾向于参加选择与制定学校的教师教学质量监控内容。进一步从关联强度指数来看，ω^2的值等于0.045，可见，不同职务与参加选择与制定学校的教师教学质量监控内容存在微弱关系。统计检验力等于1.000，决策正确率很高，不同职务对参加选择与制定学校的教师教学质量监控内容的解释量很小。

表3-21　不同职务在参加选择与制定学校的教师教学质量监控内容上的方差分析表

变异来源	平方和	*DF*	均方	*F*	事后比较	ω^2	统计检验力
组间	83.842	2	41.921	24.139**	学校中层>学校高层； 教师>学校高层	0.045	1.000
组内	1696.692	977	1.737				
全体	1780.535	979					

（四）不同职称与监控内容差异分析

由以下的方差分析表可以发现，不同职称在依据教学经验与能力来监控教师教学质量上、教师教学质量监控内容涵盖教师素质的程度上没有显著差异（$P>0.05$）。也就是说，不同职务的被试在这两个变量上的选择没有差异。

表3-22方差分析可以显示，不同职称在依据专业知识水平来监控教师教学质量上有显著差异（$P<0.05$），由事后比较得知，中教初级>中教高级，即中教

高级的被试倾向于依据专业知识水平来监控教师教学质量。进一步从关联强度指数来看，ω^2的值等于0.006，可见，不同职称与依据专业知识水平来监控教师教学质量存在微弱关系。统计检验力等于0.716，决策正确率不高，不同职称对依据专业知识水平来监控教师教学质量的解释量很小。

表 3-22 不同职称在依据专业知识水平来监控教师教学质量上的方差分析表

变异来源	平方和	*DF*	均方	*F*	事后比较	ω^2	统计检验力
组间	13.951	4	3.488	2.512*	中教初级>中教高级	0.006	0.716
组内	1359.487	979	1.389				
全体	1373.438	983					

表3-23方差分析可以显示，不同职称在依据师德水平来监控教师教学质量上有显著差异（$P<0.05$），由事后比较得知，中教初级>小教初级，即小教初级的被试倾向于依据师德水平来监控教师教学质量。进一步从关联强度指数来看，ω^2的值等于0.007，可见，不同职称与依据师德水平来监控教师教学质量上存在微弱关系。统计检验力等于0.750，决策正确率不高，不同职称对依据师德水平来监控教师教学质量的解释量很小。

表 3-23 不同职称在依据师德水平来监控教师教学质量上的方差分析表

变异来源	平方和	*DF*	均方	*F*	事后比较	ω^2	统计检验力
组间	15.624	4	3.906	2.691*	中教初级>小教初级	0.007	0.750
组内	1419.438	978	1.451				
全体	1435.062	982					

表3-24方差分析可以显示，不同职称在依据学生成绩来监控教师教学质量上有显著差异（$P<0.05$），由事后比较得知，无职称>中教初级，即中教初级的被试倾向于依据学生成绩来监控教师教学质量。进一步从关联强度指数来看，ω^2的值等于0.008，可见，不同职称与依据学生成绩来监控教师教学质量存在微弱关系。统计检验力等于0.809，决策正确率较高，不同职称对依据学生成绩来监控教师教学质量的解释量很小。

表 3-24 不同职称在依据学生成绩来监控教师教学质量上的方差分析表

变异来源	平方和	*DF*	均方	*F*	事后比较	ω^2	统计检验力
组间	14.030	4	3.507	3.059*	无职称>中教初级	0.008	0.809
组内	1121.248	978	1.146				
全体	1135.278	982					

表 3-25 方差分析可以显示，不同职称在所有教师的教学质量监控内容相同程度上有显著差异（$P<0.01$），由事后比较得知，无职称>中教初级、小教高级、小教初级，即中教初级、小教高级、小教初级的被试倾向于所有教师的教学质量监控内容相同程度。进一步从关联强度指数来看，ω^2 的值等于 0.01，可见，不同职称与所有教师的教学质量监控内容相同程度存在微弱关系。统计检验力等于 0.873，决策正确率较高，不同职称对所有教师的教学质量监控内容相同程度的解释量很小。

表 3-25　不同职称在所有教师的教学质量监控内容相同程度上的方差分析表

变异来源	平方和	*DF*	均方	*F*	事后比较	ω^2	统计检验力
组间	14.110	4	3.527	3.581**	无职称>中教初级、小教高级、小教初级	0.010	0.873
组内	963.347	978	0.985				
全体	977.457	982					

表 3-26 方差分析可以显示，不同职称在参加选择与制定学校的教师教学质量监控内容上有显著差异（$P<0.05$），由事后比较得知，无职称>小教高级，即小教高级的被试倾向于参加选择与制定学校的教师教学质量监控内容。进一步从关联强度指数来看，ω^2的值等于 0.007，可见，不同职称与参加选择与制定学校的教师教学质量监控内容存在微弱关系。统计检验力等于 0.734，决策正确率不高，不同职称对参加选择与制定学校的教师教学质量监控内容的解释量很小。

表 3-26　不同职称在参加选择与制定学校的教师教学质量监控内容上的方差分析表

变异来源	平方和	*DF*	均方	*F*	事后比较	ω^2	统计检验力
组间	18.928	4	4.732	2.607*	无职称>小教高级	0.007	0.734
组内	1773.358	977	1.815				
全体	1792.286	981					

（五）周上课数与监控内容差异分析

从周上课数与监控内容的 t 检验结果表可以发现（表 3-27），依据教学经验与能力来监控教师教学质量、依据师德水平来监控教师教学质量、依据学生成绩来监控教师教学质量、教师教学质量监控内容涵盖教师素质的程度、参加选择与制定学校的教师教学质量监控内容 5 个变量上没有显著差异。依据专业知识水平来监控教师教学质量、所有教师的教学质量监控内容相同程度 2 个变量上存在显著差异。在达到显著水平的变量中，从平均数得知，在依据专业知识水平来监控教师教学质量方面，周上课数小于 15 学时的被试（$M=2.34$）比周上课数大于或等于 15 学时的被试（M=2.50）更倾向于选择依据专业知识水平来监控教师教学质量；在所有教师的教学质量监控内容相同程度方面，周上课数小于 15 学时的被试（M=1.98）比周上课数大于或等于 15 学时的被试（M=2.11）更倾向于选择所有教师的教学质量监控内容相同。

表 3-27　周上课数与监控内容的 t 检验结果

项　　目	周上课数	N	均值	标准差	t 值
依据专业知识水平来监控教师教学质量	≥15	543	2.50	1.209	2.143*
	<15	437	2.34	1.139	
依据教学经验与能力来监控教师教学质量	≥15	543	2.37	1.141	1.408n.s.
	<15	435	2.27	1.063	
依据师德水平来监控教师教学质量	≥15	542	2.41	1.227	0.440n.s
	<15	437	2.38	1.195	
依据学生成绩来监控教师教学质量	≥15	542	2.10	1.107	0.712n.s
	<15	437	2.05	1.039	
教师教学质量监控内容涵盖教师素质的程度	≥15	540	2.41	1.066	−0.934n.s
	<15	436	2.47	1.016	
所有教师的教学质量监控内容相同程度	≥15	542	2.11	1.050	2.044*
	<15	437	1.98	0.930	
参加选择与制定学校的教师教学质量监控内容	≥15	542	3.30	1.355	0.352n.s
	<15	436	3.27	1.344	

三、学校特征间监控内容是否存在差异

（一）不同学校类型与监控内容差异分析

由以下的方差分析表可以发现，不同学校类型在依据教学经验与能力来监控教师教学质量上、教师教学质量监控内容涵盖教师素质的程度上、所有教师的教学质量监控内容相同程度上没有显著差异（$P>0.05$）。也就是说，不同学校类型的被试在这 3 个变量上的选择没有差异。

表 3-28 方差分析可以显示，不同学校类型在依据专业知识水平来监控教师教学质量上有显著差异（$P<0.01$），由事后比较得知，初中>完全中学、小学，即完全中学、小学的被试倾向于依据专业知识水平来监控教师教学质量。进一步从关联强度指数来看，ω^2的值等于 0.011，可见，不同学校类型与依据专业知识水平来监控教师教学质量存在微弱关系。统计检验力等于 0.885，决策正确率较高，不同学校类型对依据专业知识水平来监控教师教学质量的解释量很小。

表 3-28 不同学校类型在依据专业知识水平来监控教师教学质量上的方差分析表

变异来源	平方和	DF	均方	F	事后比较	ω^2	统计检验力
组间	18.786	3	6.262	4.527**	初中>完全中学、小学	0.011	0.885
组内	1359.749	983	1.383				
全体	1378.535	986					

表3-29方差分析可以显示，不同学校类型在依据师德水平来监控教师教学质量上有显著差异（$P<0.05$），由事后比较得知，初中>完全中学，即完全中学的被试倾向于依据师德水平来监控教师教学质量。进一步从关联强度指数来看，ω^2的值等于0.006，可见，不同学校类型与依据师德水平来监控教师教学质量存在微弱关系。统计检验力等于0.682，决策正确率不高，不同学校类型对依据师德水平来监控教师教学质量的解释量很小。

表 3-29 不同学校类型在依据师德水平来监控教师教学质量上的方差分析表

变异来源	平方和	DF	均方	F	事后比较	ω^2	统计检验力
组间	12.396	3	4.132	2.834*	初中>完全中学	0.006	0.682
组内	1431.552	982	1.458				
全体	1443.948	985					

表3-30方差分析可以显示，不同学校类型在依据学生成绩来监控教师教学质量上有显著差异（$P<0.01$），由事后比较得知，小学>初中、完全中学、九年一贯制学校，即初中、完全中学、九年一贯制学校的被试倾向于依据学生成绩来监控教师教学质量。进一步从关联强度指数来看，ω^2的值等于0.025，可见，不同学校类型与依据学生成绩来监控教师教学质量存在微弱关系。统计检验力等于0.997，决策正确率很高，不同学校类型对依据学生成绩来监控教师教学质量的解释量很小。

表 3-30 不同学校类型在依据学生成绩来监控教师教学质量上的方差分析表

变异来源	平方和	DF	均方	F	事后比较	ω^2	统计检验力
组间	32.317	3	10.772	9.476**	小学>初中、完全中学、九年一贯制学校	0.025	0.997
组内	1116.353	982	1.137				
全体	1148.670	985					

表3-31方差分析可以显示，不同学校类型在参加选择与制定学校的教师教

学质量监控内容上有显著差异（$P<0.01$），由事后比较得知，初中>小学，九年一贯制学校>小学，即小学的被试倾向于参加选择与制定学校的教师教学质量监控内容。进一步从关联强度指数来看，ω^2的值等于0.017，可见，不同学校类型与参加选择与制定学校的教师教学质量监控内容存在微弱关系。统计检验力等于0.973，决策正确率很高，不同学校类型对参加选择与制定学校的教师教学质量监控内容的解释量很小。

表 3-31　不同学校类型在参加选择与制定学校的教师教学质量监控内容上的方差分析表

变异来源	平方和	DF	均方	F	事后比较	ω^2	统计检验力
组间	35.532	3	11.844	6.605**	初中>小学；九年一贯制学校>小学	0.017	0.973
组内	1759.007	981	1.793				
全体	1794.538	984					

（二）不同学校所在地与监控内容差异分析

由以下的方差分析表可以发现，不同学校所在地在依据学生成绩来监控教师教学质量上、教师教学质量监控内容涵盖教师素质的程度上、参加选择与制定学校的教师教学质量监控内容上没有显著差异（$P>0.05$）。也就是说，不同学校所在地的被试在这3个变量上的选择没有差异。

表3-32方差分析可以显示，不同学校所在地在依据专业知识水平来监控教师教学质量上有显著差异（$P<0.01$），由事后比较得知，乡镇>县城，村屯>县城，即县城的被试倾向于依据专业知识水平来监控教师教学质量。进一步从关联强度指数来看，ω^2的值等于0.014，可见，不同学校所在地与依据专业知识水平来监控教师教学质量存在微弱关系。统计检验力等于0.951，决策正确率较高，不同学校所在地对依据专业知识水平来监控教师教学质量的解释量很小。

表 3-32　不同学校所在地在依据专业知识水平来监控教师教学质量上的方差分析表

变异来源	平方和	DF	均方	F	事后比较	ω^2	统计检验力
组间	21.418	2	10.709	7.771**	乡镇>县城；村屯>县城	0.014	0.951
组内	1354.664	983	1.378				
全体	1376.082	985					

表3-33方差分析可以显示，不同学校所在地在依据教学经验与能力来监控教师教学质量上有显著差异（$P<0.01$），由事后比较得知，乡镇>县城，村屯>县城，即县城的被试倾向于依据教学经验与能力来监控教师教学质量。进一步从关联强度指数来看，ω^2的值等于0.021，可见，不同学校所在地与依据教学经验与

能力来监控教师教学质量存在微弱关系。统计检验力等于 0.994，决策正确率很高，不同学校所在地对依据教学经验与能力来监控教师教学质量的解释量很小。

表 3-33　不同学校所在地在依据教学经验与能力来监控教师教学质量上的方差分析表

变异来源	平方和	DF	均方	F	事后比较	ω^2	统计检验力
组间	27.837	2	13.918	11.619**	乡镇>县城，村屯>县城	0.021	0.994
组内	1175.162	981	1.198				
全体	1202.999	983					

表 3-34 方差分析可以显示，不同学校所在地在依据师德水平来监控教师教学质量上有显著差异（$P<0.01$），由事后比较得知，村屯>县城、乡镇，即县城、乡镇的被试倾向于依据师德水平来监控教师教学质量。进一步从关联强度指数来看，ω^2的值等于 0.024，可见，不同学校所在地与依据师德水平来监控教师教学质量存在微弱关系。统计检验力等于 0.997，决策正确率很高，不同学校所在地对依据师德水平来监控教师教学质量的解释量很小。

表 3-34　不同学校所在地在依据师德水平来监控教师教学质量上的方差分析表

变异来源	平方和	DF	均方	F	事后比较	ω^2	统计检验力
组间	36.847	2	18.424	12.861**	村屯>县城、乡镇	0.024	0.997
组内	1406.736	982	1.433				
全体	1443.584	984					

表 3-35 方差分析可以显示，不同学校所在地在所有教师的教学质量监控内容相同程度上有显著差异（$P<0.05$），由事后比较得知，乡镇>村屯，即村屯的被试倾向于所有教师的教学质量监控内容相同程度。进一步从关联强度指数来看，ω^2的值等于 0.006，可见，不同学校所在地与所有教师的教学质量监控内容相同程度存在微弱关系。统计检验力等于 0.696，决策正确率不高，不同学校所在地对所有教师的教学质量监控内容相同程度的解释量很小。

表 3-35　不同学校所在地在所有教师的教学质量监控内容相同程度上的方差分析表

变异来源	平方和	DF	均方	F	事后比较	ω^2	统计检验力
组间	7.610	2	3.805	3.833*	乡镇>村屯	0.006	0.696
组内	974.749	982	0.993				
全体	982.359	984					

（三）学校教学质量与监控内容差异分析

由下面的方差分析表可以发现，不同学校教学质量在依据学生成绩来监控教师教学质量上没有显著差异（$P>0.05$）。也就是说，不同学校教学质量的被试在这个变量上的选择没有差异。

表 3-36 方差分析可以显示，不同学校教学质量在依据专业知识水平来监控教师教学质量上有显著差异（$P<0.01$），由事后比较得知，比较高>非常高，一般>比较高、非常高，比较低>非常高，即与教学质量比较高学校相比，教学质量非常高学校的被试倾向于依据专业知识水平来监控教师教学质量；与教学质量一般的学校相比，教学质量比较高、非常高的学校的被试倾向于依据专业知识水平来监控教师教学质量；与教学质量比较低的学校相比，教学质量非常高的学校被试倾向于依据专业知识水平来监控教师教学质量。进一步从关联强度指数来看，ω^2 的值等于 0.106，可见，不同学校教学质量与依据专业知识水平来监控教师教学质量存在中等程度关系。统计检验力等于 1，决策正确率非常高，不同学校教学质量对依据专业知识水平来监控教师教学质量的解释量较好。

表 3-36　不同学校教学质量在依据专业知识水平来监控教师教学质量上的方差分析表

变异来源	平方和	*DF*	均方	*F*	事后比较	ω^2	统计检验力
组间	150.556	3	50.185	40.173**	比较高>非常高；一般>比较高、非常高；比较低>非常高	0.106	1.000
组内	1227.979	983	1.249				
全体	1378.535	986					

表 3-37 方差分析可以显示，不同学校教学质量在依据教学经验与能力来监控教师教学质量上有显著差异（$P<0.01$），由事后比较得知，比较高>非常高，一般>比较高、非常高，比较低>比较高、非常高，即与教学质量比较高的学校被试相比，教学质量非常高的被试倾向于依据教学经验与能力来监控教师教学质量；与教学质量一般的学校被试相比，教学质量非常高、比较高的被试倾向于依据教学经验与能力来监控教师教学质量；与教学质量比较低的学校被试相比，教学质量比较高、非常高的学校被试倾向于依据教学经验与能力来监控教师教学质量。进一步从关联强度指数来看，ω^2 的值等于 0.057，可见，不同学校教学质量与依据教学经验与能力来监控教师教学质量存在微弱关系。统计检验力等于 1，决策正确率非常高，不同学校教学质量对依据教学经验与能力来监控教师教学质量的解释量较小。

表 3-38 方差分析可以显示，不同学校教学质量在依据师德水平来监控教师教学质量上有显著差异（$P<0.01$），由事后比较得知，比较高>非常高，一般>比较高、非常高，比较低>非常高，即与教学质量比较高的学校被试相比，教学质量非常高的被试倾向于依据师德水平来监控教师教学质量；与教学质量一般的学

表 3-37 不同学校教学质量在依据教学经验与能力来监控教师教学质量上的方差分析表

变异来源	平方和	DF	均方	F	事后比较	ω^2	统计检验力
组间	71.597	3	23.866	20.685**	比较高>非常高； 一般>比较高、非常高； 比较低>比较高、非常高	0.057	1.000
组内	1131.844	981	1.154				
全体	1203.442	984					

校被试相比，教学质量非常高、比较高的被试倾向于依据师德水平来监控教师教学质量；与教学质量比较低的学校被试相比，教学质量非常高的学校被试倾向于依据师德水平来监控教师教学质量。进一步从关联强度指数来看，ω^2 的值等于 0.066，可见，不同学校教学质量与依据师德水平来监控教师教学质量存在中等强度关系。统计检验力等于 1，决策正确率非常高，不同学校教学质量对依据师德水平来监控教师教学质量的解释量较好。

表 3-38 不同学校教学质量在依据师德水平来监控教师教学质量上的方差分析表

变异来源	平方和	DF	均方	F	事后比较	ω^2	统计检验力
组间	99.874	3	33.291	24.323**	比较高>非常高； 一般>比较高、非常高； 比较低>非常高	0.066	1.000
组内	1344.075	982	1.369				
全体	1443.948	985					

表 3-39 方差分析可以显示，不同学校教学质量在教师教学质量监控内容涵盖教师素质的程度上有显著差异（$P<0.01$），由事后比较得知，比较高>非常高，一般>比较高、非常高，比较低>比较高，即与教学质量比较高的学校被试相比，教学质量非常高的被试倾向于教师教学质量监控内容涵盖教师素质；与教学质量一般的学校被试相比，教学质量非常高、比较高的被试倾向于教师教学质量监控内容涵盖教师素质；与教学质量比较低的学校被试相比，教学质量比较高的学校被试倾向于教师教学质量监控内容涵盖教师素质。进一步从关联强度指数来看，ω^2的值等于 0.069，可见，不同学校教学质量与教师教学质量监控内容涵盖教师素质的程度存在中等强度关系。统计检验力等于 1，决策正确率非常高，不同学校教学质量对教师教学质量监控内容涵盖教师素质的程度的解释量较好。

表 3-39　不同学校教学质量在教师教学质量监控内容涵盖教师素质的程度上的方差分析表

变异来源	平方和	DF	均方	F	事后比较	ω^2	统计检验力
组间	77.431	3	25.810	25.301**	比较高>非常高；一般>比较高、非常高；比较低>比较高	0.069	1.000
组内	998.717	979	1.020				
全体	1076.149	982					

表 3-40 方差分析可以显示，不同学校教学质量在所有教师的教学质量监控内容相同程度上有显著差异（$P<0.01$），由事后比较得知，比较高>非常高，一般>比较高、非常高，比较低>非常高，即与教学质量比较高的学校被试相比，教学质量非常高的被试倾向于所有教师的教学质量监控内容相同；与教学质量一般的学校被试相比，教学质量非常高、比较高的被试倾向于所有教师的教学质量监控内容相同；与教学质量比较低的学校被试相比，教学质量非常高的学校被试倾向于所有教师的教学质量监控内容相同。进一步从关联强度指数来看，ω^2的值等于0.033，可见，不同学校教学质量与所有教师的教学质量监控内容相同存在微弱关系。统计检验力等于1，决策正确率非常高，不同学校教学质量对所有教师的教学质量监控内容相同的程度的解释量较小。

表 3-40　不同学校教学质量在所有教师的教学质量监控内容相同程度上的方差分析表

变异来源	平方和	DF	均方	F	事后比较	ω^2	统计检验力
组间	35.203	3	11.734	12.166**	比较高>非常高；一般>比较高、非常高；比较低>非常高	0.033	1.000
组内	947.159	982	0.965				
全体	982.362	985					

表 3-41 方差分析可以显示，不同学校教学质量在参加选择与制定学校的教师教学质量监控内容上有显著差异（$P<0.01$），由事后比较得知，比较高>非常高，一般>比较高、非常高，比较低>比较高、非常高，即与教学质量比较高的学校被试相比，教学质量非常高的被试倾向于参加选择与制定学校的教师教学质量监控内容；与教学质量一般的学校被试相比，教学质量非常高、比较高的被试倾向于参加选择与制定学校的教师教学质量监控内容；与教学质量比较低的学校被试相比，教学质量比较高、非常高的学校被试倾向于参加选择与制定学校的教师教学质量监控内容。进一步从关联强度指数来看，ω^2的值等于0.073，可见，不同学校教学质量与参加选择与制定学校的教师教学质量监控内容存在中等强度

关系。统计检验力等于 1，决策正确率非常高，不同学校教学质量对参加选择与制定学校的教师教学质量监控内容的解释量较好。

表 3-41　不同学校教学质量在参加选择与制定学校的教师教学质量监控内容上的方差分析表

变异来源	平方和	*DF*	均方	*F*	事后比较	ω^2	统计检验力
组间	135.973	3	45.324	26.808**	比较高>非常高； 一般>比较高、非常高； 比较低>比较高、非常高	0.073	1.000
组内	1658.565	981	1.691				
全体	1794.538	984					

（四）学校教学设备配置与监控内容差异分析

由下面的方差分析表可以发现，不同学校教学设备配置情况在依据学生成绩来监控教师教学质量上没有显著差异（$P>0.05$）。也就是说，学校教学设备配置情况不同的被试在这个变量上的选择没有差异。

表 3-42 方差分析可以显示，学校教学设备不同配置情况在依据专业知识水平来监控教师教学质量上有显著差异（$P<0.01$），由事后比较得知，比较齐全>非常齐全，一般>非常齐全、比较齐全，不太齐全>非常齐全、比较齐全，即与学校教学设备配置比较齐全的学校被试相比，学校教学设备配置非常齐全的被试倾向于依据专业知识水平来监控教师教学质量；与学校教学设备配置一般的学校被试相比，学校教学设备配置非常齐全、比较齐全的被试倾向于依据专业知识水平来监控教师教学质量；与学校教学设备配置不太齐全的学校被试相比，学校教学设备配置非常齐全、比较齐全的学校被试倾向于依据专业知识水平来监控教师教学质量。进一步从关联强度指数来看，ω^2的值等于 0.104，可见，学校教学设备不同配置情况与依据专业知识水平来监控教师教学质量存在中等强度关系。统计检验力等于 1，决策正确率非常高，学校教学设备不同配置对依据专业知识水平来监控教师教学质量的解释量较好。

表 3-42　不同学校教学设备配置在依据专业知识水平来监控教师教学质量上的方差分析表

变异来源	平方和	*DF*	均方	*F*	事后比较	ω^2	统计检验力
组间	149.035	4	37.259	29.733**	比较齐全>非常齐全； 一般>非常、比较齐全； 不太齐全>非常齐全、 比较齐全	0.104	1.000
组内	1229.311	981	1.253				
全体	1378.346	985					

表 3-43 方差分析可以显示，学校教学设备不同配置情况在依据教学经验与能力来监控教师教学质量上有显著差异（$P<0.01$），由事后比较得知，一般>非常齐全、比较齐全，不太齐全>非常齐全、比较齐全，非常不齐全>非常齐全、比较齐全，即与学校教学设备配置一般的学校被试相比，学校教学设备配置非常齐全、比较齐全的被试倾向于依据教学经验与能力来监控教师教学质量；与学校教学设备配置不太齐全的学校被试相比，学校教学设备配置非常齐全、比较齐全的被试倾向于依据教学经验与能力来监控教师教学质量；与学校教学设备配置非常不齐全的学校被试相比，学校教学设备配置非常齐全、比较齐全的学校被试倾向于依据教学经验与能力来监控教师教学质量。进一步从关联强度指数来看，ω^2的值等于 0. 049，可见，学校教学设备不同配置情况与依据教学经验与能力来监控教师教学质量存在微弱关系。统计检验力等于 1，决策正确率非常高，学校教学设备不同配置对依据教学经验与能力来监控教师教学质量的解释量较小。

表 3-43　不同学校教学设备配置在依据教学经验与能力来监控教师教学质量上的方差分析表

变异来源	平方和	*DF*	均方	*F*	事后比较	ω^2	统计检验力
组间	64. 185	4	16. 046	13. 791**	一般>非常、比较齐全； 不太齐全>非常齐全、比较齐全； 非常不齐全>非常齐全、比较齐全	0. 049	1. 000
组内	1139. 144	979	1. 164				
全体	1203. 329	983					

由表 3-44 方差分析可知，学校教学设备不同配置情况在依据师德水平来监控教师教学质量上有显著差异（$P<0.01$），由事后比较得知，比较齐全>非常齐全，一般>非常齐全、比较齐全，不太齐全>非常齐全、比较齐全，非常不齐全>非常齐全，即与学校教学设备配置比较齐全的学校被试相比，学校教学设备配置非常齐全的被试倾向于依据师德水平来监控教师教学质量；与学校教学设备配置一般的学校被试相比，学校教学设备配置非常齐全、比较齐全的被试倾向于依据师德水平来监控教师教学质量；与学校教学设备配置不太齐全的学校被试相比，学校教学设备配置非常齐全、比较齐全的学校被试倾向于依据师德水平来监控教师教学质量。与学校教学设备配置不太齐全的学校被试相比，学校教学设备配置非常齐全的被试倾向于依据师德水平来监控教师教学质量；进一步从关联强度指数来看，ω^2的值等于 0. 07，可见，学校教学设备不同配置情况与依据师德水平来监控教师教学质量存在中等强度关系。统计检验力等于 1，决策正确率非常高，学校教学设备不同配置对依据师德水平来监控教师教学质量的解释量较好。

表 3-44　不同学校教学设备配置在依据师德水平来监控教师教学质量上的方差分析表

变异来源	平方和	DF	均方	F	事后比较	ω^2	统计检验力
组间	107.216	4	26.804	19.653**	比较齐全>非常齐全； 一般>非常齐全、比较齐全； 不太齐全>非常齐全、比较齐全； 非常不齐全>非常齐全	0.07	1.000
组内	1336.575	980	1.364				
全体	1443.791	984					

表 3-45 方差分析可以显示，学校教学设备不同配置情况在教师教学质量监控内容涵盖教师素质上有显著差异（$P<0.01$），由事后比较得知，比较齐全>非常齐全，一般>非常齐全、比较齐全，不太齐全>非常齐全、比较齐全，即与学校教学设备配置比较齐全的学校被试相比，学校教学设备配置非常齐全的被试倾向于教师教学质量监控内容涵盖教师素质；与学校教学设备配置一般的学校被试相比，学校教学设备配置非常齐全、比较齐全的被试倾向于教师教学质量监控内容涵盖教师素质；与学校教学设备配置不太齐全的学校被试相比，学校教学设备配置非常齐全、比较齐全的学校被试倾向于教师教学质量监控内容涵盖教师素质。进一步从关联强度指数来看，ω^2的值等于 0.062，可见，学校教学设备不同配置情况与教师教学质量监控内容涵盖教师素质存在中等强度关系。统计检验力等于 1，决策正确率非常高，学校教学设备不同配置对教师教学质量监控内容涵盖教师素质的解释量较好。

表 3-45　不同学校教学设备配置在教师教学质量监控内容涵盖教师素质的程度上的方差分析表

变异来源	平方和	DF	均方	F	事后比较	ω^2	统计检验力
组间	70.644	4	17.661	17.164**	比较齐全>非常齐全； 一般>非常齐全、比较齐全； 不太齐全>非常齐全、比较齐全	0.062	1.000
组内	1005.311	977	1.029				
全体	1075.955	981					

表 3-46 方差分析可以显示，学校教学设备不同配置情况在所有教师的教学质量监控内容相同程度上有显著差异（$P<0.01$），由事后比较得知，一般>非常齐全、比较齐全，不太齐全>非常齐全，即与学校教学设备配置一般的学校被试相比，学校教学设备配置非常齐全、比较齐全的被试倾向于所有教师的教学质量监控内容相同；与学校教学设备配置不太齐全的学校被试相比，学校教学设备配

置非常齐全的学校被试倾向于所有教师的教学质量监控内容相同。进一步从关联强度指数来看，ω^2的值等于0.025，可见，学校教学设备不同配置情况与所有教师的教学质量监控内容相同存在微弱关系。统计检验力等于0.996，决策正确率非常高，学校教学设备不同配置对所有教师的教学质量监控内容相同的解释量很小。

表3-46　不同学校教学设备配置在所有教师的教学质量监控内容相同程度上的方差分析表

变异来源	平方和	*DF*	均方	*F*	事后比较	ω^2	统计检验力
组间	28.119	4	7.030	7.220**	一般>非常齐全、比较齐全；不太齐全>非常齐全	0.025	0.996
组内	954.240	980	0.974				
全体	982.359	984					

表3-47方差分析可以显示，学校教学设备不同配置情况在参加选择与制定学校的教师教学质量监控内容上有显著差异（$P<0.01$），由事后比较得知，一般>非常齐全、比较齐全，不太齐全>非常齐全、比较齐全、一般。即与学校教学设备配置一般的学校被试相比，学校教学设备配置非常齐全、比较齐全的被试倾向于参加选择与制定学校的教师教学质量监控内容；与学校教学设备配置不太齐全的学校被试相比，学校教学设备配置非常齐全、比较齐全、一般的学校被试倾向于参加选择与制定学校的教师教学质量监控内容。进一步从关联强度指数来看，ω^2的值等于0.063，可见，学校教学设备不同配置情况与参加选择与制定学校的教师教学质量监控内容存在中等强度关系。统计检验力等于1，决策正确率非常高，学校教学设备不同配置对参加选择与制定学校的教师教学质量监控内容的解释量较好。

表3-47　不同学校教学设备配置在参加选择与制定学校的教师教学质量监控内容上的方差分析表

变异来源	平方和	*DF*	均方	*F*	事后比较	ω^2	统计检验力
组间	120.347	4	30.087	17.611**	一般>非常齐全、比较齐全；不太齐全>非常齐全、比较齐全、一般	0.063	1.000
组内	1672.527	979	1.708				
全体	1792.874	983					

（五）学校教研活动开展情况与监控内容差异分析

由下面的方差分析表可以发现，学校教研活动开展情况在依据学生成绩来监控教师教学质量上没有显著差异（$P>0.05$）。也就是说，学校教研活动开展情况不同的被试在这个变量上的选择没有差异。

表 3-48 方差分析可以显示，学校教研活动开展情况在依据专业知识水平来监控教师教学质量上有显著差异（$P<0.01$），由事后比较得知，经常开展>一直开展，一般>一直开展、经常开展，很少开展>一直开展、经常开展，即与学校教研活动开展情况为经常开展的学校被试相比，学校教研活动一直开展的被试倾向于依据专业知识水平来监控教师教学质量；与学校教研活动开展情况一般的学校被试相比，学校教研活动一直、经常开展的学校被试倾向于依据专业知识水平来监控教师教学质量。与学校教研活动开展情况很少的学校被试相比，学校教研活动一直、经常开展的学校被试倾向于依据专业知识水平来监控教师教学质量。进一步从关联强度指数来看，ω^2的值等于 0.139，可见，学校教研活动开展情况与依据专业知识水平来监控教师教学质量存在中等强度关系。统计检验力等于 1，决策正确率非常高，学校教研活动开展情况对依据专业知识水平来监控教师教学质量的解释量较好。

表 3-48　不同学校教研活动开展情况在依据专业知识水平来监控教师教学质量上的方差分析表

变异来源	平方和	*DF*	均方	*F*	事后比较	ω^2	统计检验力
组间	194.105	3	64.702	53.698**	经常开展>一直开展； 一般>一直开展、经常开展； 很少开展>一直开展、经常开展	0.139	1.000
组内	1184.430	983	1.205				
全体	1378.535	986					

表 3-49 方差分析可以显示，学校教研活动开展情况在依据教学经验与能力来监控教师教学质量上有显著差异（$P<0.01$），由事后比较得知，经常开展>一直开展，一般>一直开展、经常开展，很少开展>一直开展、经常开展，即与学校教研活动开展情况为经常开展的学校被试相比，学校教研活动一直开展的被试倾向于依据教学经验与能力来监控教师教学质量；与学校教研活动开展情况一般的学校被试相比，学校教研活动一直、经常开展的学校被试倾向于依据教学经验与能力来监控教师教学质量。与学校教研活动开展情况很少的学校被试相比，学校教研活动一直、经常开展的学校被试倾向于依据教学经验与能力来监控教师教学质量。进一步从关联强度指数来看，ω^2的值等于 0.073，可见，学校教研活动开展情况与依据教学经验与能力来监控教师教学质量存在中等强度关系。统计检验力等于 1，决策正确率非常高，学校教研活动开展情况对依据教学经验与能力来监控教师教学质量的解释量较好。

表 3-49　不同学校教研活动开展情况在依据教学经验与能力来监控教师教学质量上的方差分析表

变异来源	平方和	*DF*	均方	*F*	事后比较	ω^2	统计检验力
组间	91.516	3	30.505	26.913**	经常开展>一直开展； 一般>一直开展、经常开展； 很少>一直开展、经常开展	0.073	1.000
组内	1111.926	981	1.133				
全体	1203.442	984					

表 3-50 方差分析可以显示，学校教研活动开展情况在依据师德水平来监控教师教学质量上有显著差异（$P<0.01$），由事后比较得知，经常开展>一直开展，一般>一直开展、经常开展，很少开展>一直开展、经常开展，即与学校教研活动开展情况为经常开展的学校被试相比，学校教研活动一直开展的被试倾向于依据师德水平来监控教师教学质量；与学校教研活动开展情况一般的学校被试相比，学校教研活动一直、经常开展的学校被试倾向于依据师德水平来监控教师教学质量。与学校教研活动开展情况很少的学校被试相比，学校教研活动一直、经常开展的学校被试倾向于依据师德水平来监控教师教学质量。进一步从关联强度指数来看，ω^2的值等于 0.082，可见，学校教研活动开展情况与依据师德水平来监控教师教学质量存在中等强度关系。统计检验力等于 1，决策正确率非常高，学校教研活动开展情况对依据师德水平来监控教师教学质量的解释量较好。

表 3-50　不同学校教研活动开展情况在依据师德水平来监控教师教学质量上的方差分析表

变异来源	平方和	*DF*	均方	*F*	事后比较	ω^2	统计检验力
组间	118.982	3	39.661	29.395**	经常开展>一直开展； 一般>一直开展、经常开展； 很少开展>一直开展、经常开展	0.082	1.000
组内	1324.966	982	1.349				
全体	1443.948	985					

表 3-51 方差分析可以显示，学校教研活动开展情况在教师教学质量监控内容涵盖教师素质的程度上有显著差异（$P<0.01$），由事后比较得知，经常开展>一直开展，一般>一直开展、经常开展，很少开展>一直开展、经常开展，即与学校教研活动开展情况为经常开展的学校被试相比，学校教研活动一直开展的被试倾向于教师教学质量监控内容涵盖教师素质；与学校教研活动开展情况一般的学校被试相比，学校教研活动一直、经常开展的学校被试倾向于教师教学质量监控内容涵盖教师素质。与学校教研活动开展情况很少的学校被试相比，学校教研

活动一直、经常开展的学校被试倾向于教师教学质量监控内容涵盖教师素质。进一步从关联强度指数来看，ω^2的值等于0.077，可见，学校教研活动开展情况与教师教学质量监控内容涵盖教师素质存在中等强度关系。统计检验力等于1，决策正确率非常高，学校教研活动开展情况对教师教学质量监控内容涵盖教师素质的解释量较好。

表 3-51　不同学校教研活动开展情况在教师教学质量监控内容涵盖教师素质的程度上的方差分析表

变异来源	平方和	*DF*	均方	*F*	事后比较	ω^2	统计检验力
组间	86.550	3	28.850	28.541**	经常开展>一直开展；一般>一直开展、经常开展；很少开展>一直开展、经常开展	0.077	1.000
组内	989.598	979	1.011				
全体	1076.149	982					

表3-52方差分析可以显示，学校教研活动开展情况在所有教师的教学质量监控内容相同程度上有显著差异（$P<0.01$），由事后比较得知，一般>一直开展、经常开展，很少开展>一直开展，即与学校教研活动开展情况一般的学校被试相比，学校教研活动一直、经常开展的学校被试倾向于所有教师的教学质量监控内容相同。与学校教研活动开展情况很少的学校被试相比，学校教研活动一直开展的学校被试倾向于所有教师的教学质量监控内容相同。进一步从关联强度指数来看，ω^2的值等于0.037，可见，学校教研活动开展情况与所有教师的教学质量监控内容相同存在微弱关系。统计检验力等于1，决策正确率非常高，学校教研活动开展情况对所有教师的教学质量监控内容相同的解释量很小。

表 3-52　不同学校教研活动开展情况在所有教师的教学质量监控内容相同程度上的方差分析表

变异来源	平方和	*DF*	均方	*F*	事后比较	ω^2	统计检验力
组间	39.547	3	13.182	13.730**	一般>一直开展、经常开展；很少开展>一直开展	0.037	1.000
组内	942.815	982	0.960				
全体	982.362	985					

表3-53方差分析可以显示，学校教研活动开展情况在参加选择与制定学校的教师教学质量监控内容上有显著差异（$P<0.01$），由事后比较得知，经常开展>一直开展，一般>一直开展、经常开展，很少开展>一直开展，经常开展，即与

学校教研活动开展情况为经常开展的学校被试相比，学校教研活动一直开展的学校被试倾向于参加选择与制定学校的教师教学质量监控内容。学校教研活动开展情况一般的学校被试相比，学校教研活动一直、经常开展的学校被试倾向于参加选择与制定学校的教师教学质量监控内容。与学校教研活动开展情况很少的学校被试相比，学校教研活动一直、经常开展的学校被试倾向于参加选择与制定学校的教师教学质量监控内容。进一步从关联强度指数来看，ω^2的值等于0.057，可见，学校教研活动开展情况与参加选择与制定学校的教师教学质量监控内容存在微弱关系。统计检验力等于1，决策正确率非常高，学校教研活动开展情况对参加选择与制定学校的教师教学质量监控内容的解释量很小。

表3-53　不同学校教研活动开展情况在参加选择与制定学校的教师教学质量监控内容上的方差分析表

变异来源	平方和	DF	均方	F	事后比较	ω^2	统计检验力
组间	108.164	3	36.055	20.974**	经常开展>一直开展； 一般>一直开展、经常开展； 很少开展>一直开展、经常开展	0.057	1.000
组内	1686.374	981	1.719				
全体	1794.538	984					

第三节　哪些因素决定了监控内容的不同？

一、个人自然特征与监控内容的回归分析

（一）自然特征与依据专业知识水平来监控教师教学质量

从个人自然特征与依据专业知识水平来监控教师教学质量的回归分析结果可以看出（表3-54），家庭所在地乡镇-村屯、婚姻状况、性别、工资收入、家庭所在地县城-村屯、从教年份、是否有孩子、出生年8个变量与依据专业知识水平来监控教师教学质量的多元相关系数为0.169，表示上述8个变量可以解释依据专业知识水平来监控教师教学质量共2.8%的变异量。此变异量主要由教龄变量造成。在模型1中，教龄变量与依据专业知识水平来监控教师教学质量的多元相关系数为0.102，可以解释依据专业知识水平来监控教师教学质量1%的变异量。从标准化回归系数来看，教龄对依据专业知识水平来监控教师教学质量的Beta值为0.102，为正值，表示教龄越高，越依据专业知识水平来监控教师教学质量。

表 3-54　个人自然特征与依据专业知识水平来监控教师教学质量回归分析

模型	进入的变量顺序	多元相关系数 R	R^2	ΔR	净 F 值	模型 F 值	B 估计值	Beta
1	教龄	0.102①	0.010	0.010	9.711	9.711	0.010	0.102

注：8 个变量自变量与因变量的多元相关系数等于 0.169②，R^2为 0.028。

①预测变量：(常量)，教龄。

②预测变量：(常量)，家庭所在地乡镇-村屯，婚姻状况，性别，工资收入，家庭所在地县城-村屯，从教年份，是否有孩子，出生年。

（二）自然特征与依据教学经验与能力来监控教师教学质量

从个人自然特征与依据教学经验与能力来监控教师教学质量的回归分析结果可以看出（表 3-55），家庭所在地乡镇-村屯、婚姻状况、性别、工资收入、家庭所在地县城-村屯、从教年份、是否有孩子、出生年 8 个变量与依据教学经验与能力来监控教师教学质量的多元相关系数为 0.126，表示上述 8 个变量可以解释依据教学经验与能力来监控教师教学质量共 1.6%的变异量。此变异量主要由工资收入变量造成。在模型 1 中，工资收入变量与依据教学经验与能力来监控教师教学质量的多元相关系数为 0.102，可以解释依据教学经验与能力来监控教师教学质量 0.6%的变异量。从标准化回归系数来看，工资收入对依据教学经验与能力来监控教师教学质量的 Beta 值为 0.076，为正值，表示工资收入越低，越会依据教学经验与能力来监控教师教学质量。

表 3-55　个人自然特征与依据教学经验与能力来监控教师教学质量回归分析

模型	进入的变量顺序	多元相关系数 R	R^2	ΔR	净 F 值	模型 F 值	B 估计值	Beta
1	工资收入	0.076①	0.006	0.006	5.370	5.370	0.13	0.076

注：8 个变量自变量与因变量的多元相关系数等于 0.126②，R^2为 0.016。

①预测变量：(常量)，工资收入。

②预测变量：(常量)，家庭所在地乡镇-村屯，婚姻状况，性别，工资收入，家庭所在地县城-村屯，从教年份，是否有孩子，出生年。

（三）自然特征与依据师德水平来监控教师教学质量

从个人自然特征与依据师德水平来监控教师教学质量的回归分析结果可以看出（表 3-56），家庭所在地乡镇-村屯、婚姻状况、性别、工资收入、家庭所在地县城-村屯、从教年份、是否有孩子、出生年 8 个变量与依据师德水平来监控教师教学质量的多元相关系数为 0.139，表示上述 8 个变量可以解释依据师德水平来监控教师教学质量共 1.9%的变异量。

表 3-56　个人自然特征与依据师德水平来监控教师教学质量回归分析

模型	多元相关系数 R	R^2	ΔR	净 F 值	模型 F 值	Sig.
1	0.139①	0.019	0.019	2.238	2.238	0.023

①预测变量：（常量），家庭所在地乡镇-村屯，婚姻状况，性别，工资收入，家庭所在地县城-村屯，从教年份，是否有孩子，出生年。

（四）自然特征与依据学生成绩来监控教师教学质量

从个人自然特征与依据学生成绩来监控教师教学质量的回归分析结果可以看出（表 3-57），家庭所在地乡镇-村屯、婚姻状况、性别、工资收入、家庭所在地县城-村屯、从教年份、是否有孩子、出生年 8 个变量与依据学生成绩来监控教师教学质量的多元相关系数为 0.088，表示上述 8 个变量可以解释依据学生成绩来监控教师教学质量共 0.8%的变异量。此变异量主要由是否有孩子变量造成。在模型 1 中，是否有孩子变量与依据学生成绩来监控教师教学质量的多元相关系数为 0.074，可以解释依据学生成绩来监控教师教学质量 0.5%的变异量。从标准化回归系数来看，是否有孩子对依据学生成绩来监控教师教学质量的 Beta 值为 0.074，为正值，表示越是有孩子的被试，越依据学生成绩来监控教师教学质量。

表 3-57　个人自然特征与依据学生成绩来监控教师教学质量回归分析

模型	进入的变量顺序	多元相关系数 R	R^2	ΔR	净 F 值	模型 F 值	B 估计值	Beta
1	是否有孩子	0.074①	0.005	0.005	5.004	5.004	0.212	0.074

注：8 个变量自变量与因变量的多元相关系数等于 0.088②，R^2 为 0.008。

①预测变量：（常量），是否有孩子。

②预测变量：（常量），家庭所在地乡镇-村屯，婚姻状况，性别，工资收入，家庭所在地县城-村屯，从教年份，是否有孩子，出生年。

（五）自然特征与教师教学质量监控内容涵盖教师素质的程度

从个人自然特征与教师教学质量监控内容涵盖教师素质的程度的回归分析结果可以看出（表 3-58），家庭所在地乡镇-村屯、婚姻状况、性别、工资收入、家庭所在地县城-村屯、从教年份、是否有孩子、出生年 8 个变量与教师教学质量监控内容涵盖教师素质的程度的多元相关系数为 0.154，表示上述 8 个变量可以解释教师教学质量监控内容涵盖教师素质的程度共 2.4%的变异量。此变异量主要由出生年变量造成。在模型 1 中，出生年变量与教师教学质量监控内容涵盖教师素质的程度的多元相关系数为 0.085，可以解释教师教学质量监控内容涵盖教师素质的程度 0.7%的变异量。从标准化回归系数来看，出生年对教师教学质量监控内容涵盖教师素质的程度的 Beta 值为 0. 085，为正值，表示年龄越大的被试，越认为教师教学质量监控内容涵盖教师素质。

表 3-58　个人自然特征与教师教学质量监控内容涵盖教师素质的程度回归分析

模型	进入的变量顺序	多元相关系数 R	R^2	ΔR	净 F 值	模型 F 值	B 估计值	Beta
1	出生年	0. 085①	0. 007	0. 007	6. 626	6. 626	0. 009	0. 085

注：8 个变量自变量与因变量的多元相关系数等于 0. 154②，R^2 为 0. 024。

①预测变量：（常量），出生年。

②预测变量：（常量），家庭所在地乡镇-村屯，婚姻状况，性别，工资收入，家庭所在地县城-村屯，从教年份，是否有孩子，出生年。

（六）自然特征与所有教师的教学质量监控内容相同程度

从个人自然特征与所有教师的教学质量监控内容相同程度的回归分析结果可以看出（表 3-59），家庭所在地乡镇-村屯、婚姻状况、性别、工资收入、家庭所在地县城-村屯、从教年份、是否有孩子、出生年 8 个变量与所有教师的教学质量监控内容相同程度的多元相关系数为 0. 193，表示上述 8 个变量可以解释所有教师的教学质量监控内容相同程度共 3. 7%的变异量。此变异量主要由从教年份，性别变量造成。

表 3-59　个人自然特征与所有教师的教学质量监控内容相同程度回归分析

模型	进入的变量顺序	多元相关系数 R	R^2	ΔR	净 F 值	模型 F 值	B 估计值	Beta
1	从教年份	0. 172①	0. 030	0. 030	27. 926	27. 926	0. 015	0. 172
2	从教年份	0. 184②	0. 034	0. 004	3. 938	15. 976	0. 013	0. 151
	性别						0. 142	0. 068

注：8 个变量自变量与因变量的多元相关系数等于 0. 193③，R^2 为 0. 037。

①预测变量：（常量），从教年份。

②预测变量：（常量），从教年份，性别。

③预测变量：（常量），家庭所在地乡镇-村屯，婚姻状况，性别，工资收入，家庭所在地县城-村屯，从教年份，是否有孩子，出生年。

在模型 1 中，从教年份变量与所有教师的教学质量监控内容相同程度的多元相关系数为 0. 172，可以解释所有教师的教学质量监控内容相同程度 3%的变异量。从标准化回归系数来看，从教年份对所有教师的教学质量监控内容相同程度的 Beta 值为 0. 172，为正值，表示教龄越大的被试，越认为所有教师的教学质量监控内容相同程度。

在模型 2 中，从教年份、性别变量与所有教师的教学质量监控内容相同程度的多元相关系数为 0.184，可以解释所有教师的教学质量监控内容相同程度 3.4%的变异量。从标准化回归系数来看，从教年份对所有教师的教学质量监控内容相同程度的 Beta 值为 0.151，性别对所有教师的教学质量监控内容相同程度的 Beta 值为 0.068，均为正值，表示教龄越大的被试，越认为所有教师的教学质量监控内容相同程度；越是男性，越认为所有教师的教学质量监控内容相同程度。

（七）自然特征与参加选择与制定学校的教师教学质量监控内容

从个人自然特征与参加选择与制定学校的教师教学质量监控内容的回归分析结果可以看出（表 3-60），家庭所在地乡镇-村屯、婚姻状况、性别、工资收入、家庭所在地县城-村屯、从教年份、是否有孩子、出生年 8 个变量与参加选择与制定学校的教师教学质量监控内容的多元相关系数为 0.204，表示上述 8 个变量可以解释参加选择与制定学校的教师教学质量监控内容共 4.1%的变异量。此变异量主要由性别、工资收入变量造成。

表 3-60 个人自然特征与加选择与制定学校的教师教学质量监控内容回归分析

模型	进入的变量顺序	多元相关系数 R	R^2	ΔR	净 F 值	模型 F 值	B 估计值	Beta
1	性别	0.151①	0.023	0.023	21.424	21.424	0.425	0.151
2	性别	0.182②	0.033	0.010	9.792	15.711	0.359	0.128
	工资收入						-0.222	-0.104

注：8 个变量自变量与因变量的多元相关系数等于 0.204③，R^2 为 0.041。

①预测变量：（常量），性别。

②预测变量：（常量），性别，工资收入。

③预测变量：（常量），家庭所在地乡镇-村屯，婚姻状况，性别，工资收入，家庭所在地县城-村屯，从教年份，是否有孩子，出生年。

在模型 1 中，性别变量与参加选择与制定学校的教师教学质量监控内容的多元相关系数为 0.151，可以解释参加选择与制定学校的教师教学质量监控内容 2.3%的变异量。从标准化回归系数来看，性别对参加选择与制定学校的教师教学质量监控内容的 Beta 值为 0.151，为正值，表示性别越是男性的被试，越认为参加选择与制定学校的教师教学质量监控内容。

在模型 2 中，工资收入、性别变量与参加选择与制定学校的教师教学质量监控内容的多元相关系数为 0.182，可以解释参加选择与制定学校的教师教学质量监控内容 3.3%的变异量。从标准化回归系数来看，性别对参加选择与制定学校的教师教学质量监控内容的 Beta 值为 0.128，为正值，表示性别越是男性的被试，越参加选择与制定学校的教师教学质量监控内容。工资收入对参加选择与制定学校的教师教学质量监控内容的 Beta 值为-0. 104，表示工资收入越高的被试，越参加选择与制定学校的教师教学质量监控内容。

二、个人教育特征与监控内容的回归分析

（一）教育特征与依据专业知识水平来监控教师教学质量

从个人教育特征与依据专业知识水平来监控教师教学质量的回归分析结果可以看出（表 3-61），每周上课数、第一学历大专-本科以上、最高学历高中及以下

表 3-61 个人教育特征与依据专业知识水平来监控教师教学质量回归分析

模型	进入的变量顺序	多元相关系数 R	R^2	ΔR	净 F 值	模型 F 值	B 估计值	Beta
1	第一学历中专/中师-本科以上	0. 128①	0. 016	0. 016	13. 140	13. 140	-0. 322	-0. 128
2	第一学历中专/中师-本科以上	0. 164②	0. 027	0. 010	8. 385	10. 824	-0. 313	-0. 124
	最高学历大专-本科以上						-0. 296	-0. 102
3	第一学历中专/中师-本科以上	0. 191③	0. 037	0. 010	7. 902	9. 913	-0. 286	-0. 114
	最高学历大专-本科以上						-0. 289	-0. 100
	职务学校高层-教师						-0. 476	-0. 099
4	第一学历中专/中师-本科以上	0. 217④	0. 047	0. 010	8. 540	9. 642	-0. 260	-0. 104
	最高学历大专-本科以上						-0. 325	-0. 112
	职务学校高层-教师						-0. 568	-0. 118
	职务学校中层-教师						-0. 275	-0. 105
5	第一学历中专/中师-本科以上	0. 228⑤	0. 052	0. 005	4. 090	8. 562	-0. 252	-0. 100
	最高学历大专-本科以上						-0. 309	-0. 106
	职务学校高层-教师						-0. 486	-0. 101
	职务学校中层-教师						-0. 302	-0. 115
	每周上课数						0. 022	0. 074

注：14 个变量自变量与因变量的多元相关系数等于 0. 244⑥，R^2 为 0. 06。

①预测变量：（常量），第一学历中专/中师-本科以上。

②预测变量：（常量），第一学历中专/中师-本科以上，最高学历大专-本科以上。

③预测变量：（常量），第一学历中专/中师-本科以上，最高学历大专-本科以上，职务学校高层-教师。

④预测变量：（常量），第一学历中专/中师-本科以上，最高学历大专-本科以上，职务学校高层-教师，职务学校中层-教师。

⑤预测变量：（常量），第一学历中专/中师-本科以上，最高学历大专-本科以上，职务学校高层-教师，职务学校中层-教师，每周上课数。

⑥预测变量：（常量），每周上课数，第一学历大专-本科以上，最高学历高中及以下-本科以上，身份，最高学历中专/中师-本科以上，职称中教高级-无职称，职称小教初级-无职称，最高学历大专-本科以上，职务学校中层-教师，职务学校高层-教师，职称小教高级-无职称，第一学历中专/中师-本科以上，第一学历高中及以下-本科以上，职称中教初级-无职称。

-本科以上、身份、最高学历中专/中师-本科以上、职称中教高级-无职称、职称小教初级-无职称、最高学历大专-本科以上、职务学校中层-教师、职务学校高层-教师、职称小教高级-无职称、第一学历中专/中师-本科以上、第一学历高中及以下-本科以上、职称中教初级-无职称 14 个变量与依据专业知识水平来监控教师教学质量的多元相关系数为 0. 244，表示上述 14 个变量可以解释依据专业知识水平来监控教师教学质量共 6%的变异量。此变异量主要由第一学历中专/中师-本科以上、最高学历大专-本科以上、职务学校高层-教师、职务学校中层-教师、每周上课数变量造成。

在模型 1 中，第一学历中专/中师-本科以上变量与依据专业知识水平来监控教师教学质量的多元相关系数为 0. 128，可以解释依据专业知识水平来监控教师教学质量 2. 3%的变异量。从标准化回归系数来看，第一学历中专/中师-本科以上对依据专业知识水平来监控教师教学质量的 Beta 值为-0. 128，为负值，表示与本科以上的被试性别相比，第一学历为中专/中师的被试，更倾向于依据专业知识水平来监控教师教学质量方面。

在模型 2 中，第一学历中专/中师-本科以上、最高学历大专-本科以上变量与依据专业知识水平来监控教师教学质量的多元相关系数为 0. 164，可以解释依据专业知识水平来监控教师教学质量 2. 7%的变异量。从标准化回归系数来看，第一学历中专/中师-本科以上对依据专业知识水平来监控教师教学质量的 Beta 值为-0. 124，为负值，表示与本科以上的被试性别相比，第一学历为中专/中师的被试，更倾向于依据专业知识水平来监控教师教学质量方面。最高学历大专-本科以上对依据专业知识水平来监控教师教学质量的 Beta 值为-0. 102，为负值，表示与本科以上的被试性别相比，最高学历大专的被试更倾向于依据专业知识水平来监控教师教学质量方面。

在模型 3 中，第一学历中专/中师-本科以上、最高学历大专-本科以上、职务学校高层-教师 3 个变量与依据专业知识水平来监控教师教学质量的多元相关系数为 0. 191，可以解释依据专业知识水平来监控教师教学质量 3. 7%的变异量。从标准化回归系数来看，第一学历中专/中师-本科以上对依据专业知识水平来监控教师教学质量的 Beta 值为-0. 114，为负值，表示与本科以上的被试性别相比，第一学历为中专/中师的被试，更倾向于依据专业知识水平来监控教师教学质量方面。最高学历大专-本科以上对依据专业知识水平来监控教师教学质量的 Beta 值为-0. 100，为负值，表示与本科以上的被试性别相比，最高学历大专的被试更倾向于依据专业知识水平来监控教师教学质量方面。职务学校高层-教师对依据专业知识水平来监控教师教学质量的 Beta 值为-0. 099，为负值，表示与教师相比，职务为学校高层的被试更倾向于依据专业知识水平来监控教师教学质量方面。

在模型 4 中，第一学历中专/中师-本科以上、最高学历大专-本科以上、职务学校高层-教师、职务学校中层-教师 4 个变量与依据专业知识水平来监控教师教学质量的多元相关系数为 0. 217，可以解释依据专业知识水平来监控教师教学质量 4. 7%的变异量。从标准化回归系数来看，第一学历中专/中师-本科以上对依据专业知识水平来监控教师教学质量的 Beta 值为-0. 104，为负值，表示与本科以上的被试性别相比，第一学历为中专/中师的被试，更倾向于依据专业知识水平来监控教师教学质量方面。最高学历大专-本科以上对依据专业知识水平来监控教师教学质量的 Beta 值为-0. 112，为负值，表示与本科以上的被试性别相比，最高学历大专的被试更倾向于依据专业知识水平来监控教师教学质量方面。职务学校高层-教师对依据专业知识水平来监控教师教学质量的 Beta 值为-0. 105，为负值，表示与教师相比，职务为学校高层的被试更倾向于依据专业知识水平来监控教师教学质量方面。职务学校中层-教师对依据专业知识水平来监控教师教学质量的 Beta 值为-0. 105，为负值，表示与教师相比，职务为学校中层的被试更倾向于依据专业知识水平来监控教师教学质量方面。

在模型 5 中，第一学历中专/中师-本科以上、最高学历大专-本科以上、职务学校高层-教师、职务学校中层-教师、每周上课数 5 个变量与依据专业知识水平来监控教师教学质量的多元相关系数为 0. 228，可以解释依据专业知识水平来监控教师教学质量 5. 2%的变异量。从标准化回归系数来看，第一学历中专/中师-本科以上对依据专业知识水平来监控教师教学质量的 Beta 值为-0. 100，为负值，表示与本科以上的被试性别相比，第一学历为中专/中师的被试，更倾向于依据专业知识水平来监控教师教学质量方面。最高学历大专-本科以上对依据专业知识水平来监控教师教学质量的 Beta 值为-0. 106，为负值，表示与本科以上的被试性别相比，最高学历大专的被试更倾向于依据专业知识水平来监控教师教学质量方面。职务学校高层-教师对依据专业知识水平来监控教师教学质量的 Beta 值为-0. 101，为负值，表示与教师相比，职务为学校高层的被试更倾向于依据专业知识水平来监控教师教学质量方面。职务学校中层-教师对依据专业知识水平来监控教师教学质量的 Beta 值为-0. 115，为负值，表示与教师相比，职务为学校中层的被试更倾向于依据专业知识水平来监控教师教学质量方面。每周上课数对依据专业知识水平来监控教师教学质量的 Beta 值为 0. 074，为正值，表示周上课数越多，越不选择依据专业知识水平来监控教师教学质量方面。

（二）教育特征与依据教学经验与能力来监控教师教学质量

从个人教育特征与依据教学经验与能力来监控教师教学质量的回归分析结果可以看出（表3-62），每周上课数、第一学历大专-本科以上、最高学历高中及以下-本科以上、身份、最高学历中专/中师-本科以上、职称中教高级-无职称、职称小教初级-无职称、最高学历大专-本科以上、职务学校中层-教师、职务学校高层-教师、职称小教高级-无职称、第一学历中专/中师-本科以上、第一学历高中及以下-本科以上、职称中教初级-无职称14个变量与依据教学经验与能力来监控教师教学质量的多元相关系数为0.228，表示上述14个变量可以解释依据教学经验与能力来监控教师教学质量共5.2%的变异量。此变异量主要由第一学历中专/中师-本科以上、职称中教初级-无职称造成。

表3-62　个人教育特征与依据教学经验与能力来监控教师教学质量回归分析

模型	进入的变量顺序	多元相关系数 R	R^2	ΔR	净 F 值	模型 F 值	B 估计值	Beta
1	第一学历中专/中师-本科以上	0.129①	0.017	0.017	13.306	13.306	−0.302	−0.129
2	第一学历中专/中师-本科以上	0.157②	0.025	0.008	6.320	9.858	−0.289	−0.123
	职称中教初级-无职称						0.199	0.089

注：14个变量自变量与因变量的多元相关系数等于0.228③，R^2为0.052。

①预测变量：（常量），第一学历中专/中师-本科以上。

②预测变量：（常量），第一学历中专/中师-本科以上，职称中教初级-无职称。

③预测变量：（常量），每周上课数，第一学历大专-本科以上，最高学历高中及以下-本科以上，身份，最高学历中专/中师-本科以上，职称中教高级-无职称，职称小教初级-无职称，最高学历大专-本科以上，职务学校中层-教师，职务学校高层-教师，职称小教高级-无职称，第一学历中专/中师-本科以上，第一学历高中及以下-本科以上，职称中教初级-无职称。

在模型1中，第一学历中专/中师-本科以上变量与依据教学经验与能力来监控教师教学质量的多元相关系数为0.129，可以解释依据教学经验与能力来监控教师教学质量1.7%的变异量。从标准化回归系数来看，第一学历中专/中师-本科以上对依据教学经验与能力来监控教师教学质量的Beta值为−0.129，为负值，表示与本科以上的被试性别相比，第一学历为中专/中师的被试，更倾向于依据教学经验与能力来监控教师教学质量。

在模型2中，第一学历中专/中师-本科以上、职称中教初级-无职称变量与依据教学经验与能力来监控教师教学质量的多元相关系数为0.157，可以解释依据教学经验与能力来监控教师教学质量2.5%的变异量。从标准化回归系数来看，第一学历中专/中师-本科以上对依据教学经验与能力来监控教师教学质量的Beta值为−0.123，为负值，表示与本科以上的被试性别相比，第一学历为中专/中师的被试，更倾向于依据教学经验与能力来监控教师教学质量。职称中教初级-无职称对依据教学经验与能力来监控教师教学质量的Beta值为0.089，为正值，表示与无职称的被试相比，中教初级的被试较少依据教学经验与能力来监控教师教学质量。

（三）教育特征与依据师德水平来监控教师教学质量

从个人教育特征与依据师德水平来监控教师教学质量的回归分析结果可以看出（表3-63），每周上课数、第一学历大专-本科以上、最高学历高中及以下-本科以上、身份、最高学历中专/中师-本科以上、职称中教高级-无职称、职称小教初级-无职称、最高学历大专-本科以上、职务学校中层-教师、职务学校高层-教师、职称小教高级-无职称、第一学历中专/中师-本科以上、第一学历高中及以下-本科以上、职称中教初级-无职称14个变量与依据师德水平来监控教师教学质量的多元相关系数为0.22，表示上述14个变量可以解释依据师德水平来监控教师教学质量共4.8%的变异量。此变异量主要由职称中教初级-无职称，第一学历大专-本科以上，最高学历中专/中师-本科以上造成。

表3-63 个人教育特征与依据师德水平来监控教师教学质量回归分析

模型	进入的变量顺序	多元相关系数 R	R^2	ΔR	净 F 值	模型 F 值	B 估计值	Beta
1	职称中教初级-无职称	0.111①	0.012	0.012	9.843	9.843	0.271	0.111
2	职称中教初级-无职称	0.140②	0.019	0.007	5.686		0.223	0.091
	第一学历大专-本科以上						0.234	0.087
3	职称中教初级-无职称	0.157③	0.025	0.005	4.210	7.794	0.238	0.098
	第一学历大专-本科以上						0.254	0.094
	最高学历中专/中师-本科以上						0.473	0.073

注：14个变量自变量与因变量的多元相关系数等于0.22④，R^2为0.048。

①预测变量：（常量），职称中教初级-无职称。

②预测变量：（常量），职称中教初级-无职称，第一学历大专-本科以上。

③预测变量：（常量），职称中教初级-无职称，第一学历大专-本科以上，最高学历中专/中师-本科以上。

④预测变量：（常量），每周上课数，第一学历大专-本科以上，最高学历高中及以下-本科以上，身份，最高学历中专/中师-本科以上，职称中教高级-无职称，职称小教初级-无职称，最高学历大专-本科以上，职务学校中层-教师，职务学校高层-教师，职称小教高级-无职称，第一学历中专/中师-本科以上，第一学历高中及以下-本科以上，职称中教初级-无职称。

在模型1中，职称中教初级-无职称变量与依据师德水平来监控教师教学质量的多元相关系数为0.111，可以解释依据师德水平来监控教师教学质量1.2%的变异量。从标准化回归系数来看，职称中教初级-无职称对依据师德水平来监控教师教学质量的Beta值为0.111，为正值，表示与无职称的被试性别相比，职称中教初级的被试较少依据师德水平来监控教师教学质量。

在模型2中，职称中教初级-无职称变量、第一学历大专-本科以上与依据师德水平来监控教师教学质量的多元相关系数为0.14，可以解释依据师德水平来监控教师教学质量 1.9%的变异量。从标准化回归系数来看，职称中教初级-无职称对依据师德水平来监控教师教学质量的 Beta 值为 0.091，为正值，表示与无职称的被试性别相比，职称中教初级的被试较少依据师德水平来监控教师教学质量。第一学历大专-本科以上对依据师德水平来监控教师教学质量的 Beta 值为 0.087 为正值，表示与本科以上学历被试相比，第一学历大专的被试较少依据师德水平来监控教师教学质量。

在模型 3 中，职称中教初级-无职称变量、第一学历大专-本科以上、最高学历中专/中师-本科以上与依据师德水平来监控教师教学质量的多元相关系数为 0.157，可以解释依据师德水平来监控教师教学质量 2.5%的变异量。从标准化回归系数来看，职称中教初级-无职称对依据师德水平来监控教师教学质量的 Beta 值为 0.098，为正值，表示与无职称的被试性别相比，职称中教初级的被试较少依据师德水平来监控教师教学质量。第一学历大专-本科以上对依据师德水平来监控教师教学质量的 Beta 值为 0.0，4，为正值，表示与本科以上学历被试相比，第一学历大专的被试较少依据师德水平来监控教师教学质量。最高学历中专/中师-本科以上对依据师德水平来监控教师教学质量的 Beta 值为 0.073，为正值，表示与本科以上学历被试相比，最高学历中专/中师的被试较少依据师德水平来监控教师教学质量。

（四）教育特征与依据学生成绩来监控教师教学质量

从个人教育特征与依据学生成绩来监控教师教学质量的回归分析结果可以看出（表 3-64），每周上课数、第一学历大专-本科以上、最高学历高中及以下-本科以上、身份、最高学历中专/中师-本科以上、职称中教高级-无职称、职称小教初级-无职称、最高学历大专-本科以上、职务学校中层-教师、职务学校高层-教师、职称小教高级-无职称、第一学历中专/中师-本科以上、第一学历高中及以下-本科以上、职称中教初级-无职称 14 个变量与依据学生成绩来监控教师教学质量的多元相关系数为 0.167，表示上述 14 个变量可以解释依据学生成绩来监控教师教学质量共 2.8%的变异量。此变异量主要由职称中教初级-无职称造成。

表 3-64 个人教育特征与依据学生成绩来监控教师教学质量回归分析

模型	进入的变量顺序	多元相关系数 R	R^2	ΔR	净 F 值	模型 F 值	B 估计值	Beta
1	职称中教初级-无职称	0.129①	0.017	0.017	13.363	13.363	-0.277	-0.129

注：14 个变量自变量与因变量的多元相关系数等于 0.167②，R^2为 0.028。

①预测变量：（常量），职称中教初级-无职称。

②预测变量：（常量），每周上课数，第一学历大专-本科以上，最高学历高中及以下-本科以上，身份，最高学历中专/中师-本科以上，职称中教高级-无职称，职称小教初级-无职称，最高学历大专-本科以上，职务学校中层-教师，职务学校高层-教师，职称小教高级-无职称，第一学历中专/中师-本科以上，第一学历高中及以下-本科以上，职称中教初级-无职称。

在模型 1 中，职称中教初级-无职称变量与依据学生成绩来监控教师教学质量的多元相关系数为 0. 129，可以解释依据学生成绩来监控教师教学质量 1. 7%的变异量。从标准化回归系数来看，职称中教初级-无职称对依据学生成绩来监控教师教学质量的 Beta 值为-0. 129，为负值，表示与无职称的被试性别相比，职称中教初级的被试倾向于依据学生成绩来监控教师教学质量。

（五）教育特征与教师教学质量监控内容涵盖教师素质的程度

从个人教育特征与教师教学质量监控内容涵盖教师素质的程度的回归分析结果可以看出（表 3-65），每周上课数、第一学历大专-本科以上、最高学历高中及以下-本科以上、身份、最高学历中专/中师-本科以上、职称中教高级-无职称、职称小教初级-无职称、最高学历大专-本科以上、职务学校中层-教师、职务学校高层-教师、职称小教高级-无职称、第一学历中专/中师-本科以上、第一学历高中及以下-本科以上、职称中教初级-无职称 14 个变量与教师教学质量监控内容涵盖教师素质的程度的多元相关系数为 0. 143，表示上述 14 个变量可以解释教师教学质量监控内容涵盖教师素质的程度共 2. 1%的变异量。此变异量主要由最高学历大专-本科以上，第一学历中专/中师-本科以上造成。

表 3-65 个人教育特征与教师教学质量监控内容涵盖教师素质的程度回归分析

模型	进入的变量顺序	多元相关系数 R	R^2	ΔR	净 F 值	模型 F 值	B 估计值	Beta
1	最高学历大专-本科以上	0. 079①	0. 006	0. 006	4. 888	4. 888	−0. 199	−0. 079
2	最高学历大专-本科以上	0. 106②	0. 011	0. 005	4. 012	4. 459	−0. 192	−0. 076
	第一学历中专/中师-本科以上						−0. 156	−0. 071

注：14 个变量自变量与因变量的多元相关系数等于 0. 143③，R^2 为 0. 021。

①预测变量：（常量），最高学历大专-本科以上。

②预测变量：（常量），最高学历大专-本科以上，第一学历中专/中师-本科以上。

③预测变量：（常量），每周上课数，第一学历大专-本科以上，最高学历高中及以下-本科以上，身份，最高学历中专/中师-本科以上，职称中教高级-无职称，职称小教初级-无职称，最高学历大专-本科以上，职务学校中层-教师，职务学校高层-教师，职称小教高级-无职称，第一学历中专/中师-本科以上，第一学历高中及以下-本科以上，职称中教初级-无职称。

在模型 1 中，最高学历大专-本科以上与教师教学质量监控内容涵盖教师素质的程度的多元相关系数为 0. 079，可以解释教师教学质量监控内容涵盖教师素质的程度 0. 6%的变异量。从标准化回归系数来看，最高学历大专-本科以上对教师教学质量监控内容涵盖教师素质的程度的 Beta 值为−0. 079，为负值，表示与本科以上的被试性别相比，最高学历大专的被试倾向于教师教学质量监控内容涵盖教师素质。

在模型 2 中，最高学历大专-本科以上、第一学历中专/中师-本科以上与教师教学质量监控内容涵盖教师素质的程度的多元相关系数为 0.106，可以解释教师教学质量监控内容涵盖教师素质的程度 1.1%的变异量。从标准化回归系数来看，最高学历大专-本科以上对教师教学质量监控内容涵盖教师素质的程度的 Beta 值为-0.076，为负值，表示与本科以上的被试性别相比，最高学历大专的被试倾向于教师教学质量监控内容涵盖教师素质。第一学历中专/中师-本科以上对教师教学质量监控内容涵盖教师素质的程度的 Beta 值为-0.071，为负值，表示与本科以上的被试性别相比，第一学历中专/中师倾向于教师教学质量监控内容涵盖教师素质。

（六）教育特征与所有教师的教学质量监控内容相同程度

从个人教育特征与所有教师的教学质量监控内容相同程度的回归分析结果可以看出（表 3-66），每周上课数、第一学历大专-本科以上、最高学历高中及以下-本科以上、身份、最高学历中专/中师-本科以上、职称中教高级-无职称、职称小教初级-无职称、最高学历大专-本科以上、职务学校中层-教师、职务学校高层-教师、职称小教高级-无职称、第一学历中专/中师-本科以上、第一学历高中及以下-本科以上、职称中教初级-无职称 14 个变量与所有教师的教学质量监控内容相同程度的多元相关系数为 0.158，表示上述 14 个变量可以解释所有教师的教学质量监控内容相同程度共 2.5%的变异量。此变异量主要由最高学历大专-本科以上造成。

表 3-66　个人教育特征与所有教师的教学质量监控内容相同程度回归分析

模型	进入的变量顺序	多元相关系数 R	R^2	ΔR	净 F 值	模型 F 值	B 估计值	Beta
1	最高学历大专-本科以上	0.093①	0.009	0.009	6.785	6.785	-0.219	-0.09

注：14 个变量自变量与因变量的多元相关系数等于 0.158②，R^2 为 0.025。

①预测变量：（常量），最高学历大专-本科以上。

②预测变量：（常量），每周上课数，第一学历大专-本科以上，最高学历高中及以下-本科以上，身份，最高学历中专/中师-本科以上，职称中教高级-无职称，职称小教初级-无职称，最高学历大专-本科以上，职务学校中层-教师，职务学校高层-教师，职称小教高级-无职称，第一学历中专/中师-本科以上，第一学历高中及以下-本科以上，职称中教初级-无职称。

在模型 1 中，最高学历大专-本科以上与所有教师的教学质量监控内容相同程度的多元相关系数为 0.093，可以解释所有教师的教学质量监控内容相同程度 0.9%的变异量。从标准化回归系数来看，最高学历大专-本科以上对所有教师的教学质量监控内容相同程度的 Beta 值为-0.09，为负值，表示与本科以上的被试性别相比，最高学历大专的被试倾向于所有教师的教学质量监控内容相同程度。

（七）教育特征与参加选择与制定学校的教师教学质量监控内容

从个人教育特征与参加选择与制定学校的教师教学质量监控内容的回归分析

结果可以看出（表 3-67），每周上课数、第一学历大专-本科以上、最高学历高中及以下-本科以上、身份、最高学历中专/中师-本科以上、职称中教高级-无职称、职称小教初级-无职称、最高学历大专-本科以上、职务学校中层-教师、职务学校高层-教师、职称小教高级-无职称、第一学历中专/中师-本科以上、第一学历高中及以下-本科以上、职称中教初级-无职称 14 个变量与参加选择与制定学校的教师教学质量监控内容的多元相关系数为 0.266，表示上述 14 个变量可以解释参加选择与制定学校的教师教学质量监控内容共 7.1%的变异量。此变异量主要由职务学校高层-教师、最高学历大专-本科以上、职务学校中层-教师、第一学历中专/中师-本科以上造成。

表 3-67　个人教育特征与参加选择与制定学校的教师教学质量监控内容回归分析

模型	进入的变量顺序	多元相关系数 R	R^2	ΔR	净 F 值	模型 F 值	B 估计值	Beta
1	职务学校高层-教师	0.204①	0.042	0.042	34.166	34.166	-1.091	-0.204
2	职务学校高层-教师	0.233②	0.054	0.012	10.338	22.456	-1.074	-0.201
	最高学历大专-本科以上						-0.361	-0.112
3	职务学校高层-教师	0.245③	0.060	0.006	4.867	16.666	-1.146	-0.215
	最高学历大专-本科以上						-0.390	-0.121
	职务学校中层-教师						-0.229	-0.078
4	职务学校高层-教师	0.254④	0.065	0.005	3.892	13.519	-1.100	-0.206
	最高学历大专-本科以上						-0.380	-0.117
	职务学校中层-教师						-0.209	-0.071
	第一学历中专/中师-本科以上						-0.193	-0.069

注：14 个变量自变量与因变量的多元相关系数等于 0.266⑤，R^2 为 0.071。

①预测变量：（常量），职务学校高层-教师。

②预测变量：（常量），职务学校高层-教师，最高学历大专-本科以上。

③预测变量：（常量），职务学校高层-教师，最高学历大专-本科以上，职务学校中层-教师。

④预测变量：（常量），职务学校高层-教师，最高学历大专-本科以上，职务学校中层-教师，第一学历中专/中师-本科以上。

⑤预测变量：（常量），每周上课数，第一学历大专-本科以上，最高学历高中及以下-本科以上，身份，最高学历中专/中师-本科以上，职称中教高级-无职称，职称小教初级-无职称，最高学历大专-本科以上，职务学校中层-教师，职务学校高层-教师，职称小教高级-无职称，第一学历中专/中师-本科以上，第一学历高中及以下-本科以上，职称中教初级-无职称。

在模型 1 中，职务学校高层-教师与参加选择与制定学校的教师教学质量监控内容的多元相关系数为 0.204，可以解释参加选择与制定学校的教师教学质量监控内容 4.2%的变异量。从标准化回归系数来看，职务学校高层-教师对参加选择与制定学校的教师教学质量监控内容的 Beta 值为-0.204，为负值，表示与教师的被试性别相比，职务学校高层的被试倾向于参加选择与制定学校的教师教学质量监控内容。

在模型2中，职务学校高层-教师、最高学历大专-本科以上与参加选择与制定学校的教师教学质量监控内容的多元相关系数为0.233，可以解释参加选择与制定学校的教师教学质量监控内容5.4%的变异量。从标准化回归系数来看，职务学校高层-教师对参加选择与制定学校的教师教学质量监控内容的Beta值为-0.201，为负值，表示与教师的被试性别相比，职务学校高层的被试倾向于参加选择与制定学校的教师教学质量监控内容。最高学历大专-本科以上对参加选择与制定学校的教师教学质量监控内容的Beta值为-0.112，为负值，表示预本科以上相比，最高学历大专的被试倾向于参加选择与制定学校的教师教学质量监控内容。

在模型3中，职务学校高层-教师、最高学历大专-本科以上、职务学校中层-教师与参加选择与制定学校的教师教学质量监控内容的多元相关系数为0.245，可以解释参加选择与制定学校的教师教学质量监控内容6%的变异量。从标准化回归系数来看，职务学校高层-教师对参加选择与制定学校的教师教学质量监控内容的Beta值为-0.215，为负值，表示与教师的被试性别相比，职务学校高层的被试倾向于参加选择与制定学校的教师教学质量监控内容。最高学历大专-本科以上对参加选择与制定学校的教师教学质量监控内容的Beta值为-0.121，为负值，表示预本科以上相比，最高学历大专的被试倾向于参加选择与制定学校的教师教学质量监控内容。职务学校中层-教师对参加选择与制定学校的教师教学质量监控内容的Beta值为-0.078，为负值，表示与教师的被试性别相比，职务为学校中层的被试倾向于参加选择与制定学校的教师教学质量监控内容。

在模型4中，职务学校高层-教师、最高学历大专-本科以上、职务学校中层-教师、第一学历中专/中师-本科以上与参加选择与制定学校的教师教学质量监控内容的多元相关系数为0.254，可以解释参加选择与制定学校的教师教学质量监控内容6.5%的变异量。从标准化回归系数来看，职务学校高层-教师对参加选择与制定学校的教师教学质量监控内容的Beta值为-0.206，为负值，表示与教师的被试性别相比，职务学校高层的被试倾向于参加选择与制定学校的教师教学质量监控内容。最高学历大专-本科以上对参加选择与制定学校的教师教学质量监控内容的Beta值为-0.117，为负值，表示与本科以上相比，最高学历大专的被试倾向于参加选择与制定学校的教师教学质量监控内容。职务学校中层-教师对参加选择与制定学校的教师教学质量监控内容的Beta值为-0.071，为负值，表示与教师的被试性别相比，职务为学校中层的被试倾向于参加选择与制定学校的教师教学质量监控内容。第一学历中专/中师-本科以上对参加选择与制定学校的教师教学质量监控内容的Beta值为-0.069，为负值，表示与本科以上相比，第一学历中专/中师的被试倾向于参加选择与制定学校的教师教学质量监控内容。

三、学校特征与监控内容的回归分析

（一）学校特征与依据专业知识水平来监控教师教学质量

从学校特征与依据专业知识水平来监控教师教学质量的回归分析结果可以看出（表3-68），学校教研活动开展情况、完全中学-九年一贯、学校所在地乡镇-村屯、小学-九年一贯、学校教学质量、学校所在地县城-村屯、初中-九年一贯、学校教学设备配置情况8个变量与依据专业知识水平来监控教师教学质量的多元相关系数为0.422，表示上述8个变量可以解释依据专业知识水平来监控教师教学质量共17.8%的变异量。此变异量主要由学校教研活动开展情况，学校教学质量，初中-九年一贯，学校教学设备配置情况造成。

表3-68　学校特征与依据专业知识水平来监控教师教学质量回归分析

模型	进入的变量顺序	多元相关系数 R	R^2	ΔR	净 F 值	模型 F 值	B 估计值	Beta
1	学校教研活动开展情况	0.377①	0.142	0.142	162.708	162.708	0.556	0.377
2	学校教研活动开展情况	0.400②	0.160	0.018	21.467	93.781	0.422	0.286
	学校教学质量						0.258	0.163
3	学校教研活动开展情况	0.412③	0.170	0.009	10.935	66.798	0.432	0.293
	学校教学质量						0.251	0.158
	初中-九年一贯						0.262	0.096
4	学校教研活动开展情况	0.416④	0.173	0.004	4.275	51.335	0.384	0.260
	学校教学质量						0.205	0.129
	初中-九年一贯						0.240	0.088
	学校教学设备配置情况						0.112	0.081

注：8个变量自变量与因变量的多元相关系数等于0.422⑤，R^2为0.178。

①预测变量：（常量），学校教研活动开展情况。

②预测变量：（常量），学校教研活动开展情况，学校教学质量。

③预测变量：（常量），学校教研活动开展情况，学校教学质量，初中-九年一贯。

④预测变量：（常量），学校教研活动开展情况，学校教学质量，初中-九年一贯，学校教学设备配置情况。

⑤预测变量：（常量），学校教研活动开展情况，完全中学-九年一贯，学校所在地乡镇-村屯，小学-九年一贯，学校教学质量，学校所在地县城-村屯，初中-九年一贯，学校教学设备配置情况。

在模型1中，学校教研活动开展情况与依据专业知识水平来监控教师教学质量的多元相关系数为0.377，可以解释依据专业知识水平来监控教师教学质量14.2%的变异量。从标准化回归系数来看，学校教研活动开展情况对依据专业知识水平来监控教师教学质量的 Beta 值为 0. 377，为正值，表示学校教研活动开展的越好的被试越倾向于依据专业知识水平来监控教师教学质量。

在模型 2 中，学校教研活动开展情况、学校教学质量与依据专业知识水平来监控教师教学质量的多元相关系数为 0. 4，可以解释依据专业知识水平来监控教师教学质量 16%的变异量。从标准化回归系数来看，学校教研活动开展情况对依据专业知识水平来监控教师教学质量的 Beta 值为 0. 286，为正值，表示学校教研活动开展的越好的被试越倾向于依据专业知识水平来监控教师教学质量。学校教学质量对依据专业知识水平来监控教师教学质量的 Beta 值为 0. 163，为正值，表示学校教学质量越高的被试，倾向于依据专业知识水平来监控教师教学质量。

在模型 3 中，学校教研活动开展情况、学校教学质量、初中-九年一贯与依据专业知识水平来监控教师教学质量的多元相关系数为 0. 412，可以解释依据专业知识水平来监控教师教学质量 17%的变异量。从标准化回归系数来看，学校教研活动开展情况对依据专业知识水平来监控教师教学质量的 Beta 值为 0. 293，为正值，表示学校教研活动开展得越好的被试，越倾向于依据专业知识水平来监控教师教学质量。学校教学质量对依据专业知识水平来监控教师教学质量的 Beta 值为 0. 158，为正值，表示学校教学质量越高的被试倾向于依据专业知识水平来监控教师教学质量。初中-九年一贯对依据专业知识水平来监控教师教学质量的 Beta 值为 0. 096，为正值，表示与九年一贯制学校相比，初中学校的被试较少依据专业知识水平来监控教师教学质量。

在模型 4 中，学校教研活动开展情况、学校教学质量、初中-九年一贯、学校教学设备配置情况与依据专业知识水平来监控教师教学质量的多元相关系数为 0. 416，可以解释依据专业知识水平来监控教师教学质量 17. 3%的变异量。从标准化回归系数来看，学校教研活动开展情况对依据专业知识水平来监控教师教学质量的 Beta 值为 0. 26，为正值，表示学校教研活动开展的越好的被试倾向于依据专业知识水平来监控教师教学质量。学校教学质量对依据专业知识水平来监控教师教学质量的 Beta 值为 0. 129，为正值，表示学校教学质量越高的被试倾向于依据专业知识水平来监控教师教学质量。初中-九年一贯对依据专业学校教学知识水平来监控教师教学质量的 Beta 值为 0. 088，为正值，表示与九年一贯制学校相比，初中学校的被试较少依据专业知识水平来监控教师教学质量。学校教学设备配置情况对依据专业知识水平来监控教师教学质量的 Beta 值为 0. 081，为正值，表示学校教学设备配置越好的被试倾向于依据专业知识水平来监控教师教学质量。

（二）学校特征与依据教学经验与能力来监控教师教学质量

从学校特征与依据教学经验与能力来监控教师教学质量的回归分析结果可以看出（表 3-69），学校教研活动开展情况、完全中学-九年一贯、学校所在地乡镇-村屯、小学-九年一贯、学校教学质量、学校所在地县城-村屯、初中-九年一贯、学校教学设备配置情况 8 个变量与依据教学经验与能力来监控教师教学质量的多元相关系数为 0. 318，表示上述 8 个变量可以解释依据教学经验与能力来监控教师教学质量共 10. 1%的变异量。此变异量主要由学校教研活动开展情况、学校教学质量、学校所在地县城-村屯造成。

表 3-69　学校特征与依据教学经验与能力来监控教师教学质量回归分析

模型	进入的变量顺序	多元相关系数 R	R^2	ΔR	净 F 值	模型 F 值	B 估计值	Beta
1	学校教研活动开展情况	0. 274①	0. 075	0. 075	79. 522	79. 522	0. 378	0. 274
2	学校教研活动开展情况	0. 295②	0. 087	0. 012	12. 665	46. 566	0. 277	0. 201
	学校教学质量						0. 194	0. 131
3	学校教研活动开展情况	0. 305③	0. 093	0. 006	6. 413	33. 353	0. 256	0. 185
	学校教学质量						0. 185	0. 125
	学校所在地县城-村屯						−0. 201	−0. 080

注：8 个变量自变量与因变量的多元相关系数等于 0. 318④，R^2为 0. 101。

①预测变量：（常量），学校教研活动开展情况。

②预测变量：（常量），学校教研活动开展情况，学校教学质量。

③预测变量：（常量），学校教研活动开展情况，学校教学质量，学校所在地县城-村屯。

④预测变量：（常量），学校教研活动开展情况，完全中学-九年一贯，学校所在地乡镇-村屯，小学-九年一贯，学校教学质量，学校所在地县城-村屯，初中-九年一贯，学校教学设备配置情况。

在模型 1 中，学校教研活动开展情况与依据教学经验与能力来监控教师教学质量的多元相关系数为 0. 274，可以解释依据教学经验与能力来监控教师教学质量 7. 5%的变异量。从标准化回归系数来看，学校教研活动开展情况对依据教学经验与能力来监控教师教学质量的 Beta 值为 0. 274，为正值，表示学校教研活动开展得越好的被试，越倾向于依据教学经验与能力来监控教师教学质量。

在模型 2 中，学校教研活动开展情况、学校教学质量与依据教学经验与能力来监控教师教学质量的多元相关系数为 0. 295，可以解释依据教学经验与能力来监控教师教学质量 8. 7%的变异量。从标准化回归系数来看，学校教研活动开展情况对依据教学经验与能力来监控教师教学质量的 Beta 值为 0. 201，为正值，表示学校教研活动开展得越好的被试，越倾向于依据教学经验与能力来监控教师教学质量。学校教学质量对依据教学经验与能力来监控教师教学质量的 Beta 值为 0. 131，为正值，表示学校教学质量越好的被试越倾向于依据教学经验与能力来监控教师教学质量。

在模型 3 中，学校教研活动开展情况、学校教学质量、学校所在地县城-村屯与依据教学经验与能力来监控教师教学质量的多元相关系数为 0. 305，可以解释依据教学经验与能力来监控教师教学质量 9. 3%的变异量。从标准化回归系数来看，学校教研活动开展情况对依据教学经验与能力来监控教师教学质量的 Beta 值为 0.185，为正值，表示学校教研活动开展得越好的被试，越倾向于依据教学经验与能力来监控教师教学质量。学校教学质量对依据教学经验与能力来监控教师教学质量的 Beta 值为 0.125，为正值，表示学校教学质量越好的被试越倾向于依据教学经验与能力来监控教师教学质量。学校所在地县城-村屯对依据教学经验与能力来监控教师教学质量的 Beta 值为-0.080，为负值，表示与学校所在地在村屯的被试相比，学校所在地在县城的被试倾向于依据教学经验与能力来监控教师教学质量。

（三）学校特征与依据师德水平来监控教师教学质量

从学校特征与依据师德水平来监控教师教学质量的回归分析结果可以看出（表 3-70），学校教研活动开展情况、完全中学-九年一贯、学校所在地乡镇-村屯、小学-九年一贯、学校教学质量、学校所在地县城-村屯、初中-九年一贯、学校教学设备配置情况 8 个变量与依据师德水平来监控教师教学质量的多元相关系数为 0.342，表示上述 8 个变量可以解释依据师德水平来监控教师教学质量共 11.7%的变异量。此变异量主要由学校教研活动开展情况、学校教学设备配置情况、学校教学质量、初中-九年一贯、学校所在地乡镇-村屯、学校所在地县城-村屯造成。

表 3-70　学校特征与依据师德水平来监控教师教学质量回归分析

模型	进入的变量顺序	多元相关系数 R	R^2	ΔR	净 F 值	模型 F 值	B 估计值	Beta
1	学校教研活动开展情况	0.281①	0.079	0.079	84.462	84.462	0.425	0.281
2	学校教研活动开展情况	0.309②	0.095	0.016	17.568	51.728	0.284	0.188
	学校教学设备配置情况						0.223	0.158
3	学校教研活动开展情况	0.320③	0.102	0.007	7.748	37.305	0.229	0.152
	学校教学设备配置情况						0.164	0.116
	学校教学质量						0.177	0.109
4	学校教研活动开展情况	0.326④	0.106	0.004	4.334	29.157	0.243	0.161
	学校教学设备配置情况						0.148	0.104
	学校教学质量						0.179	0.110
	初中-九年一贯						0.177	0.064
5	学校教研活动开展情况	0.333⑤	0.111	0.004	4.643	24.341	0.245	0.162
	学校教学设备配置情况						0.150	0.106
	学校教学质量						0.187	0.115
	初中-九年一贯						0.230	0.083
	学校所在地乡镇-村屯						-0.165	-0.068

续表 3-70

模型	进入的变量顺序	多元相关系数 R	R^2	ΔR	净 F 值	模型 F 值	B 估计值	Beta
6	学校教研活动开展情况	0.342⑥	0.117	0.006	6.672	21.514	0.227	0.150
	学校教学设备配置情况						0.127	0.090
	学校教学质量						0.193	0.119
	初中-九年一贯						0.231	0.083
	学校所在地乡镇-村屯						−0.292	−0.120
	学校所在地县城-村屯						−0.270	−0.098

注：8 个变量自变量与因变量的多元相关系数等于 0.342⑦，R^2 为 0.117。

①预测变量：（常量），学校教研活动开展情况。

②预测变量：（常量），学校教研活动开展情况，学校教学设备配置情况。

③预测变量：（常量），学校教研活动开展情况，学校教学设备配置情况，学校教学质量。

④预测变量：（常量），学校教研活动开展情况，学校教学设备配置情况，学校教学质量，初中-九年一贯。

⑤预测变量：（常量），学校教研活动开展情况，学校教学设备配置情况，学校教学质量，初中-九年一贯，学校所在地乡镇-村屯。

⑥预测变量：（常量），学校教研活动开展情况，学校教学设备配置情况，学校教学质量，初中-九年一贯，学校所在地乡镇-村屯，学校所在地县城-村屯。

⑦预测变量：（常量），学校教研活动开展情况，完全中学-九年一贯，学校所在地乡镇-村屯，小学-九年一贯，学校教学质量，学校所在地县城-村屯，初中-九年一贯，学校教学设备配置情况。

在模型 1 中，学校教研活动开展情况与依据师德水平来监控教师教学质量的多元相关系数为 0.281，可以解释依据师德水平来监控教师教学质量 7.9%的变异量。从标准化回归系数来看，学校教研活动开展情况对依据师德水平来监控教师教学质量的 Beta 值为 0.281，为正值，表示学校教研活动开展得越好的被试，越倾向于依据师德水平来监控教师教学质量。

在模型 2 中，学校教研活动开展情况、学校教学设备配置情况与依据师德水平来监控教师教学质量的多元相关系数为 0.309，可以解释依据师德水平来监控教师教学质量 9.5%的变异量。从标准化回归系数来看，学校教研活动开展情况对依据师德水平来监控教师教学质量的 Beta 值为 0.188，为正值，表示学校教研活动开展得越好的被试，越倾向于依据师德水平来监控教师教学质量。学校教学设备配置情况对依据师德水平来监控教师教学质量的 Beta 值为 0.158，为正值，表示学校教学设备配置越好的被试越倾向于依据师德水平来监控教师教学质量。

在模型 3 中，学校教研活动开展情况、学校教学设备配置情况、学校教学质量与依据师德水平来监控教师教学质量的多元相关系数为 0.32，可以解释依据师德水平来监控教师教学质量 10.2%的变异量。从标准化回归系数来看，学校教研活动开展情况对依据师德水平来监控教师教学质量的 Beta 值为 0.152，为正值，表示学校教研活动开展得越好的被试，越倾向于依据师德水平来监控教师教学质量。学校教学设备配置情况对依据师德水平来监控教师教学质量的 Beta 值为 0.116，为正值，表示学校教学设备配置越好的被试越倾向于依据师德水平来监控教师教学质量。学校教学质量对依据师德水平来监控教师教学质量的 Beta 值为 0.109，为正值，表示学校教学质量越好的被试，越倾向于依据师德水平来监控教师教学质量。

在模型 4 中，学校教研活动开展情况、学校教学设备配置情况、学校教学质量、初中-九年一贯与依据师德水平来监控教师教学质量的多元相关系数为 0.326，可以解释依据师德水平来监控教师教学质量 10.6%的变异量。从标准化回归系数来看，学校教研活动开展情况对依据师德水平来监控教师教学质量的 Beta 值为 0.161，为正值，表示学校教研活动开展得越好的被试，越倾向于依据师德水平来监控教师教学质量。学校教学设备配置情况对依据师德水平来监控教师教学质量的 Beta 值为 0.104，为正值，表示学校教学设备配置越好的被试越倾向于依据师德水平来监控教师教学质量。学校教学质量对依据师德水平来监控教师教学质量的 Beta 值为 0.11，为正值，表示学校教学质量越好的被试，越倾向于依据师德水平来监控教师教学质量。初中-九年一贯对依据师德水平来监控教师教学质量的 Beta 值为 0.064，为正值，表示与九年一贯制学校相比，初中的被试较少依据师德水平来监控教师教学质量。

在模型 5 中，学校教研活动开展情况、学校教学设备配置情况、学校教学质量、初中-九年一贯、学校所在地乡镇-村屯与依据师德水平来监控教师教学质量的多元相关系数为 0.333，可以解释依据师德水平来监控教师教学质量 11.1%的变异量。从标准化回归系数来看，学校教研活动开展情况对依据师德水平来监控教师教学质量的 Beta 值为 0.162，为正值，表示学校教研活动开展得越好的被试，越倾向于依据师德水平来监控教师教学质量。学校教学设备配置情况对依据师德水平来监控教师教学质量的 Beta 值为 0.106，为正值，表示学校教学设备配置越好的被试越倾向于依据师德水平来监控教师教学质量。学校教学质量对依据师德水平来监控教师教学质量的 Beta 值为 0.115，为正值，表示学校教学质量越好的被试，越倾向于依据师德水平来监控教师教学质量。初中-九年一贯对依据师德水平来监控教师教学质量的 Beta 值为 0.083，为正值，表示与九年一贯制学校相比，初中的被试较少依据师德水平来监控教师教学质量。学校所在地乡镇-村屯对依据师德水平来监控教师教学质量的 Beta 值为-0.068，为负值，表示与学校所在地在村屯的被试相比，乡镇的被试更倾向于依据师德水平来监控教师教学质量。

在模型 6 中，学校教研活动开展情况、学校教学设备配置情况、学校教学质量、初中-九年一贯、学校所在地乡镇-村屯、学校所在地县城-村屯与依据师德水平来监控教师教学质量的多元相关系数为 0. 342，可以解释依据师德水平来监控教师教学质量 11. 7%的变异量。从标准化回归系数来看，学校教研活动开展情况对依据师德水平来监控教师教学质量的 Beta 值为 0. 150，为正值，表示学校教研活动开展得越好的被试，越倾向于依据师德水平来监控教师教学质量。学校教学设备配置情况对依据师德水平来监控教师教学质量的 Beta 值为 0. 09，为正值，表示学校教学设备配置越好的被试越倾向于依据师德水平来监控教师教学质量。学校教学质量对依据师德水平来监控教师教学质量的 Beta 值为 0. 119，为正值，表示学校教学质量越好的被试，越倾向于依据师德水平来监控教师教学质量。初中-九年一贯对依据师德水平来监控教师教学质量的 Beta 值为 0. 083，为正值，表示与九年一贯制学校相比，初中的被试较少依据师德水平来监控教师教学质量。学校所在地乡镇-村屯对依据师德水平来监控教师教学质量的 Beta 值为 −0. 12，为负值，表示与学校所在地在村屯的被试相比，乡镇的被试更倾向于依据师德水平来监控教师教学质量。学校所在地县城-村屯对依据师德水平来监控教师教学质量的 Beta 值为−0. 098 为负值，表示与学校所在地在村屯的被试相比，县城的被试更倾向于依据师德水平来监控教师教学质量。

（四）学校特征与依据学生成绩来监控教师教学质量

从学校特征与依据学生成绩来监控教师教学质量的回归分析结果可以看出（表 3-71），学校教研活动开展情况、完全中学-九年一贯、学校所在地乡镇-村屯、小学-九年一贯、学校教学质量、学校所在地县城-村屯、初中-九年一贯、学校教学设备配置情况 8 个变量与依据学生成绩来监控教师教学质量的多元相关系数为 0. 180，表示上述 8 个变量可以解释依据学生成绩来监控教师教学质量共 3. 2%的变异量。此变异量主要由小学-九年一贯造成。

表 3-71　学校特征与依据学生成绩来监控教师教学质量回归分析

模型	进入的变量顺序	多元相关系数 R	R^2	ΔR	净 F 值	模型 F 值	B 估计值	Beta
1	小学-九年一贯	0. 159①	0. 025	0. 025	25. 413	25. 413	0. 343	0. 159

注：8 个变量自变量与因变量的多元相关系数等于 0. 180②，R^2为 0032。

①预测变量：（常量），小学-九年一贯。

②预测变量：（常量），学校教研活动开展情况，完全中学-九年一贯，学校所在地乡镇-村屯，小学-九年一贯，学校教学质量，学校所在地县城-村屯，初中-九年一贯，学校教学设备配置情况。

在模型 1 中，小学-九年一贯与依据学生成绩来监控教师教学质量的多元相关系数为 0. 159，可以解释依据学生成绩来监控教师教学质量 2. 5%的变异量。从标准化回归系数来看，小学-九年一贯对依据学生成绩来监控教师教学质量的 Beta 值为 0. 159，为正值，表示与九年一贯制学校学校的被试相比，小学的被试较少依据学生成绩来监控教师教学质量。

（五）学校特征与教师教学质量监控内容涵盖教师素质的程度

从学校特征与教师教学质量监控内容涵盖教师素质的程度的回归分析结果可以看出（表3-72），学校教研活动开展情况、完全中学-九年一贯、学校所在地乡镇-村屯、小学-九年一贯、学校教学质量、学校所在地县城-村屯、初中-九年一贯、学校教学设备配置情况8个变量与教师教学质量监控内容涵盖教师素质的程度的多元相关系数为0.336，表示上述8个变量可以解释教师教学质量监控内容涵盖教师素质的程度共11.3%的变异量。此变异量主要由学校教研活动开展情况、学校教学质量、初中-九年一贯、学校所在地乡镇-村屯造成。

表3-72　学校特征与教师教学质量监控内容涵盖教师素质的程度回归分析

模型	进入的变量顺序	多元相关系数 R	R^2	ΔR	净 F 值	模型 F 值	B 估计值	Beta
1	学校教研活动开展情况	0.283①	0.080	0.080	85.313	85.313	0.370	0.283
2	学校教研活动开展情况	0.312②	0.097	0.017	18.777	52.820	0.254	0.194
	学校教学质量						0.222	0.159
3	学校教研活动开展情况	0.318③	0.101	0.004	3.889	36.614	0.259	0.198
	学校教学质量						0.218	0.156
	初中-九年一贯						0.144	0.060
4	学校教研活动开展情况	0.324④	0.105	0.004	4.515	28.688	0.262	0.201
	学校教学质量						0.226	0.161
	初中-九年一贯						0.190	0.079
	学校所在地乡镇-村屯						-0.141	-0.067

注：8个变量自变量与因变量的多元相关系数等于0.336⑤，R^2为0.113。

①预测变量：（常量），学校教研活动开展情况。

②预测变量：（常量），学校教研活动开展情况，学校教学质量。

③预测变量：（常量），学校教研活动开展情况，学校教学质量，初中-九年一贯。

④预测变量：（常量），学校教研活动开展情况，学校教学质量，初中-九年一贯，学校所在地乡镇-村屯。

⑤预测变量：（常量），学校教研活动开展情况，完全中学-九年一贯，学校所在地乡镇-村屯，小学-九年一贯，学校教学质量，学校所在地县城-村屯，初中-九年一贯，学校教学设备配置情况。

在模型1中，学校教研活动开展情况与教师教学质量监控内容涵盖教师素质的程度的多元相关系数为0.283，可以解释教师教学质量监控内容涵盖教师素质的程度8%的变异量。从标准化回归系数来看，学校教研活动开展情况对教师教学质量监控内容涵盖教师素质的程度的Beta值为0.283，为正值，表示学校教研活动开展得越好的被试，越倾向于教师教学质量监控内容涵盖教师素质程度较高。

在模型2中，学校教研活动开展情况、学校教学质量与教师教学质量监控内容涵盖教师素质的程度的多元相关系数为 0.312，可以解释教师教学质量监控内容涵盖教师素质的程度 9.7%的变异量。从标准化回归系数来看，学校教研活动开展情况对教师教学质量监控内容涵盖教师素质的程度的 Beta 值为 0.194，为正值，表示学校教研活动开展得越好的被试，越倾向于教师教学质量监控内容涵盖教师素质程度较高。学校教学质量对教师教学质量监控内容涵盖教师素质的程度的 Beta 值为 0.159，为正值，表示学校教学质量越高的被试倾向于教师教学质量监控内容涵盖教师素质程度较高。

在模型 3 中，学校教研活动开展情况、学校教学质量、初中-九年一贯与教师教学质量监控内容涵盖教师素质的程度的多元相关系数为 0.318，可以解释教师教学质量监控内容涵盖教师素质的程度 10.1%的变异量。从标准化回归系数来看，学校教研活动开展情况对教师教学质量监控内容涵盖教师素质的程度的 Beta 值为 0.198，为正值，表示学校教研活动开展得越好的被试，越倾向于教师教学质量监控内容涵盖教师素质的程度较高。学校教学质量对教师教学质量监控内容涵盖教师素质的程度的 Beta 值为 0.156，为正值，表示学校教学质量越高的被试倾向于教师教学质量监控内容涵盖教师素质程度较高。初中-九年一贯对教师教学质量监控内容涵盖教师素质的程度的 Beta 值为 0.060，为正值，表示与九年一贯制学校被试相比，初中学校被试认为教师教学质量监控内容涵盖教师素质的程度不高。

在模型 4 中，学校教研活动开展情况、学校教学质量、初中-九年一贯、学校所在地乡镇-村屯与教师教学质量监控内容涵盖教师素质的程度的多元相关系数为 0.324，可以解释教师教学质量监控内容涵盖教师素质的程度 10.5%的变异量。从标准化回归系数来看，学校教研活动开展情况对教师教学质量监控内容涵盖教师素质的程度的 Beta 值为 0.201，为正值，表示学校教研活动开展得越好的被试，越倾向于教师教学质量监控内容涵盖教师素质程度较高。学校教学质量对教师教学质量监控内容涵盖教师素质的程度的 Beta 值为 0.161，为正值，表示学校教学质量越高的被试倾向于教师教学质量监控内容涵盖教师素质程度较高。初中-九年一贯对教师教学质量监控内容涵盖教师素质的程度的 Beta 值为 0.079，为正值，表示与九年一贯制学校被试相比，初中学校被试认为教师教学质量监控内容涵盖教师素质的程度不高。学校所在地乡镇-村屯对教师教学质量监控内容涵盖教师素质的程度的 Beta 值为-0.067，为负值，表示与学校所在地为村屯的被试相比，乡镇的被试倾向于教师教学质量监控内容涵盖教师素质程度较高。

（六）学校特征与所有教师的教学质量监控内容相同程度

从学校特征与所有教师的教学质量监控内容相同程度的回归分析结果可以看出（表 3-73），学校教研活动开展情况、完全中学-九年一贯、学校所在地乡镇-村屯、小学-九年一贯、学校教学质量、学校所在地县城-村屯、初中-九年一贯、学校教学设备配置情况 8 个变量与所有教师的教学质量监控内容相同程度的多元相关系数为 0.249，表示上述 8 个变量可以解释所有教师的教学质量监控内容相同程度共 6.2%的变异量。此变异量主要由学校教学质量、学校教研活动开展情况造成。

表 3-73　学校特征与所有教师的教学质量监控内容相同程度回归分析

模型	进入的变量顺序	多元相关系数 R	R^2	ΔR	净 F 值	模型 F 值	B 估计值	Beta
1	学校教学质量	0.188①	0.035	0.035	35.948	35.948	0.252	0.188
2	学校教学质量	0.212②	0.045	0.010	9.784	23.027	0.164	0.123
	学校教研活动开展情况						0.147	0.117

注：8 个变量自变量与因变量的多元相关系数等于 0.249③，R^2 为 0.062。

①预测变量：（常量），学校教学质量。

②预测变量：（常量），学校教学质量，学校教研活动开展情况。

③预测变量：（常量），学校教研活动开展情况，完全中学-九年一贯，学校所在地乡镇-村屯，小学-九年一贯，学校教学质量，学校所在地县城-村屯，初中-九年一贯，学校教学设备配置情况。

在模型 1 中，学校教学质量与所有教师的教学质量监控内容相同程度的多元相关系数为 0.188，可以解释所有教师的教学质量监控内容相同程度 3.5%的变异量。从标准化回归系数来看，学校教学质量对所有教师的教学质量监控内容相同程度的 Beta 值为 0.188，为正值，表示学校教学质量越好的被试倾向于所有教师的教学质量监控内容相同程度较高。

在模型 2 中，学校教学质量、学校教研活动开展情况与所有教师的教学质量监控内容相同程度的多元相关系数为 0.212，可以解释所有教师的教学质量监控内容相同程度 4.5%的变异量。从标准化回归系数来看，学校教学质量对所有教师的教学质量监控内容相同程度的 Beta 值为 0.123，为正值，表示学校教学质量越好的被试倾向于所有教师的教学质量监控内容相同程度较高。学校教研活动开展情况对所有教师的教学质量监控内容相同程度的 Beta 值为 0.117，为正值，表示学校教研活动开展得越好的被试，越倾向于所有教师的教学质量监控内容相同程度较高。

（七）学校特征与参加选择与制定学校的教师教学质量监控内容

从学校特征与参加选择与制定学校的教师教学质量监控内容的回归分析结果可以看出（表 3-74），学校教研活动开展情况、完全中学-九年一贯、学校所在地乡镇-村屯、小学-九年一贯、学校教学质量、学校所在地县城-村屯、初中-九年一贯、学校教学设备配置情况 8 个变量与参加选择与制定学校的教师教学质量监控内容的多元相关系数为 0.325，表示上述 8 个变量可以解释参加选择与制定学校的教师教学质量监控内容共 10.6%的变异量。此变异量主要由学校教学质量、学校教研活动开展情况、小学-九年一贯、学校教学设备配置情况造成。

表 3-74 学校特征与参加选择与制定学校的教师教学质量监控内容回归分析

模型	进入的变量顺序	多元相关系数 R	R^2	ΔR	净 F 值	模型 F 值	B 估计值	Beta
1	学校教学质量	0.266①	0.071	0.071	74.806	74.806	0.481	0.266
2	学校教学质量	0.289②	0.084	0.013	13.697	44.735	0.344	0.190
	学校教研活动开展情况						0.230	0.136
3	学校教学质量	0.301③	0.090	0.007	7.194	32.410	0.324	0.179
	学校教研活动开展情况						0.232	0.137
	小学-九年一贯						−0.223	−0.082
4	学校教学质量	0.307④	0.094	0.004	4.035	25.392	0.272	0.151
	学校教研活动开展情况						0.177	0.105
	小学-九年一贯						−0.194	−0.072
	学校教学设备配置情况						0.131	0.083

注：8 个变量自变量与因变量的多元相关系数等于 0.325⑤，R^2 为 0.106。

①预测变量：(常量)，学校教学质量。

②预测变量：(常量)，学校教学质量，学校教研活动开展情况。

③预测变量：(常量)，学校教学质量，学校教研活动开展情况，小学-九年一贯。

④预测变量：(常量)，学校教学质量，学校教研活动开展情况，小学-九年一贯，学校教学设备配置情况。

⑤预测变量：(常量)，学校教研活动开展情况，完全中学-九年一贯，学校所在地乡镇-村屯，小学-九年一贯，学校教学质量，学校所在地县城-村屯，初中-九年一贯，学校教学设备配置情况。

在模型 1 中，学校教学质量与参加选择与制定学校的教师教学质量监控内容的多元相关系数为 0.266，可以解释参加选择与制定学校的教师教学质量监控内容 7.1%的变异量。从标准化回归系数来看，学校教学质量对参加选择与制定学校的教师教学质量监控内容的 Beta 值为 0.266，为正值，表示学校教学质量越好的被试倾向于参加选择与制定学校的教师教学质量监控内容。

在模型 2 中，学校教学质量、学校教研活动开展情况与参加选择与制定学校的教师教学质量监控内容的多元相关系数为 0.289，可以解释参加选择与制定学校的教师教学质量监控内容 8.4%的变异量。从标准化回归系数来看，学校教学质量对参加选择与制定学校的教师教学质量监控内容的 Beta 值为 0.190，为正值，表示学校教学质量越好的被试倾向于参加选择与制定学校的教师教学质量监控内容。学校教研活动开展情况对参加选择与制定学校的教师教学质量监控内容的 Beta 值为 0.136，为正值，表示学校教研活动开展得越好的被试，越倾向于参加选择与制定学校的教师教学质量监控内容。

在模型3中，学校教学质量、学校教研活动开展情况、小学-九年一贯与参加选择与制定学校的教师教学质量监控内容的多元相关系数为0.301，可以解释参加选择与制定学校的教师教学质量监控内容9%的变异量。从标准化回归系数来看，学校教学质量对参加选择与制定学校的教师教学质量监控内容的Beta值为0.179，为正值，表示学校教学质量越好的被试倾向于参加选择与制定学校的教师教学质量监控内容。学校教研活动开展情况对参加选择与制定学校的教师教学质量监控内容的Beta值为0.137，为正值，表示学校教研活动开展得越好的被试，越倾向于参加选择与制定学校的教师教学质量监控内容。小学-九年一贯对参加选择与制定学校的教师教学质量监控内容的Beta值为-0.082，为负值，表示与九年一贯制学校被试相比，小学的被试倾向于参加选择与制定学校的教师教学质量监控内容。

在模型4中，学校教学质量、学校教研活动开展情况、小学-九年一贯、学校教学设备配置情况与参加选择与制定学校的教师教学质量监控内容的多元相关系数为0.307，可以解释参加选择与制定学校的教师教学质量监控内容9.4%的变异量。从标准化回归系数来看，学校教学质量对参加选择与制定学校的教师教学质量监控内容的Beta值为0.151，为正值，表示学校教学质量越好的被试倾向于参加选择与制定学校的教师教学质量监控内容。学校教研活动开展情况对参加选择与制定学校的教师教学质量监控内容的Beta值为0.105，为正值，表示学校教研活动开展得越好的被试，越倾向于参加选择与制定学校的教师教学质量监控内容。小学-九年一贯对参加选择与制定学校的教师教学质量监控内容的Beta值为-0.072，为负值，表示与九年一贯制学校被试相比，小学的被试倾向于参加选择与制定学校的教师教学质量监控内容。学校教学设备配置情况对参加选择与制定学校的教师教学质量监控内容的Beta值为0.083，为正值，表示学校教学设备配置越好的被试，越倾向于参加选择与制定学校的教师教学质量监控内容。

第四章 乡村教师质量监控方式

第一节 用什么方式监控乡村教师?

一、教师质量监控方式

（一）依据听课方式监控教师质量

在987名被试中，有1人未填写相关信息，按缺失值处理。986名被试中，一直以听课方式对教师质量进行监控的有100人，占10.1%；经常以听课方式对教师质量进行监控的有275人，占27.9%；有时以听课方式对教师质量进行监控的有331人，占33.5%；偶尔以听课方式对教师质量进行监控的有166人，占16.8%；从来没有以听课方式对教师质量进行监控的有114人，占11.6%。从总体上看，有时以听课方式对教师质量进行监控的人数百分比较大。

（二）依据学生考核成绩监控教师质量

在987名被试中，有4人未填写相关信息，按缺失值处理。983名被试中，一直以学生考核成绩作为监控方式的有268人，占27.2%；经常以学生考核成绩作为监控方式的有370人，占37.5%。两项累积达到64.9%。有时以学生考核成绩作为监控方式的有210人，占21.3%；偶尔以学生考核成绩作为监控方式的有67人，占6.8%；从来不以学生考核成绩作为监控方式的有68人，占6.9%。所有被试中，通过考核学生成绩作为教师质量监控方式百分比较大。

（三）依据工作业绩监控教师质量

在987名被试中，有3人未填写相关信息，按缺失值处理。984名被试中，一直依据工作业绩监控教师质量的有214人，占21.7%；经常依据工作业绩监控教师质量的有359人，占36.4%；有时依据工作业绩监控教师质量的有258人，占26.1%；偶尔依据工作业绩监控教师质量的有102人，占10.3%；从来没有依据工作业绩监控教师质量的有51人，占5.2%。从统计数据可以看出，依据工作业绩对教师质量监控的方式使用百分比较高。

二、监控方式有效性分析

在987名被试中，有4人未填写相关信息，按缺失值处理。983名被试中，认为监控方式能将教师素质全部揭示出来的有 122 人，占 12.4%；认为监控方式能将教师素质大部分揭示出来的有 462 人，占 46.8%；认为监控方式能将教师素质一半揭示出来的有 225 人，占 22.8%；认为监控方式能将教师素质小部分揭示出来的有 143 人，占 14.5%；认为监控方式不能将教师素质的有 31 人，占 3.1%。更多的被试认为监控方式只是部分的揭示素质。

三、监控方式使用范围

在 987 名被试中，有 4 人未填写相关信息，按缺失值处理。983 名被试中，认为所有教师教学质量监控方式完全相同的有 259 人，占 26.2%；认为所有教师教学质量监控方式大部分相同的有 542 人，占 54.9%；认为所有教师教学质量监控方式一半相同的有 84 人，占 8.5%；认为所有教师教学质量监控方式小部分相同的有 65 人，占 6.6%；认为所有教师教学质量监控方式完全不相同的有 33 人，占 3.3%。从统计数据显示，所有教师教学质量监控方式相同的百分比较大，即更多的学校在所有教师质量监控方面使用的相同方式。

第二节　不同主体间监控方式是否存在差异?

一、个人自然特征间监控方式是否存在差异

（一）性别与监控方式差异分析

从性别与监控方式的 t 检验结果表可以发现（表 4-1），不同性别的被试在依据听课方式监控教师质量、依据工作业绩监控教师质量 2 个变量上都没有显著差异。而性别在依据学生考核成绩监控教师质量、监控方式揭示教师素质程度、所有教师教学质量监控方式相同程度 3 个变量上存在显著差异。在达到显著水平的变量中，从平均数得知，在依据学生考核成绩监控教师质量方面，男性（$M=2.15$）比女性（$M=2.36$）更倾向于选择依据学生考核成绩监控教师质量；在监控方式揭示教师素质程度方面，男性（$M=2.35$）比女性所在学校（$M=2.57$）更倾向于选择监控方式揭示教师素质程度较高。在所有教师教学质量监控方式相同程度方面，男性（$M=1.96$）比女性（$M=2.11$）更倾向于选择所有教师教学质量监控方式相同。从效果值的大小来看，性别对依据学生考核成绩监控教师质量、监控方式揭示教师素质程度、所有教师教学质量监控方式相同程度 3 个变量的方差的解释分别为 0.7%、1.2%、0.5%。都小于 6%，表示性别自变量与依据学生考核成绩监控教师质量、监控方式揭示教师素质程度、所有教师教学质量监控方式相同程度 3 个变量间的关系都是微弱关系。

表 4-1　性别与监控方式的 t 检验结果

项　目	性别	N	均值	标准差	t 值	Eta 方
依据听课方式监控教师质量	男	353	2. 87	1. 158	−0. 931n. s.	—
	女	624	2. 94	1. 138		
依据学生考核成绩监控教师质量	男	352	2. 15	1. 099	−2. 700**	0. 007
	女	622	2. 36	1. 159		
依据工作业绩监控教师质量	男	354	2. 38	1. 128	−0. 656n. s.	—
	女	621	2. 42	1. 076		
监控方式揭示教师素质程度	男	353	2. 35	0. 994	−3. 491**	0. 012
	女	621	2. 57	0. 980		
所有教师教学质量监控方式相同程度	男	352	1. 96	0. 899	−2. 351*	0. 005
	女	622	2. 11	0. 984		

注：*—P<0. 05；**—P<0. 01；n. s. —P>0. 05（未达到显著性水平）。

（二）年龄与监控方式的差异分析

从年龄与监控方式的 t 检验结果表可以发现（表 4-2），不同年龄的被试在依据学生考核成绩监控教师质量上都没有显著差异。而年龄在依据听课方式监控教师质量、依据工作业绩监控教师质量、监控方式揭示教师素质程度、所有教师教学质量监控方式相同程度 4 个变量上存在显著差异。在达到显著水平的变量中，从平均数得知，在依据听课方式监控教师质量方面，出生年大于或等于 1975 年的被试（M=2. 84）比出生年小于 1975 年的被试（M=3. 01）更倾向于选择依据听课方式监控教师质量；在依据工作业绩监控教师质量方面，小于 1975 年的被试（M=2. 34）比出生年大于或等于 1975 年的被试（M=2. 52）出生年更倾向于选择依据工作业绩监控教师质量；在监控方式揭示教师素质程度方面，出生年小于 1975 年的被试（M=2. 41）比出生年大于或等于 1975 年的被试（M=2. 57）更倾向于选择所监控方式揭示教师素质程度较高；在所有教师教学质量监控方式相同程度方面，出生年小于 1975 年的被试（M=1. 95）比出生年大于或等于 1975 年的被试（M=2. 15）更倾向于选择所有教师教学质量监控方式相同程度较高。

表 4-2　年龄与监控方式的 t 检验结果

项　目	出生年	N	均值	标准差	t 值
依据听课方式监控教师质量	≥1975	450	2. 84	1. 119	−2. 210*
	<1975	500	3. 01	1. 160	

续表 4-2

项　　目	出生年	N	均值	标准差	t 值
依据学生考核成绩监控教师质量	≥1975	447	2.36	1.181	1.671n. s.
	<1975	499	2.24	1.104	
依据工作业绩监控教师质量	≥1975	448	2.52	1.133	2.604**
	<1975	499	2.34	1.052	
监控方式揭示教师素质程度	≥1975	448	2.57	0.943	2.477*
	<1975	499	2.41	1.019	
所有教师教学质量监控方式相同程度	≥1975	448	2.15	0.965	3.259**
	<1975	500	1.95	0.912	

注：*—$P<0.05$；**—$P<0.01$；n. s.—$P>0.05$（未达到显著性水平）。

（三）教龄与监控方式的差异分析

从教龄与监控方式的 t 检验结果表可以发现（表 4-3），不同教龄的被试在依据听课方式监控教师质量、依据工作业绩监控教师质量 2 个变量上不存在显著差异。而教龄在依据学生考核成绩监控教师质量、监控方式揭示教师素质程度、所有教师教学质量监控方式相同程度 3 个变量上存在显著相关。在达到显著水平的变量中，从平均数得知，在依据学生考核成绩监控教师质量方面，从教年份小于 1997 年的被试（$M=2.23$）比从教年份大于或等于 1997 年的被试（$M=2.39$）更倾向于选择依据听课方式监控教师质量；在监控方式揭示教师素质程度方面，从教年份小于 1997 年的被试（$M=2.41$）比从教年份大于或等于 1997 年的被试（$M=2.59$）更倾向于选择所监控方式揭示教师素质程度较高；在所有教师教学质量监控方式相同程度方面，从教年份小于 1997 年的被试（$M=1.95$）比从教年份大于或等于 1997 年的被试（$M=2.16$）更倾向于选择所有教师教学质量监控方式相同程度较高。

表 4-3　教龄与监控方式的 t 检验结果

项　　目	从教年份	N	均值	标准差	t 值
依据听课方式监控教师质量	≥1997	437	2.84	1.137	−1.882n. s.
	<1997	498	2.98	1.139	
依据学生考核成绩监控教师质量	≥1997	435	2.39	1.156	2.240*
	<1997	496	2.23	1.120	
依据工作业绩监控教师质量	≥1997	435	2.48	1.108	1.306n. s.
	<1997	497	2.38	1.083	

续表 4-3

项　目	从教年份	N	均值	标准差	t 值
监控方式揭示教师素质程度	≥1997	435	2. 59	0. 968	2. 832**
	<1997	497	2. 41	0. 994	
所有教师教学质量监控方式相同程度	≥1997	435	2. 16	0. 974	3. 443**
	<1997	498	1. 95	0. 910	

注：*—P<0. 05；**—P<0. 01；n. s.—P>0. 05（未达到显著性水平）。

（四）婚姻状况与监控方式的差异分析

从婚姻状况与监控方式的 t 检验结果表可以发现（表 4-4），不同婚姻状况的被试在依据学生考核成绩监控教师质量、依据工作业绩监控教师质量、监控方式揭示教师素质程度、所有教师教学质量监控方式相同程度 4 个变量上不存在显著差异。而不同婚姻状况的被试在依据听课方式监控教师质量变量上存在显著差异。在达到显著水平的变量中，从平均数得知，在依据学生考核成绩监控教师质量方面，单身的被试（M=2. 55）比已婚的被试（M=2. 98）更倾向于选择依据听课方式监控教师质量。从效果值的大小来看，不同婚姻状况对依据听课方式监控教师质量变量的方差的解释分别为 1. 8%，都小于 6%，表示不同婚姻状况对依据听课方式监控教师质量间的关系是微弱关系。

表 4-4　婚姻状况与监控方式的差异分析

与监控方式的 t 检验结果	婚姻状况	N	均值	标准差	t 值	Eta 方
依据听课方式监控教师质量	已婚	842	2. 98	1. 159	4. 225**	0. 018
	单身	144	2. 55	0. 981		
依据学生考核成绩监控教师质量	已婚	839	2. 26	1. 129	−1. 899n. s.	—
	单身	144	2. 45	1. 199		
依据工作业绩监控教师质量	已婚	840	2. 41	1. 088	0. 139n. s.	—
	单身	144	2. 40	1. 130		
监控方式揭示教师素质程度	已婚	840	2. 49	1. 002	−0. 263n. s.	—
	单身	143	2. 51	0. 918		
所有教师教学质量监控方式相同程度	已婚	841	2. 04	0. 960	−0. 968n. s.	—
	单身	142	2. 13	0. 929		

注：**—P<0. 01；n. s.—P>0. 05（未达到显著性水平）。

（五）是否有孩子与监控方式的差异分析

从是否有孩子与监控方式的 t 检验结果表可以发现（表 4-5），被试在依据工作业绩监控教师质量、监控方式揭示教师素质程度、所有教师教学质量监控方式相同程度 3 个变量上不存在显著差异。而在依据听课方式监控教师质量、依据学生考核成绩监控教师质量2个变量上存在显著差异。在达到显著水平的变量中，从平均数得知，在依据听课方式监控教师质量方面，没有孩子的被试（M=2.60）比有孩子的被试（M=2.98）更倾向于选择依据听课方式监控教师质量方面。在依据学生考核成绩监控教师质量方面，有孩子的被试（M=2.25）比没有孩子的被试（M=2.45）更倾向于选择依据学生考核成绩监控教师质量。从效果值的大小来看，是否有孩子对依据听课方式监控教师质量、依据学生考核成绩监控教师质量2个变量的方差的解释分别为1.6%、0.4%，都小于6%，表示是否有孩子对依据听课方式监控教师质量、依据学生考核成绩监控教师质量2个变量间的关系都是微弱关系。

表4-5　是否有孩子与监控方式的t检验结果

项　目	是否有孩子	N	均值	标准差	t值	Eta方
依据听课方式监控教师质量	有	818	2.98	1.164	3.980**	0.016
	没有	167	2.60	0.988		
依据学生考核成绩监控教师质量	有	816	2.25	1.134	-2.056*	0.004
	没有	166	2.45	1.163		
依据工作业绩监控教师质量	有	816	2.40	1.097	-0.314n.s.	—
	没有	167	2.43	1.084		
监控方式揭示教师素质程度	有	816	2.47	0.999	-1.681n.s.	—
	没有	166	2.61	0.939		
所有教师教学质量监控方式相同程度	有	818	2.03	0.955	-1.700n.s.	—
	没有	164	2.17	0.957		

注：*—P<0.05；**—P<0.01；n.s.—P>0.05（未达到显著性水平）。

（六）工资收入与监控方式的差异分析

由以下的方差分析表可以发现，不同工资收入被试在监控方式揭示教师素质程度上没有显著差异（P>0.05）。也就是说，不同工资收入的被试在这个变量上的选择没有差异。

由表4-6方差分析可以显示，不同工资收入的被试在依据听课方式监控教师质量上有显著差异（P<0.01）。由事后比较得知，5000元以上>1000~2000元，即工资收入为1000~2000元的被试倾向于依据听课方式监控教师质量。进一步从关联强度指数来看，ω^2的值等于0.009，可见，工资收入与依据听课方式监控教师质量存在微弱关系。统计检验力等于0.844，决策正确率较高，工资收入对依据听课方式监控教师质量的解释量很小。

表 4-6 不同工资收入在依据听课方式监控教师质量上的方差分析表

变异来源	平方和	*DF*	均方	*F*	事后比较	ω^2	统计检验力
组间	15.770	3	5.257	4.050**	5000 元以上>1000~2000 元	0.009	0.844
组内	1274.576	982	1.298				
全体	1290.346	985					

由表 4-7 方差分析可以显示，不同工资收入的被试在依据学生考核成绩监控教师质量上有显著差异（$P<0.01$）。由事后比较得知，1000~2000 元>3000~4000 元、5000 元以上，即工资收入为 3000~4000 元、5000 元以上的被试倾向于依据学生考核成绩监控教师质量。进一步从关联强度指数来看，ω^2 的值等于 0.013，可见，工资收入与依据学生考核成绩监控教师质量存在微弱关系。统计检验力等于 0.939，决策正确率很高，工资收入对依据学生考核成绩监控教师质量的解释量很小。

表 4-7 不同工资收入在依据学生考核成绩监控教师质量上的方差分析表

变异来源	平方和	*DF*	均方	*F*	事后比较	ω^2	统计检验力
组间	21.014	3	7.005	5.454**	1000~2000 元>3000~4000 元、5000 元以上	0.013	0.939
组内	1257.230	979	1.284				
全体	1278.244	982					

由表 4-8 方差分析可以显示，不同工资收入的被试在依据工作业绩监控教师质量上有显著差异（$P<0.05$）。由事后比较得知，1000~2000 元>1000 元以下、3000~4000 元、5000 元以上，即工资收入为 1000 元以下、3000~4000 元、5000 元以上的被试倾向于依据工作业绩监控教师质量。进一步从关联强度指数来看，ω^2的值等于 0.005，可见，工资收入与依据工作业绩监控教师质量存在微弱关系。统计检验力等于 0.663，决策正确率很小，工资收入对依据工作业绩监控教师质量的解释量很小。

表 4-8 不同工资收入在依据工作业绩监控教师质量上的方差分析表

变异来源	平方和	*DF*	均方	*F*	事后比较	ω^2	统计检验力
组间	9.727	3	3.242	2.726*	1000~2000 元>1000 元以下、3000~4000 元、5000 元以上	0.005	0.663
组内	1165.857	980	1.190				
全体	1175.584	983					

由表4-9方差分析可以显示，不同工资收入的被试在所有教师教学质量监控方式相同程度上有显著差异（$P<0.05$）。由事后比较得知，1000～2000元>1000元以下、3000～4000元、5000元以上，即工资收入为1000元以下、3000～4000元、5000元以上的被试倾向于所有教师教学质量监控方式相同程度较高。进一步从关联强度指数来看，ω^2的值等于0.005，可见，工资收入与所有教师教学质量监控方式相同程度存在微弱关系。统计检验力等于0.667，决策正确率很小，工资收入对所有教师教学质量监控方式相同程度的解释量很小。

表4-9 不同工资收入在所有教师教学质量监控方式相同程度上的方差分析表

变异来源	平方和	DF	均方	F	事后比较	ω^2	统计检验力
组间	7.498	3	2.499	2.751*	1000～2000元>1000元以下、3000～4000元、5000元以上	0.005	0.667
组内	889.536	979	0.909				
全体	897.034	982					

（七）家庭所在地与监控方式的差异分析

由以下的方差分析表可以发现，不同家庭所在地被试在依据学生考核成绩监控教师质量、所有教师教学质量监控方式相同程度上没有显著差异（$P>0.05$）。也就是说，不同家庭所在地的被试在这2个变量上的选择没有差异。

由表4-10方差分析可以显示，不同家庭所在地的被试在依据听课方式监控教师质量上有显著差异（$P<0.05$）。由事后比较得知，村屯>县城，即家庭所在地在县城的被试倾向于依据听课方式监控教师质量。进一步从关联强度指数来看，ω^2的值等于0.005，可见，不同家庭所在地与依据听课方式监控教师质量存在微弱关系。统计检验力等于0.622，决策正确率很小，不同家庭所在地对依据听课方式监控教师质量的解释量很小。

表4-10 不同家庭所在地在依据听课方式监控教师质量上的方差分析表

变异来源	平方和	DF	均方	F	事后比较	ω^2	统计检验力
组间	8.522	2	4.261	3.265*	村屯>县城	0.005	0.622
组内	1276.434	978	1.305				
全体	1284.956	980					

由表4-11方差分析可以显示，不同家庭所在地的被试在依据工作业绩监控教师质量上有显著差异（$P<0.01$）。由事后比较得知，村屯>县城、乡镇，即家庭所在地在县城、乡镇的被试倾向于依据工作业绩监控教师质量。进一步从关联强度指数来看，ω^2的值等于0.016，可见，不同家庭所在地与依据工作业绩监控教师质量存在微弱关系。统计检验力等于0.976，决策正确率很高，不同家庭所在地对依据工作业绩监控教师质量的解释量很小。

表 4-11 不同家庭所在地在依据工作业绩监控教师质量上的方差分析表

变异来源	平方和	DF	均方	F	事后比较	ω^2	统计检验力
组间	21. 549	2	10. 775	9. 155**	村屯>县城、乡镇	0. 016	0. 976
组内	1148. 649	976	1. 177				
全体	1170. 198	978					

由表 4-12 方差分析可以显示，不同家庭所在地的被试在监控方式揭示教师素质程度上有显著差异（$P<0.05$）。由事后比较得知，村屯>乡镇，即家庭所在地在乡镇的被试倾向于监控方式揭示教师素质程度较高。进一步从关联强度指数来看，ω^2的值等于 0. 005，可见，不同家庭所在地与监控方式揭示教师素质程度存在微弱关系。统计检验力等于 0. 636，决策正确率很高，不同家庭所在地对监控方式揭示教师素质程度的解释量很小。

表 4-12 不同家庭所在地在监控方式揭示教师素质程度上的方差分析表

变异来源	平方和	DF	均方	F	事后比较	ω^2	统计检验力
组间	6. 572	2	3. 286	3. 366*	村屯>乡镇	0. 005	0. 636
组内	951. 892	975	0. 976				
全体	958. 463	977					

二、个人教育特征间监控方式是否存在差异

（一）第一学历与监控方式差异分析

由以下的方差分析表可以发现，不同第一学历被试在依据听课方式监控教师质量、依据学生考核成绩监控教师质量、依据工作业绩监控教师质量、所有教师教学质量监控方式相同程度上没有显著差异（$P>0.05$）。也就是说，不同第一学历的被试在这 4 个变量上的选择没有差异。

由表 4-13 方差分析可以显示，不同第一学历的被试在监控方式揭示教师素质程度上有显著差异（$P<0.05$）。由事后比较得知，大专>中专/中师，即不同第一学历是中专/中师的被试倾向于监控方式揭示教师素质程度较高。进一步从关联强度指数来看，ω^2的值等于 0. 010，可见，不同第一学历与监控方式揭示教师素质程度存在微弱关系。统计检验力等于 0. 847，决策正确率较高，不同第一学历对监控方式揭示教师素质程度的解释量很小。

表 4-13　不同第一学历在监控方式揭示教师素质程度上的方差分析表

变异来源	平方和	DF	均方	F	事后比较	ω^2	统计检验力
组间	11.757	3	3.919	4.082**	大专>中专/中师	0.010	0.847
组内	910.138	948	0.960				
全体	921.895	951					

（二）不同身份与监控方式差异分析

从不同身份与监控方式的 t 检验结果表可以发现（表 4-14），不同身份的被试在依据听课方式监控教师质量、依据学生考核成绩监控教师质量、依据工作业绩监控教师质量、监控方式揭示教师素质程度、所有教师教学质量监控方式相同程度 5 个变量上都没有显著差异。

表 4-14　不同身份与监控方式的 t 检验结果

项　目	身　份	N	均值	标准差	t 值
依据听课方式监控教师质量	本校教师	904	2.93	1.151	0.826n.s.
	交流与代课教师	28	2.75	1.143	
依据学生考核成绩监控教师质量	本校教师	902	2.25	1.125	−1.133n.s.
	交流与代课教师	28	2.50	1.202	
依据工作业绩监控教师质量	本校教师	903	2.39	1.088	0.146n.s.
	交流与代课教师	28	2.36	1.062	
监控方式揭示教师素质程度	本校教师	902	2.49	0.992	−0.076n.s.
	交流与代课教师	28	2.50	0.839	
所有教师教学质量监控方式相同程度	本校教师	903	2.05	0.961	−0.499n.s.
	交流与代课教师	28	2.14	0.932	

（三）不同职务与监控方式差异分析

由以下的方差分析表可以发现，不同职务被试在依据听课方式监控教师质量、依据学生考核成绩监控教师质量、依据工作业绩监控教师质量上没有显著差异（$P>0.05$）。也就是说，不同职务的被试在这 3 个变量上的选择没有差异。

由表 4-15 方差分析可以显示，不同职务的被试在监控方式揭示教师素质程度上有显著差异（$P<0.05$）。由事后比较得知，学校中层>学校高层，教师>学校高层，学校高层的被试倾向于监控方式揭示教师素质程度较高。进一步从关联强度指数来看，ω^2的值等于 0.006，可见，不同职务与监控方式揭示教师素质程度存在微弱关系。统计检验力等于 0.734，决策正确率不高，不同职务对监控方式揭示教师素质程度的解释量很小。

表 4-15　不同职务在监控方式揭示教师素质程度上的方差分析表

变异来源	平方和	*DF*	均方	*F*	事后比较	ω^2	统计检验力
组间	8.104	2	4.052	4.157*	学校中层>学校高层； 教师>学校高层	0.006	0.734
组内	950.293	975	0.975				
全体	958.398	977					

由表 4-16 方差分析可以显示，不同职务的被试在所有教师教学质量监控方式相同程度上有显著差异（$P<0.05$）。由事后比较得知，学校中层>学校高层，教师>学校高层，学校高层的被试倾向于所有教师教学质量监控方式相同程度较高。进一步从关联强度指数来看，ω^2的值等于 0.006，可见，不同职务与所有教师教学质量监控方式相同程度存在微弱关系。统计检验力等于 0.714，决策正确率不高，不同职务对所有教师教学质量监控方式相同程度的解释量很小。

表 4-16　不同职务在所有教师教学质量监控方式相同程度上的方差分析表

变异来源	平方和	*DF*	均方	*F*	事后比较	ω^2	统计检验力
组间	7.263	2	3.631	3.984*	学校中层>学校高层 教师>学校高层	0.006	0.714
组内	888.644	975	0.911				
全体	895.907	977					

（四）不同职称与监控方式差异分析

由以下的方差分析表可以发现，不同职称被试在所有教师教学质量监控方式相同程度上没有显著差异（$P>0.05$）。也就是说，不同职务的被试在这个变量上的选择没有差异。

由表 4-17 方差分析可以显示，不同职称的被试在依据听课方式监控教师质量上有显著差异（$P<0.05$）。由事后比较得知，中教初级>无职称，无职称的被试倾向于依据听课方式监控教师质量。进一步从关联强度指数来看，ω^2的值等于 0.008，可见，不同职称与依据听课方式监控教师质量存在微弱关系。统计检验力等于 0.806，决策正确率较高，不同职称对依据听课方式监控教师质量的解释量很小。

表 4-17　不同职称在依据听课方式监控教师质量上的方差分析表

变异来源	平方和	*DF*	均方	*F*	事后比较	ω^2	统计检验力
组间	15.811	4	3.953	3.041*	中教初级>无职称	0.008	0.806
组内	1271.348	978	1.300				
全体	1287.160	982					

由表 4-18 方差分析可以显示，不同职称的被试在依据学生考核成绩监控教师质量上有显著差异（$P<0.01$）。由事后比较得知，小教高层>中教初级，中教初级的被试倾向于依据学生考核成绩监控教师质量。进一步从关联强度指数来看，ω^2的值等于 0.011，可见，不同职称与依据学生考核成绩监控教师质量存在微弱关系。统计检验力等于 0.890，决策正确率较高，不同职称对依据学生考核成绩监控教师质量的解释量很小。

表 4-18 不同职称在依据学生考核成绩监控教师质量上的方差分析表

变异来源	平方和	DF	均方	F	事后比较	ω^2	统计检验力
组间	19.276	4	4.819	3.755**	小教高层>中教初级	0.011	0.890
组内	1251.429	975	1.284				
全体	1270.705	979					

由表 4-19 方差分析可以显示，不同职称的被试在依据工作业绩监控教师质量上有显著差异（$P<0.05$）。由事后比较得知，无职称>小教初级、中教高级，小教初级、中教高级的被试倾向于依据工作业绩监控教师质量。进一步从关联强度指数来看，ω^2的值等于 0.009，可见，不同职称与依据工作业绩监控教师质量存在微弱关系。统计检验力等于 0.825，决策正确率较高，不同职称对依据工作业绩监控教师质量的解释量很小。

表 4-19 不同职称在依据工作业绩监控教师质量上的方差分析表

变异来源	平方和	DF	均方	F	事后比较	ω^2	统计检验力
组间	14.974	4	3.743	3.173*	无职称>小教初级、中教高级	0.009	0.825
组内	1151.554	976	1.180				
全体	1166.528	980					

由表 4-20 方差分析可以显示，不同职称的被试在监控方式揭示教师素质程度上有显著差异（$P<0.01$）。由事后比较得知，中教初级>小教初级，无职称>小教初级，小教初级的被试倾向于监控方式揭示教师素质程度较高。进一步从关联

表 4-20 不同职称在监控方式揭示教师素质程度上的方差分析表

变异来源	平方和	DF	均方	F	事后比较	ω^2	统计检验力
组间	14.723	4	3.681	3.842**	中教初级>小教初级；无职称>小教初级	0.011	0.898
组内	934.077	975	0.958				
全体	948.800	979					

强度指数来看，ω^2的值等于0.011，可见，不同职称与监控方式揭示教师素质程度存在微弱关系。统计检验力等于0.898，决策正确率较高，不同职称对监控方式揭示教师素质程度的解释量很小。

（五）周上课数与监控方式差异分析

从周上课数与监控方式的t检验结果表可以发现（表4-21），周上课数不同的被试在依据听课方式监控教师质量、依据学生考核成绩监控教师质量、依据工作业绩监控教师质量、监控方式揭示教师素质程度、所有教师教学质量监控方式相同程度5个变量上都没有显著差异。

表4-21 周上课数与监控方式的t检验结果

项目	周上课数	*N*	均值	标准差	*t*值
依据听课方式监控教师质量	≥15	542	2.91	1.163	−0.177n.s.
	<15	437	2.92	1.128	
依据学生考核成绩监控教师质量	≥15	541	2.30	1.119	0.552n.s.
	<15	435	2.26	1.170	
依据工作业绩监控教师质量	≥15	543	2.44	1.106	1.059n.s.
	<15	434	2.36	1.081	
监控方式揭示教师素质程度	≥15	541	2.51	0.979	0.893n.s.
	<15	435	2.46	1.000	
所有教师教学质量监控方式相同程度	≥15	541	2.08	0.971	0.928n.s.
	<15	435	2.02	0.929	

注：n.s.—$P>0.05$（未达到显著性水平）。

三、学校特征间监控方式是否存在差异

（一）学校类型与监控方式差异分析

由以下的方差分析表可以发现，不同学校类型的被试在依据工作业绩监控教师质量、监控方式揭示教师素质程度上没有显著差异（$P>0.05$）。也就是说，不同学校类型的被试在这两个变量上的选择没有差异。

由表4-22方差分析可以显示，不同学校类型的被试在依据听课方式监控教师质量上有显著差异（$P<0.05$）。由事后比较得知，九年一贯制>完全中学，完全中学的被试倾向于依据听课方式监控教师质量。进一步从关联强度指数来看，ω^2的值等于0.006，可见，不同学校类型与依据听课方式监控教师质量存在微弱关系。统计检验力等于0.713，决策正确率不高，不同学校类型对依据听课方式监控教师质量的解释量很小。

表 4-22　不同学校类型在依据听课方式监控教师质量上的方差分析表

变异来源	平方和	DF	均方	F	事后比较	ω^2	统计检验力
组间	11.812	3	3.937	3.024*	九年一贯制>完全中学	0.006	0.713
组内	1278.534	982	1.302				
全体	1290.346	985					

由表 4-23 方差分析可以显示，不同学校类型的被试在依据学生考核成绩监控教师质量上有显著差异（$P<0.01$）。由事后比较得知，小学>初中、九年一贯制，初中、九年一贯制的被试倾向于依据学生考核成绩监控教师质量。进一步从关联强度指数来看，ω^2的值等于 0.046，可见，不同学校类型与依据学生考核成绩监控教师质量存在微弱关系。统计检验力等于 1.000，决策正确率非常高，不同学校类型对依据学生考核成绩监控教师质量的解释量很小。

表 4-23　不同学校类型在依据学生考核成绩监控教师质量上的方差分析表

变异来源	平方和	DF	均方	F	事后比较	ω^2	统计检验力
组间	62.892	3	20.964	16.887**	小学>初中、九年一贯制	0.046	1.000
组内	1215.352	979	1.241				
全体	1278.244	982					

由表 4-24 方差分析可以显示，不同学校类型的被试在所有教师教学质量监控方式相同程度上有显著差异（$P<0.05$）。由事后比较得知，完全中学>小学，小学的被试倾向于所有教师教学质量监控方式相同程度较高。进一步从关联强度指数来看，ω^2的值等于 0.006，可见，不同学校类型与所有教师教学质量监控方式相同程度存在微弱关系。统计检验力等于 0.695，决策正确率不高，不同学校类型对所有教师教学质量监控方式相同程度的解释量很小。

表 4-24　不同学校类型在所有教师教学质量监控方式相同程度上的方差分析表

变异来源	平方和	DF	均方	F	事后比较	ω^2	统计检验力
组间	7.940	3	2.647	2.914*	完全中学>小学	0.006	0.695
组内	889.093	979	0.908				
全体	897.034	982					

（二）学校所在地与监控方式差异分析

由以下的方差分析表可以发现，不同学校所在地的被试在依据学生考核成绩监控教师质量、所有教师教学质量监控方式相同程度上没有显著差异（$P>0.05$）。也就是说，不同学校所在地的被试在这两个变量上的选择没有差异。

由表 4-25 方差分析可以显示，不同学校所在地的被试在依据听课方式监控教师质量上有显著差异（$P<0.01$）。由事后比较得知，乡镇>县城，村屯>县城，县城的被试倾向于依据听课方式监控教师质量。进一步从关联强度指数来看，ω^2的值等于0.017，可见，不同学校所在地与依据听课方式监控教师质量存在微弱关系。统计检验力等于0.978，决策正确率很高，不同学校所在地对依据听课方式监控教师质量的解释量很小。

表 4-25　不同学校所在地在依据听课方式监控教师质量上的方差分析表

变异来源	平方和	DF	均方	F	事后比较	ω^2	统计检验力
组间	24.076	2	12.038	9.335**	乡镇>县城；村屯>县城	0.017	0.978
组内	1266.263	982	1.289				
全体	1290.339	984					

由表4-26方差分析可以显示，不同学校所在地的被试在依据工作业绩监控教师质量上有显著差异（$P<0.01$）。由事后比较得知，乡镇>县城，村屯>县城、乡镇，县城、乡镇的被试倾向于依据工作业绩监控教师质量。进一步从关联强度指数来看，ω^2的值等于0.023，可见，不同学校所在地与依据工作业绩监控教师质量存在微弱关系。统计检验力等于0.997，决策正确率很高，不同学校所在地对依据工作业绩监控教师质量的解释量很小。

表 4-26　不同学校所在地在依据工作业绩监控教师质量上的方差分析表

变异来源	平方和	DF	均方	F	事后比较	ω^2	统计检验力
组间	29.799	2	14.900	12.748**	乡镇>县城； 村屯>县城、乡镇	0.023	0.997
组内	1145.434	980	1.169				
全体	1175.233	982					

由表4-27方差分析可以显示，不同学校所在地的被试在监控方式揭示教师素质程度上有显著差异（$P<0.01$）。由事后比较得知，乡镇>县城，村屯>县城，县城的被试倾向于监控方式揭示教师素质程度较高。进一步从关联强度指数来看，ω^2的值等于0.008，可见，不同学校所在地与监控方式揭示教师素质程度存在微弱关系。统计检验力等于0.819，决策正确率较高，不同学校所在地对监控方式揭示教师素质程度的解释量很小。

表 4-27　不同学校所在地在监控方式揭示教师素质程度上的方差分析表

变异来源	平方和	DF	均方	F	事后比较	ω^2	统计检验力
组间	9.825	2	4.913	5.054**	乡镇>县城；村屯>县城	0.008	0.819
组内	951.573	979	0.972				
全体	961.398	981					

（三）学校教学质量与监控方式差异分析

由表 4-28 方差分析可以显示，不同学校教学质量的被试在依据听课方式监控教师质量上有显著差异（$P<0.01$）。由事后比较得知，不高>非常高、比较高，学校教学质量非常高、比较高的被试倾向于依据听课方式监控教师质量。进一步从关联强度指数来看，ω^2的值等于 0.028，可见，不同学校教学质量与依据听课方式监控教师质量存在微弱关系。统计检验力等于 0.999，决策正确率很高，不同学校教学质量对依据听课方式监控教师质量的解释量很小。

表 4-28　不同学校教学质量在依据听课方式监控教师质量上的方差分析表

变异来源	平方和	DF	均方	F	事后比较	ω^2	统计检验力
组间	38.534	2	19.267	15.130**	不高>非常高、比较高	0.028	0.999
组内	1251.812	983	1.273				
全体	1290.346	985					

由表 4-29 方差分析可以显示，不同学校教学质量的被试在依据学生考核成绩监控教师质量上有显著差异（$P<0.01$）。由事后比较得知，非常高>不高，比较高>不高，学校教学质量不高的被试倾向于依据学生考核成绩监控教师质量。进一步从关联强度指数来看，ω^2的值等于 0.008，可见，不同学校教学质量与依据学生考核成绩监控教师质量存在微弱关系。统计检验力等于 0.824，决策正确率较高，不同学校教学质量对依据学生考核成绩监控教师质量的解释量很小。

表 4-29　不同学校教学质量在依据学生考核成绩监控教师质量上的方差分析表

变异来源	平方和	DF	均方	F	事后比较	ω^2	统计检验力
组间	13.227	2	6.614	5.123**	非常高>不高； 比较高>不高	0.008	0.824
组内	1265.017	980	1.291				
全体	1278.244	982					

由表 4-30 方差分析可以显示，不同学校教学质量的被试在依据工作业绩监控教师质量上有显著差异（$P<0.01$）。由事后比较得知，不高>非常高、比较高，

表 4-30　不同学校教学质量在依据工作业绩监控教师质量上的方差分析表

变异来源	平方和	DF	均方	F	事后比较	ω^2	统计检验力
组间	27.606	2	13.803	11.795**	不高>非常高、比较高； 比较高>非常高	0.021	0.995
组内	1147.979	981	1.170				
全体	1175.584	983					

比较高>非常高，学校教学质量非常高的被试倾向于依据工作业绩监控教师质量。进一步从关联强度指数来看，ω^2的值等于0.021，可见，不同学校教学质量与依据工作业绩监控教师质量存在微弱关系。统计检验力等于0.995，决策正确率很高，不同学校教学质量对依据工作业绩监控教师质量的解释量很小。

由表4-31方差分析可以显示，不同学校教学质量的被试在监控方式揭示教师素质程度上有显著差异（$P<0.01$）。由事后比较得知，不高>非常高、比较高，比较高>非常高，学校教学质量非常高的被试倾向于监控方式揭示教师素质程度较高。进一步从关联强度指数来看，ω^2的值等于0.066，可见，不同学校教学质量与监控方式揭示教师素质程度存在中等强度关系。统计检验力等于1.000，决策正确率非常高，不同学校教学质量对监控方式揭示教师素质程度的解释量较好。

表4-31　不同学校教学质量在监控方式揭示教师素质程度上的方差分析表

变异来源	平方和	*DF*	均方	*F*	事后比较	ω^2	统计检验力
组间	64.843	2	32.421	35.429**	不高>非常高、比较高；比较高>非常高	0.066	1.000
组内	896.815	980	0.915				
全体	961.658	982					

由表4-32方差分析可以显示，不同学校教学质量的被试在所有教师教学质量监控方式相同程度上有显著差异（$P<0.01$）。由事后比较得知，不高>非常高、比较高，比较高>非常高，学校教学质量非常高的被试倾向于所有教师教学质量监控方式相同程度较高。进一步从关联强度指数来看，ω^2的值等于0.031，可见，不同学校教学质量与所有教师教学质量监控方式相同程度存在微弱关系。统计检验力等于1.000，决策正确率非常高，不同学校教学质量对所有教师教学质量监控方式相同程度的解释量很小。

表4-32　不同学校教学质量在所有教师教学质量监控方式相同程度上的方差分析表

变异来源	平方和	*DF*	均方	*F*	事后比较	ω^2	统计检验力
组间	29.374	2	14.687	16.589**	不高>非常高、比较高；比较高>非常高	0.031	1.000
组内	867.659	980	0.885				
全体	897.034	982					

（四）学校教学设备配置情况与监控方式差异分析

由表4-33方差分析可以显示，不同学校教学设备配置的被试在依据听课方式监控教师质量上有显著差异（$P<0.01$）。由事后比较得知，一般>非常齐全，不太齐全>非常齐全，不太齐全>比较齐全，学校教学设备配置非常齐全、比较齐全的被试倾向于依据听课方式监控教师质量。进一步从关联强度指数来看，ω^2的值等于0.030，可见，不同学校教学设备配置与依据听课方式监控教师质量存在微弱关系。统计检验力等于0.999，决策正确率很高，不同学校教学设备配置对依据听课方式监控教师质量的解释量很小。

表 4-33　不同学校教学设备配置在依据听课方式监控教师质量上的方差分析表

变异来源	平方和	*DF*	均方	*F*	事后比较	ω^2	统计检验力
组间	43.013	4	10.753	8.478**	一般>非常齐全；不太齐全>非常齐全；不太齐全>比较齐全	0.030	0.999
组内	1242.993	980	1.268				
全体	1286.006	984					

由表4-34方差分析可以显示，不同学校教学设备配置的被试在依据学生考核成绩监控教师质量上有显著差异（$P<0.01$）。由事后比较得知，非常齐全>不太齐全，比较齐全>不太齐全，学校教学设备配置不太齐全的被试倾向于依据学生考核成绩监控教师质量。进一步从关联强度指数来看，ω^2的值等于0.013，可见，不同学校教学设备配置与依据学生考核成绩监控教师质量存在微弱关系。统计检验力等于0.926，决策正确率很高，不同学校教学设备配置对依据学生考核成绩监控教师质量的解释量很小。

表 4-34　不同学校教学设备配置在依据学生考核成绩监控教师质量上的方差分析表

变异来源	平方和	*DF*	均方	*F*	事后比较	ω^2	统计检验力
组间	21.720	4	5.430	4.228**	非常齐全>不太齐全；比较齐全>不太齐全	0.013	0.926
组内	1254.872	977	1.284				
全体	1276.592	981					

由表4-35方差分析可以显示，不同学校教学设备配置的被试在依据工作业绩

表 4-35　不同学校教学设备配置在依据工作业绩监控教师质量上的方差分析表

变异来源	平方和	*DF*	均方	*F*	事后比较	ω^2	统计检验力
组间	52.739	4	13.185	11.504**	一般>非常齐全、比较齐全；不太齐全>非常、比较齐全	0.041	1.000
组内	1120.862	978	1.146				
全体	1173.601	982					

监控教师质量上有显著差异（$P<0.01$）。由事后比较得知，一般>非常齐全、比较齐全，不太齐全>非常齐全、比较齐全，学校教学设备配置非常齐全、比较齐全的被试倾向于依据工作业绩监控教师质量。进一步从关联强度指数来看，ω^2的值等于0.041，可见，不同学校教学设备配置与依据工作业绩监控教师质量存在微弱关系。统计检验力等于1.000，决策正确率非常高，不同学校教学设备配置对依据工作业绩监控教师质量的解释量很小。

由表4-36方差分析可以显示，不同学校教学设备配置的被试在监控方式揭示教师素质程度上有显著差异（$P<0.01$）。由事后比较得知，比较齐全>非常齐全，一般>非常齐全、比较齐全，不太齐全>非常齐全、比较齐全，非常不齐全>非常齐全、比较齐全、一般，学校教学设备配置非常齐全、比较齐全的被试倾向于监控方式揭示教师素质程度较高。进一步从关联强度指数来看，ω^2的值等于0.081，可见，不同学校教学设备配置与监控方式揭示教师素质程度存在中等强度关系。统计检验力等于1.000，决策正确率非常高，不同学校教学设备配置对监控方式揭示教师素质程度的解释量较好。

表4-36　不同学校教学设备配置在监控方式揭示教师素质程度上的方差分析表

变异来源	平方和	*DF*	均方	*F*	事后比较	ω^2	统计检验力
组间	81.402	4	20.350	22.644**	比较齐全>非常齐全； 一般>非常、比较齐全； 不太齐全>非常齐全、比较齐全； 非常不齐全>非常齐全、比较齐全、一般	0.081	1.000
组内	878.033	977	0.899				
全体	959.435	981					

由表4-37方差分析可以显示，不同学校教学设备配置的被试在所有教师教学质量监控方式相同程度上有显著差异（$P<0.01$）。由事后比较得知，一般>非常齐全、比较齐全，不太齐全>非常齐全、比较齐全，非常不齐全>非常齐全，学校教学设备配置非常齐全、比较齐全的被试倾向于所有教师教学质量监控方式相同程度较高。进一步从关联强度指数来看，ω^2的值等于0.030，可见，不同学校教学设备配置与所有教师教学质量监控方式相同程度存在微弱关系。统计检验力等于0.999，决策正确率很高，不同学校教学设备配置对所有教师教学质量监控方式相同程度的解释量很小。

表 4-37　不同学校教学设备配置在所有教师教学质量监控方式相同程度上的方差分析表

变异来源	平方和	DF	均方	F	事后比较	ω^2	统计检验力
组间	30.422	4	7.606	8.574**	一般>非常、比较齐全；不太齐全>非常齐全、比较齐全；非常不齐全>非常齐全	0.030	0.999
组内	866.608	977	0.887				
全体	897.031	981					

（五）学校教研活动开展情况与监控方式差异分析

由表 4-38 方差分析可以显示，不同学校教研活动开展情况的被试在依据听课方式监控教师质量上有显著差异（$P<0.01$）。由事后比较得知，一般>一直开展、经常开展，学校教学教研活动一直、经常开展的被试倾向于依据听课方式监控教师质量。进一步从关联强度指数来看，ω^2的值等于 0.034，可见，不同学校教研活动开展情况与依据听课方式监控教师质量存在微弱关系。统计检验力等于 1.000，决策正确率非常高，不同学校教研活动开展情况对依据听课方式监控教师质量的解释量很小。

表 4-38　不同学校教研活动开展情况在依据听课方式监控教师质量上的方差分析表

变异来源	平方和	DF	均方	F	事后比较	ω^2	统计检验力
组间	48.248	3	16.083	12.715**	一般>一直开展、经常开展	0.034	1.000
组内	1242.098	982	1.265				
全体	1290.346	985					

由表 4-39 方差分析可以显示，不同学校教研活动开展情况的被试在依据学生考核成绩监控教师质量上有显著差异（$P<0.05$）。由事后比较得知，一直开展>一般，学校教学教研活动开展一般的被试倾向于依据学生考核成绩监控教师质量。进一步从关联强度指数来看，ω^2的值等于 0.008，可见，不同学校教研活动开展情况与依据学生考核成绩监控教师质量存在微弱关系。统计检验力等于 0.799，决策正确率不高，不同学校教研活动开展情况对依据学生考核成绩监控教师质量的解释量很小。

表 4-39　不同学校教研活动开展情况在依据学生考核成绩监控教师质量上的方差分析表

变异来源	平方和	DF	均方	F	事后比较	ω^2	统计检验力
组间	14.095	3	4.698	3.638*	一直开展>一般	0.008	0.799
组内	1264.149	979	1.291				
全体	1278.244	982					

由表 4-40 方差分析可以显示，不同学校教研活动开展情况的被试在依据工作业绩监控教师质量上有显著差异（$P<0.01$）。由事后比较得知，经常开展>一直开展，一般>一直开展、经常开展，很少开展>一直开展，学校教学教研活动一直开展的被试倾向于依据工作业绩监控教师质量。进一步从关联强度指数来看，ω^2的值等于 0.050，可见，不同学校教研活动开展情况与依据工作业绩监控教师质量存在微弱关系。统计检验力等于 1.000，决策正确率非常高，不同学校教研活动开展情况对依据工作业绩监控教师质量的解释量很小。

表 4-40　不同学校教研活动开展情况在依据工作业绩监控教师质量上的方差分析表

变异来源	平方和	DF	均方	F	事后比较	ω^2	统计检验力
组间	61.650	3	20.550	18.079**	经常开展>一直开展； 一般>一直开展、经常开展； 很少开展>一直开展	0.050	1.000
组内	1113.935	980	1.137				
全体	1175.584	983					

由表 4-41 方差分析可以显示，不同学校教研活动开展情况的被试在监控方式揭示教师素质程度上有显著差异（$P<0.01$）。由事后比较得知，经常开展>一直开展，一般>一直开展、经常开展，很少开展>一直开展、经常开展，学校教学教研活动一直开展的被试倾向于监控方式揭示教师素质程度。进一步从关联强度指数来看，ω^2的值等于 0.078，可见，不同学校教研活动开展情况与监控方式揭示教师素质程度存在中等强度关系。统计检验力等于 1.000，决策正确率非常高，不同学校教研活动开展情况对监控方式揭示教师素质程度的解释量较好。

表 4-41　不同学校教研活动开展情况在监控方式揭示教师素质程度上的方差分析表

变异来源	平方和	DF	均方	F	事后比较	ω^2	统计检验力
组间	77.897	3	25.966	28.764**	经常开展>一直开展； 一般>一直开展、经常开展； 很少开展>一直开展、 经常开展	0.078	1.000
组内	883.761	979	0.903				
全体	961.658	982					

由表 4-42 方差分析可以显示，不同学校教研活动开展情况的被试在所有教师教学质量监控方式相同程度上有显著差异（$P<0.01$）。由事后比较得知，经常开展>一直开展，一般>一直开展、经常开展，很少开展>一直开展，学校教学教研活动一直开展的被试倾向于所有教师教学质量监控方式相同程度。进一步从关

联强度指数来看，ω^2的值等于0.049，可见，不同学校教研活动开展情况与所有教师教学质量监控方式相同程度存在微弱关系。统计检验力等于1.000，决策正确率非常高，不同学校教研活动开展情况对所有教师教学质量监控方式相同程度的解释量较好。

表4-42　不同学校教研活动开展情况在所有教师教学质量监控方式相同程度上的方差分析表

变异来源	平方和	*DF*	均方	*F*	事后比较	ω^2	统计检验力
组间	46.613	3	15.538	17.887**	经常开展>一直开展；一般>一直开展、经常开展；很少开展>一直开展	0.049	1.000
组内	850.421	979	0.869				
全体	897.034	982					

第三节　哪些因素决定了监控方式的不同？

一、个人自然特征与监控方式的回归分析

（一）个人自然特征与依据听课方式监控教师质量

从个人自然特征与依据听课方式监控教师质量的回归分析结果可以看出（表4-43），家庭所在地乡镇-村屯、婚姻状况、性别、工资收入、家庭所在地县城-村屯、从教年份、是否有孩子、出生年8个变量与依据听课方式监控教师质量的多元相关系数为0.189，表示上述8个变量可以解释依据听课方式监控教师质量共3.68%的变异量。此变异量主要由婚姻状况，家庭所在地县城-村屯、性别造成。

在模型1中，婚姻状况变量与依据听课方式监控教师质量的多元相关系数为0.128，可以解释依据听课方式监控教师质量1.6%的变异量。从标准化回归系数来看，婚姻状况对依据听课方式监控教师质量的Beta值为-0.128，为正值，表示婚姻状况中越是未婚的被试，越倾向于依据听课方式监控教师质量。

在模型2中，婚姻状况、家庭所在地县城-村屯变量与依据听课方式监控教师质量的多元相关系数为0.148，可以解释依据听课方式监控教师质量2.2%的变异量。从标准化回归系数来看，婚姻状况对依据听课方式监控教师质量的Beta值为-0.125，为负值，表示婚姻状况中越是未婚的被试，越倾向于依据听课方式监控教师质量。家庭所在地县城-村屯对依据听课方式监控教师质量的Beta值为-0.075为负值，表示婚姻状况中，与家庭所在地在村屯的被试相比，县城的被

试越倾向于依据听课方式监控教师质量。

在模型 3 中，婚姻状况、家庭所在地县城-村屯、性别变量与依据听课方式监控教师质量的多元相关系数为 0.165，可以解释依据听课方式监控教师质量 2.7%的变异量。从标准化回归系数来看，婚姻状况对依据听课方式监控教师质量的 Beta 值为-0.137，为负值，表示婚姻状况中越是未婚的被试，越倾向于依据听课方式监控教师质量。家庭所在地县城-村屯对依据听课方式监控教师质量的 Beta 值为-0.090，为负值，表示婚姻状况中，与家庭所在地在村屯的被试相比，县城的被试越倾向于依据听课方式监控教师质量。性别对依据听课方式监控教师质量的 Beta 值为 0.074，为正值，表示越是男性越倾向于依据听课方式监控教师质量。

表 4-43　个人自然特征与依据听课方式监控教师质量回归分析

模型	进入的变量顺序	多元相关系数 R	R^2	ΔR	净 F 值	模型 F 值	B 估计值	Beta
1	婚姻状况	0.128①	0.016	0.016	15.228	15.228	-0.418	-0.128
2	婚姻状况	0.148②	0.022	0.006	5.275	10.287	-0.409	-0.125
	家庭所在地县城-村屯						-0.183	-0.075
3	婚姻状况	0.165③	0.027	0.005	4.788	8.483	-0.447	-0.137
	家庭所在地县城-村屯						-0.219	-0.090
	性别						0.175	0.074

注：8 个变量自变量与因变量的多元相关系数等于 0.189④，R^2 为 0.036。

①预测变量：（常量），婚姻状况。

②预测变量：（常量），婚姻状况，家庭所在地县城-村屯。

③预测变量：（常量），婚姻状况，家庭所在地县城-村屯，性别。

④预测变量：（常量），家庭所在地乡镇-村屯，婚姻状况，性别，工资收入，家庭所在地县城-村屯，从教年份，是否有孩子，出生年。

（二）个人自然特征与依据学生考核成绩监控教师质量

从个人自然特征与依据学生考核成绩监控教师质量的回归分析结果可以看出（表 4-44），家庭所在地乡镇-村屯、婚姻状况、性别、工资收入、家庭所在地县城-村屯、从教年份、是否有孩子、出生年 8 个变量与依据学生考核成绩监控教师质量的多元相关系数为 0.117，表示上述 8 个变量可以解释依据学生考核成绩监控教师质量共 1.4%的变异量。此变异量主要由性别、婚姻状况造成。

在模型 1 中，性别变量与依据学生考核成绩监控教师质量的多元相关系数为 0.092，可以解释依据学生考核成绩监控教师质量 0.8%的变异量。从标准化回归系数来看，性别对依据学生考核成绩监控教师质量的 Beta 值为 0.092，为正值，表示性别中越是男性的被试，越倾向于依据学生考核成绩监控教师质量。

在模型 2 中，性别、婚姻状况变量与依据学生考核成绩监控教师质量的多元相关系数为 0. 114，可以解释依据学生考核成绩监控教师质量 1. 3%的变异量。从标准化回归系数来看，性别对依据学生考核成绩监控教师质量的 Beta 值为 0. 081，为正值，表示性别中越是男性的被试，越倾向于依据学生考核成绩监控教师质量。婚姻状况对依据学生考核成绩监控教师质量的 Beta 值为 0. 069，为正值，表示越是已婚的被试越倾向于依据学生考核成绩监控教师质量。

表 4-44 个人自然特征与依据学生考核成绩监控教师质量回归分析

模型	进入的变量顺序	多元相关系数 *R*	R^2	ΔR	净 *F* 值	模型 *F* 值	*B* 估计值	Beta
1	性别	0. 092①	0. 008	0. 008	7. 813	7. 813	0. 219	0. 092
2	性别	0. 114②	0. 013	0. 005	4. 241	6. 041	0. 192	0. 081
	婚姻状况						0. 225	0. 069

注：8 个变量自变量与因变量的多元相关系数等于 0. 117③，R^2 为 0. 014。

①预测变量：（常量），性别。

②预测变量：（常量），性别，婚姻状况。

③预测变量：（常量），家庭所在地乡镇-村屯，婚姻状况，性别，工资收入，家庭所在地县城-村屯，从教年份，是否有孩子，出生年。

（三）个人自然特征与依据工作业绩监控教师质量

从个人自然特征与依据工作业绩监控教师质量的回归分析结果可以看出（表 4-45），家庭所在地乡镇-村屯、婚姻状况、性别、工资收入、家庭所在地县城-村屯、从教年份、是否有孩子、出生年 8 个变量与依据工作业绩监控教师质量的多元相关系数为 0. 186，表示上述 8 个变量可以解释依据工作业绩监控教师质量共 3. 4%的变异量。此变异量主要由家庭所在地县城-村屯、家庭所在地乡镇-村屯、出生年、是否有孩子 4 个变量造成。

在模型 1 中，家庭所在地县城-村屯变量与依据工作业绩监控教师质量的多元相关系数为 0. 09，可以解释依据工作业绩监控教师质量 0. 8%的变异量。从标准化回归系数来看，家庭所在地县城-村屯对依据工作业绩监控教师质量的 Beta 值为-0. 09，为负值，表示与家庭所在地在村屯的被试相比，县城中的被试倾向于依据工作业绩监控教师质量。

在模型 2 中，家庭所在地县城-村屯、家庭所在地乡镇-村屯变量与依据工作业绩监控教师质量的多元相关系数为 0. 134，可以解释依据工作业绩监控教师质

表 4-45　个人自然特征与依据工作业绩监控教师质量回归分析

模型	进入的变量顺序	多元相关系数 R	R^2	ΔR	净 F 值	模型 F 值	B 估计值	Beta
1	家庭所在地县城-村屯	0.090①	0.008	0.008	7.466	7.466	-0.211	-0.090
2	家庭所在地县城-村屯	0.134②	0.018	0.010	9.018	8.275	-0.366	-0.156
	家庭所在地乡镇-村屯						-0.267	-0.119
3	家庭所在地县城-村屯	0.163③	0.027	0.009	8.161	8.280	-0.411	-0.176
	家庭所在地乡镇-村屯						-0.284	-0.126
	出生年						0.011	0.095
4	家庭所在地县城-村屯	0.176④	0.031	0.005	4.275	7.301	-0.426	-0.182
	家庭所在地乡镇-村屯						-0.300	-0.134
	出生年						0.017	0.148
	是否有孩子						-0.252	-0.086

注：8 个变量自变量与因变量的多元相关系数等于 0.186⑤，R^2为 0.034。

①预测变量：（常量），家庭所在地县城-村屯。

②预测变量：（常量），家庭所在地县城-村屯，家庭所在地乡镇-村屯。

③预测变量：（常量），家庭所在地县城-村屯，家庭所在地乡镇-村屯，出生年。

④预测变量：（常量），家庭所在地县城-村屯，家庭所在地乡镇-村屯，出生年，是否有孩子。

⑤预测变量：（常量），家庭所在地乡镇-村屯，婚姻状况，性别，工资收入，家庭所在地县城-村屯，从教年份，是否有孩子，出生年。

量 1.8%的变异量。从标准化回归系数来看，家庭所在地县城-村屯对依据工作业绩监控教师质量的 Beta 值为-0.156，为负值，表示与家庭所在地在村屯的被试相比，县城中的被试倾向于依据工作业绩监控教师质量。家庭所在地乡镇-村屯对依据工作业绩监控教师质量的 Beta 值为-0.119，为负值，表示与家庭所在地在村屯的被试相比，乡镇的被试倾向于依据工作业绩监控教师质量。

在模型 3 中，家庭所在地县城-村屯、家庭所在地乡镇-村屯、出生年变量与依据工作业绩监控教师质量的多元相关系数为 0.163，可以解释依据工作业绩监控教师质量 2.7%的变异量。从标准化回归系数来看，家庭所在地县城-村屯对依据工作业绩监控教师质量的 Beta 值为-0.176，为负值，表示与家庭所在地在村屯的被试相比，县城中的被试倾向于依据工作业绩监控教师质量。家庭所在地乡镇-村屯对依据工作业绩监控教师质量的 Beta 值为-0.126，为负值，表示与家庭所在地在村屯的被试相比，乡镇的被试倾向于依据工作业绩监控教师质量。出生年对依据工作业绩监控教师质量的 Beta 值为 0.095，为正值，年龄越大的被试越倾向于依据工作业绩监控教师质量。

在模型 4 中，家庭所在地县城-村屯、家庭所在地乡镇-村屯、出生年、是否有孩子变量与依据工作业绩监控教师质量的多元相关系数为 0.176，可以解释依据工作业绩监控教师质量 3.1%的变异量。从标准化回归系数来看，家庭所在地县城-村屯对依据工作业绩监控教师质量的 Beta 值为-0.182，为负值，表示与家庭所在地在村屯的被试相比，县城中的被试倾向于依据工作业绩监控教师质量。家庭所在地乡镇-村屯对依据工作业绩监控教师质量的 Beta 值为-0.134，为负值，表示与家庭所在地在村屯的被试相比，乡镇的被试倾向于依据工作业绩监控教师质量。出生年对依据工作业绩监控教师质量的 Beta 值为 0.148，为正值，年龄越大的被试越倾向于依据工作业绩监控教师质量。是否有孩子对依据工作业绩监控教师质量的 Beta 值为-0.086，为负值，表示越是没有孩子的被试越倾向于依据工作业绩监控教师质量。

（四）个人自然特征与监控方式揭示教师素质程度

从个人自然特征与监控方式揭示教师素质程度的回归分析结果可以看出（表 4-46），家庭所在地乡镇-村屯、婚姻状况、性别、工资收入、家庭所在地县城-村屯、从教年份、是否有孩子、出生年 8 个变量与监控方式揭示教师素质程度的多元相关系数为 0.206，表示上述 8 个变量可以解释监控方式揭示教师素质程度共 4.3%的变异量。此变异量主要由从教年份、性别、婚姻状况 3 个变量造成。

在模型 1 中，从教年份变量与监控方式揭示教师素质程度的多元相关系数为 0.125，可以解释监控方式揭示教师素质程度 1.6%的变异量。从标准化回归系数来看，从教年份对监控方式揭示教师素质程度的 Beta 值为 0.125，为正值，表示教龄越大的被试越倾向于监控方式揭示教师素质程度较高。

在模型 2 中，从教年份、性别变量与监控方式揭示教师素质程度的多元相关系数为 0.152，可以解释监控方式揭示教师素质程度 2.3%的变异量。从标准化回归系数来看，从教年份对监控方式揭示教师素质程度的 Beta 值为 0.097，为正值，表示教龄越大的被试越倾向于监控方式揭示教师素质程度较高。性别对监控方式揭示教师素质程度的 Beta 值为 0.090，为正值，表示越是男性的被试越倾向于监控方式揭示教师素质程度较高。

在模型 3 中，从教年份、性别、婚姻状况变量与监控方式揭示教师素质程度的多元相关系数为 0.168，可以解释监控方式揭示教师素质程度 2.8%的变异量。从标准化回归系数来看，从教年份对监控方式揭示教师素质程度的 Beta 值为

0. 139，为正值，表示教龄越大的被试越倾向于监控方式揭示教师素质程度较高。性别对监控方式揭示教师素质程度的 Beta 值为 0. 091，为正值，表示越是男性的被试越倾向于监控方式揭示教师素质程度较高。婚姻状况对监控方式揭示教师素质程度的 Beta 值为-0. 084，为负值，表示越是未婚的被试，越倾向于监控方式揭示教师素质程度较高。

表 4-46 个人自然特征与监控方式揭示教师素质程度回归分析

模型	进入的变量顺序	多元相关系数 R	R^2	ΔR	净 F 值	模型 F 值	B 估计值	Beta
1	从教年份	0. 125①	0. 016	0. 016	14. 516	14. 516	0. 010	0. 125
2	从教年份	0. 152②	0. 023	0. 007	6. 849	10. 729	0. 008	0. 097
	性别						0. 185	0. 090
3	从教年份	0. 168③	0. 028	0. 005	4. 966	8. 839	0. 012	0. 139
	性别						0. 187	0. 091
	婚姻状况						-0. 239	-0. 084

注：8 个变量自变量与因变量的多元相关系数等于 0. 206④，R^2 为 0. 043。

①预测变量：（常量），从教年份。

②预测变量：（常量），从教年份，性别。

③预测变量：（常量），从教年份，性别，婚姻状况。

④预测变量：（常量），家庭所在地乡镇-村屯，婚姻状况，性别，工资收入，家庭所在地县城-村屯，从教年份，是否有孩子，出生年。

（五）个人自然特征与所有教师教学质量监控方式相同程度

从个人自然特征与所有教师教学质量监控方式相同程度的回归分析结果可以看出（表 4-47），家庭所在地乡镇-村屯、婚姻状况、性别、工资收入、家庭所在地县城-村屯、从教年份、是否有孩子、出生年 8 个变量与所有教师教学质量监控方式相同程度的多元相关系数为 0. 206，表示上述 8 个变量可以解释所有教师教学质量监控方式相同程度共 4. 3%的变异量。此变异量主要由出生年变量造成。

在模型 1 中，出生年变量与监控方式揭示教师素质程度的多元相关系数为 0. 115，可以解释监控方式揭示教师素质程度 1. 3%的变异量。从标准化回归系数来看，出生年对监控方式揭示教师素质程度的 Beta 值为 0. 115，为正值，表示教龄越大的被试越倾向于监控方式揭示教师素质程度较高。

表 4-47 个人自然特征与监控方式回归分析

模型	进入的变量顺序	多元相关系数 R	R^2	ΔR	净 F 值	模型 F 值	B 估计值	Beta
1	出生年	0.115①	0.013	0.013	12.304	12.304	0.011	0.115

注：8 个变量自变量与因变量的多元相关系数等于 0.140②，R^2 为 0.20。

①预测变量：（常量），出生年。

②预测变量：（常量），家庭所在地乡镇-村屯，婚姻状况，性别，工资收入，家庭所在地县城-村屯，从教年份，是否有孩子，出生年。

二、个人教育特征与监控方式的回归分析

（一）个人教育特征与依据听课方式监控教师质量

从个人教育特征与依据听课方式监控教师质量的回归分析结果可以看出（表 4-48），每周上课数、第一学历大专-本科以上、最高学历高中及以下-本科以上、身份、最高学历中专/中师-本科以上、职称中教高级-无职称、职称小教初级-无职称、最高学历大专-本科以上、职务学校中层-教师、职务学校高层-教师、职称小教高级-无职称、第一学历中专/中师-本科以上、第一学历高中及以下-本科以上、职称中教初级-无职称 14 个变量与依据听课方式监控教师质量的多元相关系数为 0.177，表示上述 14 个变量可以解释依据听课方式监控教师质量共 3.1%的变异量。此变异量主要由职称中教初级-无职称变量造成。

表 4-48 个人教育特征与依据听课方式监控教师质量回归分析

模型	进入的变量顺序	多元相关系数 R	R^2	ΔR	净 F 值	模型 F 值	B 估计值	Beta
1	职称中教初级-无职称	0.095①	0.009	0.009	7.165	7.165	0.219	0.095

注：14 个变量自变量与因变量的多元相关系数等于 0.177②，R^2 为 0.031。

①预测变量：（常量），职称中教初级-无职称。

②预测变量：（常量），每周上课数，第一学历大专-本科以上，最高学历高中及以下-本科以上，身份，最高学历中专/中师-本科以上，职称中教高级-无职称，职称小教初级-无职称，最高学历大专-本科以上，职务学校中层-教师，职务学校高层-教师，职称小教高级-无职称，第一学历中专/中师-本科以上，第一学历高中及以下-本科以上，职称中教初级-无职称。

在模型 1 中，职称中教初级-无职称变量与依据听课方式监控教师质量的多元相关系数为 0.095，可以解释依据听课方式监控教师质量 0.9%的变异量。从标准化回归系数来看，职称中教初级-无职称对依据听课方式监控教师质量的 Beta 值为 0.095，为正值，表示与无职称的被试相比，中教初级的被试较少依据听课方式监控教师质量。

（二）个人教育特征与依据学生考核成绩监控教师质量

从个人教育特征与依据学生考核成绩监控教师质量的回归分析结果可以看出，每周上课数、第一学历大专-本科以上、最高学历高中及以下-本科以上、身份、最高学历中专/中师-本科以上、职称中教高级-无职称、职称小教初级-无职称、最高学历大专-本科以上、职务学校中层-教师、职务学校高层-教师、职称小教高级-无职称、第一学历中专/中师-本科以上、第一学历高中及以下-本科以上、职称中教初级-无职称 14 个变量与依据学生考核成绩监控教师质量的多元相关系数为 0.161，表示上述 14 个变量可以解释依据学生考核成绩监控教师质量共 2.6%的变异量。此变异量主要由职称中教初级-无职称变量造成。

表 4-49　个人教育特征与依据学生考核成绩监控教师质量回归分析

模型	进入的变量顺序	多元相关系数 R	R^2	ΔR	净 F 值	模型 F 值	B 估计值	Beta
1	职称中教初级-无职称	0.106①	0.011	0.011	8.963	8.963	−0.241	−0.106

注：14 个变量自变量与因变量的多元相关系数等于 0.161②，R^2 为 0.026。

①预测变量：（常量），职称中教初级-无职称。

②预测变量：（常量），每周上课数，第一学历大专-本科以上，最高学历高中及以下-本科以上，身份，最高学历中专/中师-本科以上，职称中教高级-无职称，职称小教初级-无职称，最高学历大专-本科以上，职务学校中层-教师，职务学校高层-教师，职称小教高级-无职称，第一学历中专/中师-本科以上，第一学历高中及以下-本科以上，职称中教初级-无职称。

在模型 1 中，职称中教初级-无职称变量与依据学生考核成绩监控教师质量的多元相关系数为 0.106，可以解释依据学生考核成绩监控教师质量 1.1%的变异量。从标准化回归系数来看，职称中教初级-无职称对依据学生考核成绩监控教师质量的 Beta 值为-0.106，为负值，表示与无职称的被试相比，中教初级的被试倾向于依据学生考核成绩监控教师质量。

（三）个人教育特征与依据工作业绩监控教师质量

从个人教育特征与依据工作业绩监控教师质量的回归分析结果可以看出（表 4-50），每周上课数、第一学历大专-本科以上、最高学历高中及以下-本科以上、身份、最高学历中专/中师-本科以上、职称中教高级-无职称、职称小教初级-无职称、最高学历大专-本科以上、职务学校中层-教师、职务学校高层-教师、职称小教高级-无职称、第一学历中专/中师-本科以上、第一学历高中及以下-本科以上、职称中教初级-无职称 14 个变量与依据工作业绩监控教师质量的多元相关系数为 0.169，表示上述 14 个变量可以解释依据工作业绩监控教师质量共 2.9%的变异量。此变异量主要由职称中教初级-无职称变量造成。

在模型 1 中，职称中教初级-无职称变量与依据工作业绩监控教师质量的多元相关系数为0.096，可以解释依据工作业绩监控教师质量0.9%的变异量。从标准化回归系数来看，职称中教初级-无职称对依据工作业绩监控教师质量的Beta值为0.096，为正值，表示与无职称的被试相比，中教初级的被试较少倾向于依据工作业绩监控教师质量。

表4-50 个人教育特征与依据工作业绩监控教师质量回归分析

模型	进入的变量顺序	多元相关系数 R	R^2	ΔR	净 F 值	模型 F 值	B 估计值	Beta
1	职称中教初级-无职称	0.096①	0.009	0.009	7.243	7.243	0.207	0.096

注：14个变量自变量与因变量的多元相关系数等于0.169②，R^2 为0.029。

①预测变量：(常量)，职称中教初级-无职称。

②预测变量：(常量)，每周上课数，第一学历大专-本科以上，最高学历高中及以下-本科以上，身份，最高学历中专/中师-本科以上，职称中教高级-无职称，职称小教初级-无职称，最高学历大专-本科以上，职务学校中层-教师，职务学校高层-教师，职称小教高级-无职称，第一学历中专/中师-本科以上，第一学历高中及以下-本科以上，职称中教初级-无职称。

(四)个人教育特征与监控方式揭示教师素质程度

从个人教育特征与监控方式揭示教师素质程度的回归分析结果可以看出(表4-51)，每周上课数、第一学历大专-本科以上、最高学历高中及以下-本科以上、身份、最高学历中专/中师-本科以上、职称中教高级-无职称、职称小教初级-无职称、最高学历大专-本科以上、职务学校中层-教师、职务学校高层-教师、职称小教高级-无职称、第一学历中专/中师-本科以上、第一学历高中及以下-本科以上、职称中教初级-无职称14个变量与监控方式揭示教师素质程度的多元相关系数为0.218，表示上述14个变量可以解释监控方式揭示教师素质程度共4.7%的变异量。此变异量主要由最高学历大专-本科以上、第一学历中专/中师-本科以上、职称小教初级-无职称、最高学历高中及以下-本科以上4变量造成。

表4-51 个人教育特征与监控方式揭示教师素质程度回归分析

模型	进入的变量顺序	多元相关系数 R	R^2	ΔR	净 F 值	模型 F 值	B 估计值	Beta
1	最高学历大专-本科以上	0.125①	0.016	0.016	12.412	12.412	−0.294	−0.125
2	最高学历大专-本科以上	0.161②	0.026	0.010	8.398	10.464	−0.285	−0.121
	第一学历中专/中师-本科以上						−0.208	−0.102
3	最高学历大专-本科以上	0.181③	0.033	0.007	5.572	8.874	−0.291	−0.124
	第一学历中专/中师-本科以上						−0.174	−0.085
	职称小教初级-无职称						−0.232	−0.085

续表 4-51

模型	进入的变量顺序	多元相关系数 R	R^2	ΔR	净 F 值	模型 F 值	B 估计值	Beta
4	最高学历大专-本科以上	0.200④	0.040	0.007	5.730	8.128	-0.300	-0.127
	第一学历中专/中师-本科以上						-0.177	-0.087
	职称小教初级-无职称						-0.239	-0.087
	最高学历高中及以下-本科以上						-1.030	-0.084

注：14 个变量自变量与因变量的多元相关系数等于 0.218⑤，R^2 为 0.047。

①预测变量：(常量)，最高学历大专-本科以上。

②预测变量：(常量)，最高学历大专-本科以上，第一学历中专/中师-本科以上。

③预测变量：(常量)，最高学历大专-本科以上，第一学历中专/中师-本科以上，职称小教初级-无职称。

④预测变量：(常量)，最高学历大专-本科以上，第一学历中专/中师-本科以上，职称小教初级-无职称，最高学历高中及以下-本科以上。

⑤预测变量：(常量)，每周上课数，第一学历大专-本科以上，最高学历高中及以下-本科以上，身份，最高学历中专/中师-本科以上，职称中教高级-无职称，职称小教初级-无职称，最高学历大专-本科以上，职务学校中层-教师，职务学校高层-教师，职称小教高级-无职称，第一学历中专/中师-本科以上，第一学历高中及以下-本科以上，职称中教初级-无职称。

在模型 1 中，最高学历大专-本科以上变量与监控方式揭示教师素质程度的多元相关系数为 0.125，可以解释监控方式揭示教师素质程度 1.6%的变异量。从标准化回归系数来看，最高学历大专-本科以上对监控方式揭示教师素质程度的 Beta 值为-0.125，为负值，表示与最高学历为本科以上的被试相比，最高学历大专的被试倾向于监控方式揭示教师素质程度较高。

在模型 2 中，最高学历大专-本科以上、第一学历中专/中师-本科以上变量与监控方式揭示教师素质程度的多元相关系数为 0.161，可以解释监控方式揭示教师素质程度 2.6%的变异量。从标准化回归系数来看，最高学历大专-本科以上对监控方式揭示教师素质程度的 Beta 值为-0.121，为负值，表示与最高学历为本科以上的被试相比，最高学历大专的被试倾向于监控方式揭示教师素质程度较高。第一学历中专/中师-本科以上对监控方式揭示教师素质程度的 Beta 值为-0.102，为负值，表示与第一学历为本科以上的被试相比，第一学历中专/中师倾向于监控方式揭示教师素质程度较高。

在模型 3 中，最高学历大专-本科以上、第一学历中专/中师-本科以上、职称小教初级-无职称变量与监控方式揭示教师素质程度的多元相关系数为 0.181，可以解释监控方式揭示教师素质程度 3.3%的变异量。从标准化回归系数来看，最高学历大专-本科以上对监控方式揭示教师素质程度的 Beta 值为-0.124，为负值，表示与最高学历为本科以上的被试相比，最高学历大专的被试倾向于监控方式揭示教师素质程度较高。第一学历中专/中师-本科以上对监控方式揭示教师素质程度的 Beta 值为-0.085，为负值，表示与第一学历为本科以上的被试相比，第一学历中专/中师倾向于监控方式揭示教师素质程度较高。职称小教初级-无职称对监控方式揭示教师素质程度的 Beta 值为-0.085 为负值，表示与无职称相比，职称小教初级被试倾向于监控方式揭示教师素质程度较高。

在模型 4 中，最高学历大专-本科以上、第一学历中专/中师-本科以上、职称小教初级-无职称、最高学历高中及以下-本科以上变量与监控方式揭示教师素质程度的多元相关系数为 0.200，可以解释监控方式揭示教师素质程度 4%的变异量。从标准化回归系数来看，最高学历大专-本科以上对监控方式揭示教师素质程度的 Beta 值为-0.127，为负值，表示与最高学历为本科以上的被试相比，最高学历大专的被试倾向于监控方式揭示教师素质程度较高。第一学历中专/中师-本科以上对监控方式揭示教师素质程度的 Beta 值为-0.087，为负值，表示与第一学历为本科以上的被试相比，第一学历中专/中师倾向于监控方式揭示教师素质程度较高。职称小教初级-无职称对监控方式揭示教师素质程度的 Beta 值为-0.087为负值，表示与无职称相比，职称小教初级被试倾向于监控方式揭示教师素质程度较高。最高学历高中及以下-本科以上对监控方式揭示教师素质程度的 Beta 值为-0.084，为负值，表示与最高学历为本科以上的被试相比，最高学历高中及以下的被试倾向于监控方式揭示教师素质程度较高。

（五）个人教育特征与所有教师教学质量监控方式相同程度

从个人教育特征与所有教师教学质量监控方式相同程度的回归分析结果可以看出（表 4-52），每周上课数、第一学历大专-本科以上、最高学历高中及以下-本科以上、身份、最高学历中专/中师-本科以上、职称中教高级-无职称、职称小教初级-无职称、最高学历大专-本科以上、职务学校中层-教师、职务学校高层-教师、职称小教高级-无职称、第一学历中专/中师-本科以上、第一学历高中及以下-本科以上、职称中教初级-无职称 14 个变量与所有教师教学质量监控方式相

表 4-52　个人教育特征与所有教师教学质量监控方式相同程度回归分析

模型	进入的变量顺序	多元相关系数 R	R^2	ΔR	净 F 值	模型 F 值	B 估计值	Beta
1	职务学校高层-教师	0.077①	0.006	0.006	4.689	4.689	-0.292	-0.077

注：14 个变量自变量与因变量的多元相关系数等于 0.161②，R^2 为 0.026。

①预测变量：（常量），职务学校高层-教师。

②预测变量：（常量），每周上课数，第一学历大专-本科以上，最高学历高中及以下-本科以上，身份，最高学历中专/中师-本科以上，职称中教高级-无职称，职称小教初级-无职称，最高学历大专-本科以上，职务学校中层-教师，职务学校高层-教师，职称小教高级-无职称，第一学历中专/中师-本科以上，第一学历高中及以下-本科以上，职称中教初级-无职称。

同程度的多元相关系数为 0.161，表示上述 14 个变量可以解释所有教师教学质量监控方式相同程度共 2.6%的变异量。此变异量主要由职务学校高层-教师变量造成。

在模型 1 中，职务学校高层-教师变量与所有教师教学质量监控方式相同程度的多元相关系数为 0.077，可以解释所有教师教学质量监控方式相同程度 0.6%的变异量。从标准化回归系数来看，职务学校高层-教师对所有教师教学质量监控方式相同程度的 Beta 值为-0.077，为负值，表示与教师相比，职务学校高层的被试倾向于所有教师教学质量监控方式相同程度较高。

三、学校特征与监控方式的回归分析

（一）学校特征与依据听课方式监控教师质量

从学校特征与依据听课方式监控教师质量的回归分析结果可以看出（表 4-53），学校教研活动开展情况、完全中学-九年一贯、学校所在地乡镇-村屯、小学-九年一贯、学校教学质量、学校所在地县城-村屯、初中-九年一贯、学校教学设备配置情况 8 个变量与依据听课方式监控教师质量的多元相关系数为 0.234，表示上述 8 个变量可以解释依据听课方式监控教师质量共 5.5%的变异量。此变异量主要由学校教学设备配置情况、学校教学质量、学校所在地县城-村屯、学校所在地乡镇-村屯 4 变量造成。

在模型 1 中，学校教学设备配置情况与依据听课方式监控教师质量的多元相关系数为 0.182，可以解释依据听课方式监控教师质量 3.3%的变异量。从标准化回归系数来看，学校教学设备配置情况对依据听课方式监控教师质量的 Beta 值为 0.182，为正值，表示学校教学设备配置越好的被试越倾向于依据听课方式监控教师质量。

在模型 2 中，学校教学设备配置情况、学校教学质量与依据听课方式监控教师质量的多元相关系数为 0.202，可以解释依据听课方式监控教师质量 4.1%的变异量。从标准化回归系数来看，学校教学设备配置情况对依据听课方式监控教师质量的 Beta 值为 0.124，为正值，表示学校教学设备配置越好的被试越倾向于依据听课方式监控教师质量。学校教学质量对依据听课方式监控教师质量的 Beta 值为 0.105，为正值，表示学校教学质量越好的被试越倾向于依据听课方式监控教师质量。

在模型 3 中，学校教学设备配置情况、学校教学质量、学校所在地县城-村屯与依据听课方式监控教师质量的多元相关系数为 0.213，可以解释依据听课方式监控教师质量 4.5%的变异量。从标准化回归系数来看，学校教学设备配置情况对依据听课方式监控教师质量的 Beta 值为 0.107，为正值，表示学校教学设备配置越好的被试越倾向于依据听课方式监控教师质量。学校教学质量对依据听课方式监控教师质量的 Beta 值为 0.101，为正值，表示学校教学质量越好的被试越倾向于依据听课方式监控教师质量。学校所在地县城-村屯与对依据听课方式监控教师质量的 Beta 值为-0.071，为负值，表示与学校所在地为村屯的被试相比，学校所在地在县城的被试倾向于依据听课方式监控教师质量。

在模型 4 中，学校教学设备配置情况、学校教学质量、学校所在地县城-村屯、学校所在地乡镇-村屯与依据听课方式监控教师质量的多元相关系数为 0.223，可以解释依据听课方式监控教师质量 5%的变异量。从标准化回归系数来看，学校教学设备配置情况对依据听课方式监控教师质量的 Beta 值为 0.100，为正值，表示学校教学设备配置越好的被试越倾向于依据听课方式监控教师质量。学校教学质量对依据听课方式监控教师质量的 Beta 值为 0.105，为正值，表示学校教学质量越好的被试越倾向于依据听课方式监控教师质量。学校所在地县城-村屯与对依据听课方式监控教师质量的 Beta 值为-0.117，为负值，表示与学校所在地为村屯的被试相比，学校所在地在县城的被试倾向于依据听课方式监控教师质量。学校所在地乡镇-村屯对依据听课方式监控教师质量的 Beta 值为-0.082，为负值，表示与学校所在地为村屯的被试相比，学校所在地在乡镇的被试倾向于依据听课方式监控教师质量。

表 4-53　学校特征与依据听课方式监控教师质量回归分析

模型	进入的变量顺序	多元相关系数 R	R^2	ΔR	净 F 值	模型 F 值	B 估计值	Beta
1	学校教学设备配置情况	0.182①	0.033	0.033	33.621	33.621	0.243	0.182
2	学校教学设备配置情况	0.202①	0.041	0.008	7.781	20.817	0.166	0.124
	学校教学质量						0.169	0.105
3	学校教学设备配置情况	0.213③	0.045	0.005	4.734	15.509	0.142	0.107
	学校教学质量						0.164	0.101
	学校所在地县城-村屯						-0.185	-0.071
4	学校教学设备配置情况	0.223④	0.050	0.005	4.766	12.868	0.134	0.100
	学校教学质量						0.170	0.105
	学校所在地县城-村屯						-0.307	-0.117
	学校所在地乡镇-村屯						-0.188	-0.082

注：8 个变量自变量与因变量的多元相关系数等于 0.234⑤，R^2 为 0.055。

①预测变量：（常量），学校教学设备配置情况。

②预测变量：（常量），学校教学设备配置情况，学校教学质量。

③预测变量：（常量），学校教学设备配置情况，学校教学质量，学校所在地县城-村屯。

④预测变量：（常量），学校教学设备配置情况，学校教学质量，学校所在地县城-村屯，学校所在地乡镇-村屯。

⑤预测变量：（常量），学校教研活动开展情况，完全中学-九年一贯，学校所在地乡镇-村屯，小学-九年一贯，学校教学质量，学校所在地县城-村屯，初中-九年一贯，学校教学设备配置情况。

（二）学校特征与依据学生考核成绩监控教师质量

从学校特征与依据学生考核成绩监控教师质量的回归分析结果可以看出（表4-54），学校教研活动开展情况、完全中学-九年一贯、学校所在地乡镇-村屯、小学-九年一贯、学校教学质量、学校所在地县城-村屯、初中-九年一贯、学校教学设备配置情况 8 个变量与依据学生考核成绩监控教师质量的多元相关系数为 0.258，表示上述 8 个变量可以解释依据学生考核成绩监控教师质量共 6.6%的变异量。此变异量主要由小学-九年一贯、初中-九年一贯、学校教学设备配置情况、学校所在地县城-村屯 4 个变量造成。

表 4-54 学校特征与依据学生考核成绩监控教师质量回归分析

模型	进入的变量顺序	多元相关系数 R	R^2	ΔR	净 F 值	模型 F 值	B 估计值	Beta
1	小学-九年一贯	0.199①	0.039	0.039	40.172	40.172	0.453	0.199
2	小学-九年一贯	0.219②	0.048	0.009	8.839	24.666	0.597	0.262
	初中-九年一贯						0.294	0.112
3	小学-九年一贯	0.234③	0.055	0.007	6.920	18.850	0.556	0.244
	初中-九年一贯						0.286	0.109
	学校教学设备配置情况						−0.111	−0.083
4	小学-九年一贯	0.249④	0.062	0.007	7.538	16.117	0.571	0.250
	初中-九年一贯						0.264	0.101
	学校教学设备配置情况						−0.141	−0.106
	学校所在地县城-村屯						−0.233	−0.090

注：8 个变量自变量与因变量的多元相关系数等于 0.258⑤，R^2 为 0.066。

①预测变量：（常量），小学-九年一贯。

②预测变量：（常量），小学-九年一贯，初中-九年一贯。

③预测变量：（常量），小学-九年一贯，初中-九年一贯，学校教学设备配置情况。

④预测变量：（常量），小学-九年一贯，初中-九年一贯，学校教学设备配置情况，学校所在地县城-村屯。

⑤预测变量：（常量），学校教研活动开展情况，完全中学-九年一贯，学校所在地乡镇-村屯，小学-九年一贯，学校教学质量，学校所在地县城-村屯，初中-九年一贯，学校教学设备配置情况。

在模型 1 中，小学-九年一贯与依据学生考核成绩监控教师质量的多元相关系数为 0.199，可以解释依据学生考核成绩监控教师质量 3.9%的变异量。从标准化回归系数来看，小学-九年一贯对依据学生考核成绩监控教师质量的 Beta 值为 0.199，为正值，表示与学校类型为九年一贯的被试相比，学校类型为小学的较少倾向于依据学生考核成绩监控教师质量。

在模型 2 中，小学-九年一贯、初中-九年一贯与依据学生考核成绩监控教师质量的多元相关系数为 0.219，可以解释依据学生考核成绩监控教师质量 4.8%的变异量。从标准化回归系数来看，小学-九年一贯对依据学生考核成绩监控教师质量的Beta值为0.262，为正值，表示与学校类型为九年一贯的被试相比，学校类型为小学的被试较少倾向于依据学生考核成绩监控教师质量。初中-九年一贯对依据学生考核成绩监控教师质量的Beta值为0.112，为正值，表示与学校类型为九年一贯的被试相比，学校类型为初中的被试较少倾向于依据学生考核成绩监控教师质量。

在模型3中，小学-九年一贯、初中-九年一贯、学校教学设备配置情况与依据学生考核成绩监控教师质量的多元相关系数为0.234，可以解释依据学生考核成绩监控教师质量5.5%的变异量。从标准化回归系数来看，小学-九年一贯对依据学生考核成绩监控教师质量的Beta值为0.244，为正值，表示与学校类型为九年一贯的被试相比，学校类型为小学的被试较少倾向于依据学生考核成绩监控教师质量。初中-九年一贯对依据学生考核成绩监控教师质量的Beta值为0.109，为正值，表示与学校类型为九年一贯的被试相比，学校类型为初中的被试较少倾向于依据学生考核成绩监控教师质量。学校教学设备配置情况对依据学生考核成绩监控教师质量的Beta值为-0.083，为负值，表示学校教学设备配置越好的被试越较少倾向于依据学生考核成绩监控教师质量。

在模型4中，小学-九年一贯、初中-九年一贯、学校教学设备配置情况、学校所在地县城-村屯与依据学生考核成绩监控教师质量的多元相关系数为0.249，可以解释依据学生考核成绩监控教师质量6.2%的变异量。从标准化回归系数来看，小学-九年一贯对依据学生考核成绩监控教师质量的Beta值为0.250，为正值，表示与学校类型为九年一贯的被试相比，学校类型为小学的被试较少倾向于依据学生考核成绩监控教师质量。初中-九年一贯对依据学生考核成绩监控教师质量的Beta值为0.101，为正值，表示与学校类型为九年一贯的被试相比，学校类型为初中的被试较少倾向于依据学生考核成绩监控教师质量。学校教学设备配置情况对依据学生考核成绩监控教师质量的Beta值为-0.106，为负值，表示学校教学设备配置越好的被试越较少倾向于依据学生考核成绩监控教师质量。学校所在地县城-村屯对依据学生考核成绩监控教师质量的Beta值为-0.090，为负值，表示，与学校所在地在村屯的被试相比，县城的被试倾向于依据学生考核成绩监控教师质量。

（三）学校特征与依据工作业绩监控教师质量

从学校特征与依据工作业绩监控教师质量的回归分析结果可以看出（表4-55），学校教研活动开展情况、完全中学-九年一贯、学校所在地乡镇-村屯、小学-九年一贯、学校教学质量、学校所在地县城-村屯、初中-九年一贯、学校教学设备配置情况8个变量与依据工作业绩监控教师质量的多元相关系数为0.255，表示上述8个变量可以解释依据工作业绩监控教师质量共6.5%的变异量。此变异量主要由学校教研活动开展情况、学校所在地县城-村屯、学校所在地乡镇 村屯3个变量造成。

表 4-55 学校特征与依据工作业绩监控教师质量回归分析

模型	进入的变量顺序	多元相关系数 R	R^2	ΔR	净 F 值	模型 F 值	B 估计值	Beta
1	学校教研活动开展情况	0.223①	0.050	0.050	51.491	51.491	0.307	0.223
2	学校教研活动开展情况	0.240②	0.058	0.008	7.942	29.899	0.277	0.202
	学校所在地县城-村屯						−0.225	−0.090
3	学校教研活动开展情况	0.248③	0.061	0.004	3.902	21.292	0.271	0.197
	学校所在地县城-村屯						−0.330	−0.132
	学校所在地乡镇-村屯						−0.162	−0.074

注：8 个变量自变量与因变量的多元相关系数等于 0.255④，R^2 为 0.065。

①预测变量：（常量），学校教研活动开展情况。

②预测变量：（常量），学校教研活动开展情况，学校所在地县城-村屯。

③预测变量：（常量），学校教研活动开展情况，学校所在地县城-村屯，学校所在地乡镇-村屯。

④预测变量：（常量），学校教研活动开展情况，完全中学-九年一贯，学校所在地乡镇-村屯，小学-九年一贯，学校教学质量，学校所在地县城-村屯，初中-九年一贯，学校教学设备配置情况。

在模型 1 中，学校教研活动开展情况与依据工作业绩监控教师质量的多元相关系数为 0.223，可以解释依据工作业绩监控教师质量 5%的变异量。从标准化回归系数来看，学校教研活动开展情况对依据工作业绩监控教师质量的 Beta 值为 0.223，为正值，表示学校教学质量越高的被试越倾向于依据工作业绩监控教师质量。

在模型 2 中，学校教研活动开展情况、学校所在地县城-村屯与依据工作业绩监控教师质量的多元相关系数为 0.24，可以解释依据工作业绩监控教师质量 5.8%的变异量。从标准化回归系数来看，学校教研活动开展情况对依据工作业绩监控教师质量的 Beta 值为 0.202，为正值，表示学校教学质量越高的被试越倾向于依据工作业绩监控教师质量。学校所在地县城-村屯对依据工作业绩监控教师质量的 Beta 值为−0.090，为负值，表示与学校所在地为村屯的被试相比，县城的被试倾向于依据工作业绩监控教师质量。

在模型 3 中，学校教研活动开展情况、学校所在地县城-村屯、学校所在地乡镇-村屯与依据工作业绩监控教师质量的多元相关系数为 0.248，可以解释依据工作业绩监控教师质量 6.1%的变异量。从标准化回归系数来看，学校教研活动开展情况对依据工作业绩监控教师质量的 Beta 值为 0.197，为正值，表示学校教学质量越高的被试越倾向于依据工作业绩监控教师质量。学校所在地县城-村屯对依据工作业绩监控教师质量的 Beta 值为−0.132，为负值，表示与学校所在地为村屯的被试相比，县城的被试倾向于依据工作业绩监控教师质量。学校所在地乡镇-村屯对依据工作业绩监控教师质量的 Beta 值为−0.074，负值，表示与学校所在地为村屯的被试相比，乡镇的被试倾向于依据工作业绩监控教师质量。

（四）学校特征与监控方式揭示教师素质程度

从学校特征与监控方式揭示教师素质程度的回归分析结果可以看出（表4-56），学校教研活动开展情况、完全中学-九年一贯、学校所在地乡镇-村屯、小学-九年一贯、学校教学质量、学校所在地县城-村屯、初中-九年一贯、学校教学设备配置情况8个变量与监控方式揭示教师素质程度的多元相关系数为0.335，表示上述8个变量可以解释监控方式揭示教师素质程度共11.2%的变异量。此变异量主要由学校教学设备配置情况、学校教研活动开展情况、学校教学质量3个变量造成。

表4-56　学校特征与监控方式揭示教师素质程度回归分析

模型	进入的变量顺序	多元相关系数 R	R^2	ΔR	净 F 值	模型 F 值	B 估计值	Beta
1	学校教学设备配置情况	0.285①	0.081	0.081	86.307	86.307	0.328	0.285
2	学校教学设备配置情况	0.316②	0.100	0.019	20.768	54.409	0.210	0.182
	学校教研活动开展情况						0.215	0.172
3	学校教学设备配置情况	0.326③	0.106	0.006	6.681	38.711	0.168	0.146
	学校教研活动开展情况						0.177	0.142
	学校教学质量						0.138	0.098

注：8个变量自变量与因变量的多元相关系数等于0.335④，R^2为0.112。

①预测变量：（常量），学校教学设备配置情况。

②预测变量：（常量），学校教学设备配置情况，学校教研活动开展情况。

③预测变量：（常量），学校教学设备配置情况，学校教研活动开展情况，学校教学质量。

④预测变量：（常量），学校教研活动开展情况，完全中学-九年一贯，学校所在地乡镇-村屯，小学-九年一贯，学校教学质量，学校所在地县城-村屯，初中-九年一贯，学校教学设备配置情况。

在模型1中，学校教学设备配置情况与依据工作业绩监控教师质量的多元相关系数为0.285，可以解释依据工作业绩监控教师质量8.1%的变异量。从标准化回归系数来看，学校教学设备配置情况对依据工作业绩监控教师质量的Beta值为0.285，为正值，表示学校教学设备配置越好的被试越倾向于依据工作业绩监控教师质量。

在模型2中，学校教学设备配置情况、学校教研活动开展情况与依据工作业绩监控教师质量的多元相关系数为0.316，可以解释依据工作业绩监控教师质量10%的变异量。从标准化回归系数来看，学校教学设备配置情况对依据工作业绩监控教师质量的Beta值为0.182，为正值，表示学校教学设备配置越好的被试越倾向于依据工作业绩监控教师质量。学校教研活动开展情况对依据工作业绩监控教师质量的Beta值为0.172，为正值，表示，学校教研活动开展越好的被试越倾向于依据工作业绩监控教师质量。

在模型3中，学校教学设备配置情况、学校教研活动开展情况、学校教学质量与依据工作业绩监控教师质量的多元相关系数为 0.326，可以解释依据工作业绩监控教师质量 10.6%的变异量。从标准化回归系数来看，学校教学设备配置情况对依据工作业绩监控教师质量的 Beta 值为 0.146，为正值，表示学校教学设备配置越好的被试越倾向于依据工作业绩监控教师质量。学校教研活动开展情况对依据工作业绩监控教师质量的 Beta 值为 0.142，为正值，表示学校教研活动开展越好的被试越倾向于依据工作业绩监控教师质量。学校教学质量对依据工作业绩监控教师质量的 Beta 值为 0.098，为正值，表示学校教学质量越好的被试越倾向于依据工作业绩监控教师质量。

（五）学校特征与所有教师教学质量监控方式相同程度

从学校特征与所有教师教学质量监控方式相同程度的回归分析结果可以看出（表 4-57），学校教研活动开展情况、完全中学-九年一贯、学校所在地乡镇-村屯、

表 4-57 学校特征与所有教师教学质量监控方式相同程度回归分析

模型	进入的变量顺序	多元相关系数 R	R^2	ΔR	净 F 值	模型 F 值	B 估计值	Beta
1	学校教研活动开展情况	0.225②	0.051	0.051	52.413	52.413	0.272	0.225
2	学校教研活动开展情况	0.238②	0.057	0.006	6.036	29.359	0.273	0.226
	完全中学-九年一贯						0.411	0.076
3	学校教研活动开展情况	0.249③	0.062	0.005	5.457	21.481	0.218	0.181
	完全中学-九年一贯						0.429	0.080
	学校教学质量						0.116	0.085
4	学校教研活动开展情况	0.258④	0.067	0.005	5.137	17.463	0.236	0.196
	完全中学-九年一贯						0.412	0.077
	学校教学质量						0.123	0.091
	学校所在地县城-村屯						0.159	0.073
5	学校教研活动开展情况	0.266⑤	0.071	0.004	4.240	14.865	0.245	0.203
	完全中学-九年一贯						0.395	0.073
	学校教学质量						0.117	0.087
	学校所在地县城-村屯						0.255	0.116
	学校所在地乡镇-村屯						0.147	0.077

注：8 个变量自变量与因变量的多元相关系数等于 0.273⑥，R^2 为 0.075。

①预测变量：（常量），学校教研活动开展情况。

②预测变量：（常量），学校教研活动开展情况，完全中学-九年一贯。

③预测变量：（常量），学校教研活动开展情况，完全中学-九年一贯，学校教学质量。

④预测变量：（常量），学校教研活动开展情况，完全中学-九年一贯，学校教学质量，学校所在地县城-村屯。

⑤预测变量：（常量），学校教研活动开展情况，完全中学-九年一贯，学校教学质量，学校所在地县城-村屯，学校所在地乡镇-村屯。

⑥预测变量：（常量），学校教研活动开展情况，完全中学-九年一贯，学校所在地乡镇-村屯，小学-九年一贯，学校教学质量，学校所在地县城-村屯，初中-九年一贯，学校教学设备配置情况。

小学-九年一贯、学校教学质量、学校所在地县城-村屯、初中-九年一贯、学校教学设备配置情况 8 个变量与所有教师教学质量监控方式相同程度的多元相关系数为 0.273，表示上述 8 个变量可以解释所有教师教学质量监控方式相同程度共 7.5%的变异量。此变异量主要由学校教研活动开展情况、完全中学-九年一贯、学校教学质量，学校所在地县城-村屯、学校所在地乡镇-村屯 5 个变量造成。

在模型 1 中，学校教研活动开展情况与所有教师教学质量监控方式相同程度的多元相关系数为 0.225，可以解释所有教师教学质量监控方式相同程度 5.1%的变异量。从标准化回归系数来看，学校教研活动开展情况对所有教师教学质量监控方式相同程度的 Beta 值为 0.225，为正值，表示学校教研活动开展越好的被试越倾向于所有教师教学质量监控方式相同程度较高。

在模型 2 中，学校教研活动开展情况、完全中学-九年一贯与所有教师教学质量监控方式相同程度的多元相关系数为 0.238，可以解释所有教师教学质量监控方式相同程度 5.7%的变异量。从标准化回归系数来看，学校教研活动开展情况对所有教师教学质量监控方式相同程度的 Beta 值为 0.226，为正值，表示学校教研活动开展越好的被试越倾向于所有教师教学质量监控方式相同程度较高。完全中学-九年一贯对所有教师教学质量监控方式相同程度的 Beta 值为 0.076，为正值，表示与九年一贯学校的被试相比，完全中学的被试倾向于所有教师教学质量监控方式相同程度较低。

在模型 3 中，学校教研活动开展情况、完全中学-九年一贯、学校教学质量与所有教师教学质量监控方式相同程度的多元相关系数为 0.249，可以解释所有教师教学质量监控方式相同程度 6.2%的变异量。从标准化回归系数来看，学校教研活动开展情况对所有教师教学质量监控方式相同程度的 Beta 值为 0.181，为正值，表示学校教研活动开展越好的被试越倾向于所有教师教学质量监控方式相同程度较高。完全中学-九年一贯对所有教师教学质量监控方式相同程度的 Beta 值为 0.080，为正值，表示与九年一贯学校的被试相比，完全中学的被试倾向于所有教师教学质量监控方式相同程度较低。学校教学质量对所有教师教学质量监控方式相同程度的 Beta 值为 0.085，为正值，表示学校教学质量越好的被试越倾向于所有教师教学质量监控方式相同程度较高。

在模型 4 中，学校教研活动开展情况、完全中学-九年一贯、学校教学质量、学校所在地县城-村屯与所有教师教学质量监控方式相同程度的多元相关系数为 0.258，可以解释所有教师教学质量监控方式相同程度 6.7%的变异量。从标准化回归系数来看，学校教研活动开展情况对所有教师教学质量监控方式相同程度的 Beta 值为 0.196，为正值，表示学校教研活动开展越好的被试越倾向于所有教师教学质量监控方式相同程度较高。完全中学-九年一贯对所有教师教学质量监控方式相同程度的 Beta 值为 0.077，为正值，表示与九年一贯学校的被试相比，完全中学的被试倾向于所有教师教学质量监控方式相同程度较低。学校教学质量对所有教师教学质量监控方式相同程度的 Beta 值为 0. 091，为正值，表示学校教学质量越好的被试越倾向于所有教师教学质量监控方式相同程度较高。学校所在地县城-村屯对所有教师教学质量监控方式相同程度的 Beta 值为 0. 073，为正值，表示与学校所在地为村屯的被试相比，县城的被试倾向于所有教师教学质量监控方式相同程度较低。

在模型 5 中，学校教研活动开展情况、完全中学-九年一贯、学校教学质量、学校所在地县城-村屯、学校所在地乡镇-村屯与所有教师教学质量监控方式相同程度的多元相关系数为 0. 266，可以解释所有教师教学质量监控方式相同程度 7. 1%的变异量。从标准化回归系数来看，学校教研活动开展情况对所有教师教学质量监控方式相同程度的 Beta 值为 0. 203，为正值，表示学校教研活动开展越好的被试越倾向于所有教师教学质量监控方式相同程度较高。完全中学-九年一贯对所有教师教学质量监控方式相同程度的 Beta 值为 0. 073，为正值，表示与九年一贯学校的被试相比，完全中学的被试倾向于所有教师教学质量监控方式相同程度较低。学校教学质量对所有教师教学质量监控方式相同程度的 Beta 值为 0. 087，为正值，表示学校教学质量越好的被试越倾向于所有教师教学质量监控方式相同程度较高。学校所在地县城-村屯对所有教师教学质量监控方式相同程度的 Beta 值为 0. 116，为正值，表示与学校所在地为村屯的被试相比，县城的被试倾向于所有教师教学质量监控方式相同程度较低。学校所在地乡镇-村屯对所有教师教学质量监控方式相同程度的 Beta 值为 0. 077，为正值，表示表示与学校所在地为村屯的被试相比，乡镇的被试倾向于所有教师教学质量监控方式相同程度较低。

第五章　乡村教师质量监控效果

第一节　监控效果如何?

一、监控结果反馈情况

在 987 名被试中，有 2 人未填写相关信息，按缺失值处理。985 名被试中，认为学校一直有监控结果反馈的有 318 人，占 32.2%；认为经常有监控结果反馈的有 373 人，占 37.8%；认为有时有监控结果反馈的 180 人，占 18.2%；认为偶尔有监控结果反馈的 80 人，占 8.1%；认为从来没有监控结果反馈的有 34 人，占 3.4%。

二、监控促进教师质量提升程度

在 987 名被试中，有 1 人未填写相关信息，按缺失值处理。986 名被试中，认为监控促进教师质量提升程度非常大的有 212 人，占 21.5%；认为监控促进教师质量提升程度比较大的有 428 人，占 43.4%；认为监控促进教师质量提升程度一般的有 268 人，占 27.2%；监控促进教师质量提升程度比较小的有 66 人，占 6.7%；监控促进教师质量提升程度没有的有 12 人，占 1.2%。

三、教师质量监控是否应该有责任主体

在 987 名被试中，有 2 人未填写相关信息，按缺失值处理。985 名被试中，认为教师质量监控非常应该有责任主体的有 310 人，占 31.4%；认为教师质量监控比较应该有责任主体的有 379 人，占 38.4%；认为教师质量监控一般应该有责任主体的有 208 人，占 21.1%；认为教师质量监控不太应该有责任主体的有 69 人，占 7%；认为教师质量监控完全不应该有责任主体的有 19 人，占 1.9%。

四、教师质量问题得以解决的程度

在 987 名被试中，有 2 人未填写相关信息，按缺失值处理。985 名被试中，认为教师质量问题一直得以解决的有 195 人，占 19.8%；教师质量问题经常得以

解决的有 246 人，占 24.9%；教师质量问题一般得以解决的有 333 人，占 33.7%；教师质量问题偶尔得以解决的有 132 人，占 13.4%；教师质量问题从来没有得以解决的有 79 人，占 8.0%。

第二节　不同主体间监控效果是否存在差异?

一、不同身份与监控效果差异分析

从不同身份与监控效果的 t 检验结果表可以发现（表 5-1），不同性别的被试在监控结果反馈情况、监控促进教师质量提升程度、教师质量监控是否应该有责任主体、教师质量问题得以解决的程度 4 个变量上都没有显著差异。

表 5-1　不同身份与监控效果的 t 检验结果

项　目		*N*	均值	标准差	*t* 值	Eta 方
监控结果反馈情况	本校教师	903	2.12	1.059	0.582n.s.	—
	交流与代课教师	28	2.00	1.089		
监控促进教师质量提升程度	本校教师	904	2.24	0.898	0.162n.s.	—
	交流与代课教师	28	2.21	1.031		
教师质量监控是否应该有责任主体	本校教师	903	2.10	0.992	0.530n.s.	—
	交流与代课教师	28	2.00	0.981		
教师质量问题得以解决的程度	本校教师	903	2.67	1.171	0.897n.s.	—
	交流与代课教师	28	2.46	1.319		

注：n.s.—$P>0.05$（未达到显著性水平）。

二、不同职务与监控效果差异分析

由以下的方差分析表可以发现，不同职务被试在监控效果方面存在显著差异（$P<0.01$）。即，不同职务被试在监控结果反馈情况、监控促进教师质量提升程度、教师质量监控是否应该有责任主体、教师质量问题得以解决的程度存在显著差异。

由表 5-2 方差分析可以显示，不同职务的被试在监控结果反馈情况上有显著差异（$P<0.01$）。由事后比较得知，学校中层>学校高层，教师>学校高层，即学校高层的被试倾向于监控结果有反馈。进一步从关联强度指数来看，ω^2的值等于 0.015，可见，不同职务与监控结果反馈情况存在微弱关系。统计检验力等于 0.964，决策正确率很高，不同职务对监控结果反馈情况的解释量很小。

表 5-2　不同职务在监控结果反馈情况上的方差分析表

变异来源	平方和	DF	均方	F	事后比较	ω^2	统计检验力
组间	18.460	2	9.230	8.365**	学校中层>学校高层; 教师>学校高层	0.015	0.964
组内	1078.090	977	1.103				
全体	1096.550	979					

由表 5-3 方差分析可以显示，不同职务的被试在监控促进教师质量提升程度上有显著差异（$P<0.01$）。由事后比较得知，学校中层>学校高层，教师>学校高层，即学校高层的被试倾向于监控促进教师质量提升程度较高。进一步从关联强度指数来看，ω^2的值等于 0.014，可见，不同职务与监控促进教师质量提升程度存在微弱关系。统计检验力等于 0.957，决策正确率很高，不同职务对监控促进教师质量提升程度的解释量很小。

表 5-3　不同职务在监控促进教师质量提升程度上的方差分析表

变异来源	平方和	DF	均方	F	事后比较	ω^2	统计检验力
组间	12.930	2	6.465	8.036**	学校中层>学校高层; 教师>学校高层	0.014	0.957
组内	786.831	978	0.805				
全体	799.761	980					

由表 5-4 方差分析可以显示，不同职务的被试在教师质量监控是否应该有责任主体上有显著差异（$P<0.01$）。由事后比较得知，学校中层>学校高层，教师>学校高层，即学校高层的被试倾向于教师质量监控应该有责任主体。进一步从关联强度指数来看，ω^2的值等于 0.007，可见，不同职务与教师质量监控是否应该有责任主体存在微弱关系。统计检验力等于 0.787，决策正确率不高，不同职务对教师质量监控是否应该有责任主体的解释量很小。

表 5-4　不同职务在教师质量监控是否应该有责任主体上的方差分析表

变异来源	平方和	DF	均方	F	事后比较	ω^2	统计检验力
组间	9.024	2	4.512	4.688**	学校中层>学校高层; 教师>学校高层	0.007	0.787
组内	940.339	977	0.962				
全体	949.363	979					

由表 5-5 方差分析可以显示，不同职务的被试在教师质量问题得以解决的程度上有显著差异（$P<0.01$）。由事后比较得知，教师>学校高层，即学校高层的被试倾向于教师质量问题得以解决的程度较高。进一步从关联强度指数来看，ω^2

的值等于0.011，可见，不同职务与教师质量问题得以解决的程度存在微弱关系。统计检验力等于0.909，决策正确率很高，不同职务对教师质量问题得以解决的程度的解释量很小。

表 5-5　不同职务在教师质量问题得以解决的程度的方差分析表

变异来源	平方和	*DF*	均方	*F*	事后比较	ω^2	统计检验力
组间	17.573	2	8.787	6.553**	教师>学校高层	0.011	0.909
组内	1309.994	977	1.341				
全体	1327.567	979					

三、不同学校类型与监控效果差异分析

由以下的方差分析表可以发现，不同学校类型被试在监控效果方面存在显著差异（$P<0.01$）。即，不同学校类型被试在监控结果反馈情况、监控促进教师质量提升程度、教师质量监控是否应该有责任主体、教师质量问题得以解决的程度存在显著差异。

由表5-6方差分析可以显示，不同学校类型的被试在监控结果反馈情况上有显著差异（$P<0.05$）。由事后比较得知，九年一贯>小学，即小学的被试倾向于监控结果有反馈。进一步从关联强度指数来看，ω^2的值等于0.007，可见，不同学校类型与监控结果反馈情况存在微弱关系。统计检验力等于0.776，决策正确率不高，不同学校类型对监控结果反馈情况的解释量很小。

表 5-6　不同学校类型在监控结果反馈情况上的方差分析表

变异来源	平方和	*DF*	均方	*F*	事后比较	ω^2	统计检验力
组间	11.604	3	3.868	3.460*	九年一贯>小学	0.007	0.776
组内	1096.785	981	1.118				
全体	1108.390	984					

由表5-7方差分析可以显示，不同学校类型的被试在监控促进教师质量提升程度上有显著差异（$P<0.01$）。由事后比较得知，初中>小学，即小学的被试倾向于监控促进教师质量提升程度较高。进一步从关联强度指数来看，ω^2的值等于0.011，可见，不同学校类型与监控促进教师质量提升程度存在微弱关系。统计检验力等于0.893，决策正确率较高，不同学校类型对监控促进教师质量提升程度的解释量很小。

由表5-8方差分析可以显示，不同学校类型的被试在教师质量监控是否应该有责任主体上有显著差异（$P<0.05$）。由事后比较得知，九年一贯>小学，初中>小学，即小学的被试倾向于教师质量监控应该有责任主体。进一步从关联强度指

数来看，ω^2的值等于0.009，可见，不同学校类型与教师质量监控是否应该有责任主体存在微弱关系。统计检验力等于0.819，决策正确率较高，不同学校类型对教师质量监控是否应该有责任主体的解释量很小。

表5-7　不同学校类型在监控促进教师质量提升程度上的方差分析表

变异来源	平方和	DF	均方	F	事后比较	ω^2	统计检验力
组间	11.186	3	3.729	4.635**	初中>小学	0.011	0.893
组内	789.925	982	0.804				
全体	801.112	985					

表5-8　不同学校类型在教师质量监控是否应该有责任主体上的方差分析表

变异来源	平方和	DF	均方	F	事后比较	ω^2	统计检验力
组间	11.036	3	3.679	3.818*	九年一贯>小学； 初中>小学	0.009	0.819
组内	945.183	981	0.963				
全体	956.219	984					

由表5-9方差分析可以显示，不同学校类型的被试在教师质量问题得以解决的程度上有显著差异（$P<0.01$）。由事后比较得知，初中>小学、完全中学，九年一贯>小学，即小学、完全中学的被试倾向于教师质量问题得以解决的程度较高。进一步从关联强度指数来看，ω^2的值等于0.030，可见，不同学校类型与教师质量问题得以解决的程度存在微弱关系。统计检验力等于0.999，决策正确率很高，不同学校类型对教师质量问题得以解决的程度的解释量很小。

表5-9　不同学校类型在教师质量问题得以解决的程度上的方差分析表

变异来源	平方和	DF	均方	F	事后比较	ω^2	统计检验力
组间	44.111	3	14.704	11.025**	初中>小学、完全中学； 九年一贯>小学	0.030	0.999
组内	1308.350	981	1.334				
全体	1352.461	984					

四、不同学校所在地与监控效果差异分析

由以下的方差分析表可以发现，不同学校所在地被试在教师质量监控是否应该有责任主体、教师质量问题得以解决的程度方面不存在显著差异（$P>0.05$）。即不同学校所在地被试在教师质量监控是否应该有责任主体、教师质量问题得以解决的程度方面在这几个变量上的选择没有差异。

由表 5-10 方差分析可以显示，不同学校所在地被试在监控结果反馈情况上有显著差异（$P<0.01$）。由事后比较得知，乡镇>县城、村屯，即县城、村屯的被试倾向于监控结果有反馈。进一步从关联强度指数来看，ω^2 的值等于 0.009，可见，不同学校所在地与监控结果反馈情况存在微弱关系。统计检验力等于 0.843，决策正确率较高，不同学校所在地对监控结果反馈情况的解释量很小。

表 5-10　不同学校所在地在监控结果反馈情况上的方差分析表

变异来源	平方和	*DF*	均方	*F*	事后比较	ω^2	统计检验力
组间	12.004	2	6.002	5.374**	乡镇>县城、村屯	0.009	0.843
组内	1095.621	981	1.117				
全体	1107.625	983					

由表 5-11 方差分析可以显示，不同学校所在地被试在监控促进教师质量提升程度上有显著差异（$P<0.01$）。由事后比较得知，乡镇>县城，即县城的被试倾向于监控促进教师质量提升程度较高。进一步从关联强度指数来看，ω^2 的值等于 0.008，可见，不同学校所在地与监控促进教师质量提升程度存在微弱关系。统计检验力等于 0.814，决策正确率较高，不同学校所在地对监控促进教师质量提升程度的解释量很小。

表 5-11　不同学校所在地在监控促进教师质量提升程度上的方差分析表

变异来源	平方和	*DF*	均方	*F*	事后比较	ω^2	统计检验力
组间	8.075	2	4.037	5.000**	乡镇>县城	0.008	0.814
组内	792.985	982	0.808				
全体	801.060	984					

五、不同学校教学质量与监控效果差异分析

由以下的方差分析表可以发现，不同学校教学质量被试在监控效果方面存在显著差异（$P<0.01$）。即学校教学质量被试在监控结果反馈情况、监控促进教师质量提升程度、教师质量监控是否应该有责任主体、教师质量问题得以解决的程度存在显著差异。

由表 5-12 方差分析可以显示，不同学校教学质量的被试在监控结果反馈情况上有显著差异（$P<0.01$）。由事后比较得知，比较高>非常高，不高>非常高、比较高，即学校教学质量非常高，比较高的被试倾向于监控结果有反馈。进一步从关联强度指数来看，ω^2 的值等于 0.114，可见，不同学校教学质量与监控结果反馈情况存在中等程度关系。统计检验力等于 1.000 决策正确率非常高，不同学校教学质量对监控结果反馈情况的解释量较好。

表 5-12　不同学校教学质量在监控结果反馈情况上的方差分析表

变异来源	平方和	DF	均方	F	事后比较	ω^2	统计检验力
组间	128.037	2	64.019	64.126**	比较高>非常高；不高>非常高、比较高	0.114	1.000
组内	980.353	982	0.998				
全体	1108.390	984					

由表 5-13 方差分析可以显示，不同学校教学质量的被试在监控促进教师质量提升程度上有显著差异（$P<0.01$）。由事后比较得知，比较高>非常高，不高>非常高、比较高，即学校教学质量非常高、比较高的被试倾向于监控促进教师质量提升程度较高。进一步从关联强度指数来看，ω^2的值等于 0.148，可见，不同学校教学质量与监控促进教师质量提升程度存在高度关系。统计检验力等于 1.000 决策正确率非常高，不同学校教学质量对监控促进教师质量提升程度的解释量很好。

表 5-13　不同学校教学质量在监控促进教师质量提升程度上的方差分析表

变异来源	平方和	DF	均方	F	事后比较	ω^2	统计检验力
组间	119.875	2	59.938	86.488**	比较高>非常高；不高>非常高、比较高	0.148	1.000
组内	681.236	983	0.693				
全体	801.112	985					

由表 5-14 方差分析可以显示，不同学校教学质量的被试在教师质量监控是否应该有责任主体上有显著差异（$P<0.01$）。由事后比较得知，比较高>非常高，即学校教学质量非常高的被试倾向于教师质量监控应该有责任主体。进一步从关联强度指数来看，ω^2的值等于 0.006，可见，不同学校教学质量与教师质量监控是否应该有责任主体存在微弱关系。统计检验力等于 0.718 决策正确率不高，不同学校教学质量对教师质量监控是否应该有责任主体的解释量很小。

表 5-14　不同学校教学质量在教师质量监控是否应该有责任主体上的方差分析表

变异来源	平方和	DF	均方	F	事后比较	ω^2	统计检验力
组间	7.762	2	3.881	4.018*	比较高>非常高	0.006	0.718
组内	948.457	982	0.966				
全体	956.219	984					

由表 5-15 方差分析可以显示，不同学校教学质量的被试在教师质量问题得以解决的程度上有显著差异（$P<0.01$）。由事后比较得知，比较高>非常高、不

高>非常高，比较高，即学校教学质量非常高、比较高的被试倾向于教师质量问题得以解决的程度较高。进一步从关联强度指数来看，ω^2的值等于0.059，可见，不同学校教学质量与教师质量问题得以解决的程度存在微弱关系。统计检验力等于1.000决策正确率非常高，不同学校教学质量对教师质量问题得以解决的程度的解释量很小。

表5-15　不同学校教学质量在教师质量问题得以解决的程度上的方差分析表

变异来源	平方和	*DF*	均方	*F*	事后比较	ω^2	统计检验力
组间	82.844	2	41.422	32.038**	比较高>非常高； 不高>非常高、比较高	0.059	1.000
组内	1269.617	982	1.293				
全体	1352.461	984					

六、不同学校教学设备配置情况与监控效果差异分析

由以下的方差分析表可以发现，不同学校教学设备配置情况的被试在监控效果方面存在显著差异（$P<0.01$）。即不同学校教学设备配置情况的被试在监控结果反馈情况、监控促进教师质量提升程度、教师质量监控是否应该有责任主体、教师质量问题得以解决的程度存在显著差异。

由表5-16方差分析可以显示，不同学校教学设备配置情况的被试在监控结果反馈情况有显著差异（$P<0.01$）。由事后比较得知，比较齐全>非常齐全，一般>非常齐全、比较齐全，即不同学校教学设备配置非常齐全、比较齐全的被试倾向于监控结果有反馈。进一步从关联强度指数来看，ω^2的值等于0.068，可见，不同学校教学设备配置情况与监控结果反馈情况存在中等强度关系。统计检验力等于1.000决策正确率非常高，不同学校教学设备配置情况对监控结果反馈情况的解释量较小。

表5-16　不同学校教学设备配置情况在监控结果反馈情况上的方差分析表

变异来源	平方和	*DF*	均方	*F*	事后比较	ω^2	统计检验力
组间	78.982	4	19.745	18.802**	比较齐全>非常齐全； 一般>非常齐全、比较齐全	0.068	1.000
组内	1028.139	979	1.050				
全体	1107.121	983					

由表5-17方差分析可以显示，不同学校教学设备配置情况的被试在监控促进教师质量提升程度上有显著差异（$P<0.01$）。由事后比较得知，比较齐全>非常齐全，一般>非常齐全、比较齐全，不太齐全>非常齐全、比较齐全、一般，

非常不齐全>非常齐全、比较齐全，即不同学校教学设备配置非常齐全、比较齐全的被试倾向于监控促进教师质量提升程度较高。进一步从关联强度指数来看，ω^2的值等于0.116，可见，不同学校教学设备配置情况与监控促进教师质量提升程度存在中等强度关系。统计检验力等于1.000决策正确率非常高，不同学校教学设备配置情况对监控促进教师质量提升程度的解释量较小。

表5-17　不同学校教学设备配置情况在监控促进教师质量提升程度上的方差分析表

变异来源	平方和	DF	均方	F	事后比较	ω^2	统计检验力
组间	95.803	4	23.951	33.350**	比较齐全>非常齐全；一般>非常齐全、比较齐全；不太齐全>非常齐全、比较齐全、一般；非常不齐全>非常齐全、比较齐全	0.116	1.000
组内	703.801	980	0.718				
全体	799.604	984					

由表5-18方差分析可以显示，不同学校教学设备配置情况的被试在教师质量监控是否应该有责任主体有显著差异（$P<0.01$）。由事后比较得知，比较齐全>非常齐全，一般>非常齐全，不太齐全>非常齐全，即不同学校教学设备配置非常齐全的被试倾向于教师质量监控应该有责任主体。进一步从关联强度指数来看，ω^2的值等于0.018，可见，不同学校教学设备配置情况与教师质量监控是否应该有责任主体存在微弱关系。统计检验力等于0.977决策正确率很高，不同学校教学设备配置情况对教师质量监控是否应该有责任主体的解释量很小。

表5-18　不同学校教学设备配置情况在教师质量监控是否应该有责任主体上的方差分析表

变异来源	平方和	DF	均方	F	事后比较	ω^2	统计检验力
组间	20.988	4	5.247	5.500**	比较齐全>非常齐全；一般>非常齐全；不太齐全>非常齐全	0.018	0.977
组内	934.032	979	0.954				
全体	955.020	983					

由表5-19方差分析可以显示，不同学校教学设备配置情况的被试在教师质量问题得以解决的程度有显著差异（$P<0.01$）。由事后比较得知，比较齐全>非常齐全，一般>非常齐全、比较齐全，不太齐全>非常齐全、比较齐全、一般，即不同学校教学设备配置非常齐全的被试倾向于教师质量问题得以解决的程度较

高。进一步从关联强度指数来看，ω^2的值等于 0.078，可见，不同学校教学设备配置情况与教师质量问题得以解决的程度存在中等程度关系。统计检验力等于 1.000 决策正确率非常高，不同学校教学设备配置情况对教师质量问题得以解决的程度的解释量较小。

表 5-19 不同学校教学设备配置情况在教师质量问题得以解决的程度上的方差分析表

变异来源	平方和	*DF*	均方	*F*	事后比较	ω^2	统计检验力
组间	109.807	4	27.452	21.675**	比较齐全>非常齐全；一般>非常齐全、比较齐全；不太齐全>非常齐全、比较齐全、一般	0.078	1.000
组内	1239.933	979	1.267				
全体	1349.740	983					

七、不同学校教研活动开展情况与监控效果差异分析

由以下的方差分析表可以发现，不同学校教研活动开展情况的被试在监控效果方面存在显著差异（$P<0.05$）。即，不同学校教研活动开展情况的被试在监控结果反馈情况、监控促进教师质量提升程度、教师质量监控是否应该有责任主体、教师质量问题得以解决的程度存在显著差异。

由表 5-20 方差分析可以显示，不同学校教研活动开展情况的被试在监控结果反馈情况有显著差异（$P<0.01$）。由事后比较得知，经常开展>一直开展，一般>一直开展、经常开展，很少开展>一直开展、经常开展、一般，即不同学校教研活动开展情况为一直、经常开展的被试倾向于监控结果有反馈。进一步从关联强度指数来看，ω^2的值等于 0.112，可见，不同学校教研活动开展情况与监控结果反馈情况存在中等强度关系。统计检验力等于 1.000 决策正确率非常高，不同学校教研活动开展情况对监控结果反馈情况的解释量较小。

表 5-20 不同学校教研活动开展情况在监控结果反馈情况上的方差分析表

变异来源	平方和	*DF*	均方	*F*	事后比较	ω^2	统计检验力
组间	127.345	3	42.448	42.446**	经常开展>一直开展；一般>一直开展、经常开展；很少开展>一直开展、经常开展、一般	0.112	1.000
组内	981.045	981	1.000				
全体	1108.390	984					

由表 5-21 方差分析可以显示，不同学校教研活动开展情况的被试在监控促

进教师质量提升程度有显著差异（$P<0.01$）。由事后比较得知，经常开展>一直开展，一般>一直开展、经常开展，很少开展>一直开展、经常开展，即不同学校教研活动开展情况为一直、经常开展的被试倾向于监控促进教师质量提升程度较高。进一步从关联强度指数来看，ω^2的值等于0.130，可见，不同学校教研活动开展情况与监控促进教师质量提升程度存在中等强度关系。统计检验力等于1.000决策正确率非常高，不同学校教研活动开展情况对监控促进教师质量提升程度情况的解释量较小。

表5-21　不同学校教研活动开展情况在监控促进教师质量提升程度上的方差分析表

变异来源	平方和	*DF*	均方	*F*	事后比较	ω^2	统计检验力
组间	105.884	3	35.295	49.853**	经常开展>一直开展；一般>一直开展、经常开展；很少开展>一直开展、经常开展	0.130	1.000
组内	695.228	982	0.708				
全体	801.112	985					

由表5-22方差分析可以显示，不同学校教研活动开展情况的被试在教师质量监控是否应该有责任主体有显著差异（$P<0.05$）。由事后比较得知，一般>一直开展，即不同学校教研活动开展情况为一直开展的被试倾向于教师质量监控应该有责任主体。进一步从关联强度指数来看，ω^2的值等于0.006，可见，不同学校教研活动开展情况与教师质量监控是否应该有责任主体存在微弱关系。统计检验力等于0.717决策正确率不高，不同学校教研活动开展情况对教师质量监控是否应该有责任主体的解释量较小。

表5-22　不同学校教研活动开展情况在教师质量监控是否应该有责任主体上的方差分析表

变异来源	平方和	*DF*	均方	*F*	事后比较	ω^2	统计检验力
组间	8.839	3	2.946	3.051*	一般>一直开展	0.006	0.717
组内	947.380	981	0.966				
全体	956.219	984					

由表5-23方差分析可以显示，不同学校教研活动开展情况的被试在教师质量问题得以解决的程度有显著差异（$P<0.01$）。由事后比较得知，经常开展>一直开展，一般>一直开展、经常开展，很少开展>一直开展，即不同学校教研活动开展情况为一直、经常开展的被试倾向于教师质量问题得以解决的程度较高。进一步从关联强度指数来看，ω^2的值等于0.045，可见，不同学校教研活动开展情况与教师质量问题得以解决的程度存在微弱关系。统计检验力等于1.000决策正确率非常高，不同学校教研活动开展情况对教师质量问题得以解决的程度的解释量较小。

表 5-23　不同学校教研活动开展情况在教师质量问题得以解决的程度上的方差分析表

变异来源	平方和	DF	均方	F	事后比较	ω^2	统计检验力
组间	64.495	3	21.498	16.374**	经常开展>一直开展；一般>一直开展、经常开展；很少开展>一直开展	0.045	1.000
组内	1287.966	981	1.313				
全体	1352.461	984					

第三节　哪些因素决定了监控效果的不同？

一、个人自然特征与监控效果的回归分析

（一）个人自然特征与监控结果反馈情况

从个人自然特征与监控结果反馈情况的回归分析结果可以看出（表 5-24），家庭所在地乡镇-村屯、婚姻状况、性别、工资收入、家庭所在地县城-村屯、从教年份、是否有孩子、出生年 8 个变量与监控结果反馈情况的多元相关系数为 0.166，表示上述 8 个变量可以解释监控结果反馈情况共 2.7%的变异量。此变异量主要由出生年造成。

表 5-24　个人自然特征与监控结果反馈情况回归分析

模型	进入的变量顺序	多元相关系数 R	R^2	ΔR	净 F 值	模型 F 值	B 估计值	Beta
1	出生年	0.134①	0.018	0.018	16.672	16.672	0.014	0.134

注：8 个变量自变量与因变量的多元相关系数等于 0.166②，R^2为 0.027。

①预测变量：（常量），出生年。

②预测变量：（常量），家庭所在地乡镇-村屯，婚姻状况，性别，工资收入，家庭所在地县城-村屯，从教年份，是否有孩子，出生年。

在模型 1 中，出生年与监控结果反馈情况的多元相关系数为 0.134，可以解释监控结果反馈情况 1.8%的变异量。从标准化回归系数来看，出生年对监控结果反馈情况的 Beta 值为 0.134，为正值，表示年龄越大的被试越倾向于监控有反馈结果。

（二）个人自然特征与监控促进教师质量提升程度

从个人自然特征与监控促进教师质量提升程度的回归分析结果可以看出（表 5-25），家庭所在地乡镇-村屯、婚姻状况、性别、工资收入、家庭所在地县城-村屯、从教年份、是否有孩子、出生年 8 个变量与监控促进教师质量提升程度的多

元相关系数为0.162，表示上述8个变量可以解释监控促进教师质量提升程度共2.6%的变异量。此变异量主要由性别、从教年份造成。

表5-25　个人自然特征与监控促进教师质量提升程度回归分析

模型	进入的变量顺序	多元相关系数 R	R^2	ΔR	净 F 值	模型 F 值	B 估计值	Beta
1	性别	0.106①	0.011	0.011	10.458	10.458	0.197	0.106
2	性别	0.127②	0.016	0.005	4.422	7.460	0.155	0.084
	从教年份						0.005	0.073

注：8个变量自变量与因变量的多元相关系数等于0.162③，R^2为0.026。

①预测变量：（常量），性别。

②预测变量：（常量），性别，从教年份。

③预测变量：（常量），家庭所在地乡镇-村屯，婚姻状况，性别，工资收入，家庭所在地县城-村屯，从教年份，是否有孩子，出生年。

在模型1中，性别与监控促进教师质量提升程度的多元相关系数为0.106，可以解释监控促进教师质量提升程度1.1%的变异量。从标准化回归系数来看，性别对监控促进教师质量提升程度的Beta值为0.106，为正值，表示性别是男性的被试越倾向于监控促进教师质量提升程度较高。

在模型2中，性别、从教年份与监控促进教师质量提升程度的多元相关系数为0.127，可以解释监控促进教师质量提升程度1.6%的变异量。从标准化回归系数来看，性别对监控促进教师质量提升程度的Beta值为0.084，为正值，表示性别是男性的被试越倾向于监控促进教师质量提升程度较高。从教年份对监控促进教师质量提升程度的Beta值为0.073，为正值，表示教龄越高的被试越倾向于监控促进教师质量提升程度较高。

（三）个人自然特征与教师质量监控是否应该有责任主体

从个人自然特征与教师质量监控是否应该有责任主体的回归分析结果可以看出（表5-26），家庭所在地乡镇-村屯、婚姻状况、性别、工资收入、家庭所在地县城-村屯、从教年份、是否有孩子、出生年8个变量与教师质量监控是否应该有责任主体的多元相关系数为0.126，表示上述8个变量可以解释教师质量监控是否应该有责任主体共1.6%的变异量。此变异量主要由婚姻状况，从教年份造成。

在模型1中，婚姻状况与教师质量监控是否应该有责任主体的多元相关系数为0.080，可以解释教师质量监控是否应该有责任主体0.6%的变异量。从标准化回归系数来看，婚姻状况对教师质量监控是否应该有责任主体的Beta值为-0.080，为负值，表示婚姻状况是未婚的被试越倾向于教师质量监控是否应该有责任主体。

在模型2中，婚姻状况、从教年份与教师质量监控是否应该有责任主体的多元相关系数为 0. 105，可以解释教师质量监控是否应该有责任主体 1. 1%的变异量。从标准化回归系数来看，婚姻状况对教师质量监控是否应该有责任主体的 Beta 值为 -0. 120，为负值，表示婚姻状况是未婚的被试越倾向于教师质量监控是否应该有责任主体。从教年份对教师质量监控是否应该有责任主体的 Beta 值为 0. 079，为正值，表示教龄越高的被试越倾向于教师质量监控是否应该有责任主体。

表 5-26　个人自然特征与教师质量监控是否应该有责任主体回归分析

模型	进入的变量顺序	多元相关系数 R	R^2	ΔR	净 F 值	模型 F 值	B 估计值	Beta
1	婚姻状况	0. 080①	0. 006	0. 006	5. 913	5. 913	-0. 223	-0. 080
2	婚姻状况	0. 105②	0. 011	0. 005	4. 351	5. 143	-0. 334	-0. 120
	从教年份						0. 006	0. 079

注：8 个变量自变量与因变量的多元相关系数等于 0. 126③，R^2 为 0. 016。

①预测变量：（常量），婚姻状况。

②预测变量：（常量），婚姻状况，从教年份。

③预测变量：（常量），家庭所在地乡镇-村屯，婚姻状况，性别，工资收入，家庭所在地县城-村屯，从教年份，是否有孩子，出生年。

（四）个人自然特征与教师质量问题得以解决的程度

从个人自然特征与教师质量问题得以解决的程度的回归分析结果可以看出（表 5-27），家庭所在地乡镇-村屯、婚姻状况、性别、工资收入、家庭所在地县城-村屯、从教年份、是否有孩子、出生年 8 个变量与教师质量问题得以解决的程度的多元相关系数为 0. 188，表示上述 8 个变量可以解释教师质量问题得以解决的程度共 3. 5%的变异量。此变异量主要由从教年份、是否有孩子、性别造成。

在模型 1 中，从教年份与教师质量问题得以解决的程度的多元相关系数为 0. 114，可以解释教师质量问题得以解决的程度 1. 3%的变异量。从标准化回归系数来看，从教年份对教师质量问题得以解决的程度的 Beta 值为 0. 114，为正值，表示教龄越高的被试越倾向于教师质量问题得以解决的程度较高。

在模型 2 中，从教年份、是否有孩子与教师质量问题得以解决的程度的多元相关系数为 0. 137，可以解释教师质量问题得以解决的程度 1. 9%的变异量。从标准化回归系数来看，从教年份对教师质量问题得以解决的程度的 Beta 值为 0. 167，为正值，表示教龄越高的被试越倾向于教师质量问题得以解决的程度较高。是否有孩子对教师质量问题得以解决的程度的 Beta 值为-0. 093，为负值，表示没有孩子的被试倾向于教师质量问题得以解决的程度较高。

在模型 3 中，从教年份、是否有孩子、性别与教师质量问题得以解决的程度的多元相关系数为 0. 155，可以解释教师质量问题得以解决的程度 2. 4%的变异量。从标准化回归系数来看，从教年份对教师质量问题得以解决的程度的 Beta

值为0.144，为正值，表示教龄越高的被试越倾向于教师质量问题得以解决的程度较高。是否有孩子对教师质量问题得以解决的程度的Beta值为-0.095，为负值，表示没有孩子的被试倾向于教师质量问题得以解决的程度较高。性别对教师质量问题得以解决的程度的Beta值为0.077，为正值，表示男性被试倾向于教师质量问题得以解决的程度较高。

表5-27　个人自然特征与教师质量问题得以解决的程度

模型	进入的变量顺序	多元相关系数 R	R^2	ΔR	净 F 值	模型 F 值	B 估计值	Beta
1	从教年份	0.114①	0.013	0.013	12.008	12.008	0.011	0.114
2	从教年份	0.137②	0.019	0.006	5.431	8.749	0.017	0.167
	是否有孩子						-0.293	-0.093
3	从教年份	0.155③	0.024	0.005	5.022	7.532	0.014	0.144
	是否有孩子						-0.298	-0.095
	性别						0.188	0.077

注：8个变量自变量与因变量的多元相关系数等于0.188④，R^2为0.035。

①预测变量：(常量)，从教年份。

②预测变量：(常量)，从教年份，是否有孩子。

③预测变量：(常量)，从教年份，是否有孩子，性别。

④预测变量：(常量)，家庭所在地乡镇-村屯，婚姻状况，性别，工资收入，家庭所在地县城-村屯，从教年份，是否有孩子，出生年。

二、个人教育特征与监控效果的回归分析

（一）个人教育特征与监控结果反馈情况

从个人教育特征与监控结果反馈情况的回归分析结果可以看出（表5-28），家庭所在地乡镇-村屯、婚姻状况、性别、工资收入、家庭所在地县城-村屯、从教年份、是否有孩子、出生年8个变量与监控结果反馈情况的多元相关系数为0.193，表示上述8个变量可以解释监控结果反馈情况共3.7%的变异量。此变异量主要由职务学校高层-教师、第一学历高中及以下-本科以上造成。

在模型1中，职务学校高层-教师与监控结果反馈情况的多元相关系数为0.100，可以解释监控结果反馈情况1%的变异量。从标准化回归系数来看，职务学校高层-教师对监控结果反馈情况的Beta值为-0.1，为负值，表示与教师相比，职务为学校高层的被试倾向于监控有结果反馈。

在模型2中，职务学校高层-教师、第一学历高中及以下-本科以上与监控结果反馈情况的多元相关系数为0.124，可以解释监控结果反馈情况1.5%的变异量。从标准化回归系数来看，职务学校高层-教师对监控结果反馈情况的Beta值

为-0.102，为负值，表示与教师相比，职务为学校高层的被试倾向于监控有结果反馈。第一学历高中及以下-本科以上对监控结果反馈情况的 Beta 值为-0.074，为负值，表示与第一学历为本科以上的被试相比，高中及以下的被试倾向于监控有结果反馈。

表 5-28　个人教育特征与监控结果反馈情况回归分析

模型	进入的变量顺序	多元相关系数 R	R^2	ΔR	净 F 值	模型 F 值	B 估计值	Beta
1	职务学校高层-教师	0.100①	0.010	0.010	7.907	7.907	-0.421	-0.100
2	职务学校高层-教师	0.124②	0.015	0.006	4.383	6.162	-0.428	-0.102
	第一学历高中及以下-本科以上						-0.238	-0.074

注：14 个变量自变量与因变量的多元相关系数等于 0.193③，R^2为 0.037。

①预测变量：(常量)，职务学校高层-教师。

②预测变量：(常量)，职务学校高层-教师，第一学历高中及以下-本科以上。

③预测变量：(常量)，每周上课数，第一学历大专-本科以上，最高学历高中及以下-本科以上，身份，最高学历中专/中师-本科以上，职称中教高级-无职称，职称小教初级-无职称，最高学历大专-本科以上，职务学校中层-教师，职务学校高层-教师，职称小教高级-无职称，第一学历中专/中师-本科以上，第一学历高中及以下-本科以上，职称中教初级-无职称。

(二) 个人教育特征与监控促进教师质量提升程度

从个人教育特征与监控促进教师质量提升程度的回归分析结果可以看出(表 5-29)，每周上课数、第一学历大专-本科以上、最高学历高中及以下-本科以上、身份、最高学历中专/中师-本科以上、职称中教高级-无职称、职称小教初级-无职称、最高学历大专-本科以上、职务学校中层-教师、职务学校高层-教师、职称小教高级-无职称、第一学历中专/中师-本科以上、第一学历高中及以下-本科以上、职称中教初级-无职称 14 个变量与监控促进教师质量提升程度的多元相关系数为 0.223，表示上述 14 个变量可以解释监控促进教师质量提升程度共 5%的变异量。此变异量主要由最高学历大专-本科以上、职务学校中层-教师、职务学校高层-教师造成。

在模型 1 中，最高学历大专-本科以上与监控促进教师质量提升程度的多元相关系数为 0.116，可以解释监控促进教师质量提升程度 1.4%的变异量。从标准化回归系数来看，最高学历大专-本科以上对监控促进教师质量提升程度的 Beta 值为-0.116，为负值，表示与最高学历本科以上相比，大专学历的被试倾向于监控促进教师质量提升程度较高。

在模型 2 中，最高学历大专-本科以上、职务学校中层-教师与监控促进教师质量提升程度的多元相关系数为 0.153，可以解释监控促进教师质量提升程度 2.3%的变异量。从标准化回归系数来看，最高学历大专-本科以上对监控促进教师质量提升程度的 Beta 值为-0.128，为负值，表示与最高学历本科以上相比，大专学历的被试倾向于监控促进教师质量提升程度较高。职务学校中层-教师对监控促进教师质量提升程度的 Beta 值为-0.100，为负值，表示与教师相比，职务为学校中层的被试倾向于监控促进教师质量提升程度较高。

在模型 3 中，最高学历大专-本科以上、职务学校中层-教师、职务学校高层-教师与监控促进教师质量提升程度的多元相关系数为 0.188，可以解释监控促进教师质量提升程度 3.5%的变异量。从标准化回归系数来看，最高学历大专-本科以上对监控促进教师质量提升程度的 Beta 值为-0.127，为负值，表示与最高学历本科以上相比，大专学历的被试倾向于监控促进教师质量提升程度较高。职务学校中层-教师对监控促进教师质量提升程度的 Beta 值为-0.120，为负值，表示与教师相比，职务为学校中层的被试倾向于监控促进教师质量提升程度较高。职务学校高层-教师对监控促进教师质量提升程度的 Beta 值为-0.111，为负值，表示与教师相比，职务为学校高层的被试倾向于监控促进教师质量提升程度较高。

表 5-29 个人教育特征与监控促进教师质量提升程度回归分析

模型	进入的变量顺序	多元相关系数 R	R^2	ΔR	净 F 值	模型 F 值	B 估计值	Beta
1	最高学历大专-本科以上	0.116①	0.014	0.014	10.752	10.752	-0.249	-0.116
2	最高学历大专-本科以上	0.153②	0.023	0.010	7.960	9.404	-0.275	-0.128
	职务学校中层-教师						-0.195	-0.100
3	最高学历大专-本科以上	0.188③	0.035	0.012	9.733	9.583	-0.273	-0.127
	职务学校中层-教师						-0.232	-0.120
	职务学校高层-教师						-0.394	-0.111

注：14 个变量自变量与因变量的多元相关系数等于 0.223④，R^2为 0.050。

①预测变量：(常量)，最高学历大专-本科以上。

②预测变量：(常量)，最高学历大专-本科以上，职务学校中层-教师。

③预测变量：(常量)，最高学历大专-本科以上，职务学校中层-教师，职务学校高层-教师。

④预测变量：(常量)，每周上课数，第一学历大专-本科以上，最高学历高中及以下-本科以上，身份，最高学历中专/中师-本科以上，职称中教高级-无职称，职称小教初级-无职称，最高学历大专-本科以上，职务学校中层-教师，职务学校高层-教师，职称小教高级-无职称，第一学历中专/中师-本科以上，第一学历高中及以下-本科以上，职称中教初级-无职称。

（三）个人教育特征与教师质量监控是否应该有责任主体

从个人教育特征与教师质量监控是否应该有责任主体的回归分析结果可以看出（表 5-30），每周上课数、第一学历大专-本科以上、最高学历高中及以下-本科以上、身份、最高学历中专/中师-本科以上、职称中教高级-无职称、职称小教初级-无职称、最高学历大专-本科以上、职务学校中层-教师、职务学校高层-

教师、职称小教高级-无职称、第一学历中专/中师-本科以上、第一学历高中及以下-本科以上、职称中教初级-无职称 14 个变量与教师质量监控是否应该有责任主体的多元相关系数为 0.224，表示上述 14 个变量可以解释教师质量监控是否应该有责任主体共 5%的变异量。此变异量主要由职务学校高层-教师、职称小教初级-无职称、最高学历大专-本科以上造成。

表 5-30 个人教育特征与教师质量监控是否应该有责任主体回归分析

模型	进入的变量顺序	多元相关系数 R	R^2	ΔR	净 F 值	模型 F 值	B 估计值	Beta
1	职务学校高层-教师	0.091①	0.008	0.008	6.614	6.614	-0.372	-0.091
2	职务学校高层-教师	0.133②	0.018	0.009	7.340	7.004	-0.394	-0.097
	职称小教初级-无职称						-0.272	-0.096
3	职务学校高层-教师	0.160③	0.025	0.008	6.357	6.820	-0.387	-0.095
	职称小教初级-无职称						-0.278	-0.098
	最高学历大专-本科以上						-0.218	-0.089

注：14 个变量自变量与因变量的多元相关系数等于 0.224④，R^2 为 0.050。

①预测变量：（常量），职务学校高层-教师。

②预测变量：（常量），职务学校高层-教师，职称小教初级-无职称。

③预测变量：（常量），职务学校高层-教师，职称小教初级-无职称，最高学历大专-本科以上。

④预测变量：（常量），每周上课数，第一学历大专-本科以上，最高学历高中及以下-本科以上，身份，最高学历中专/中师-本科以上，职称中教高级-无职称，职称小教初级-无职称，最高学历大专-本科以上，职务学校中层-教师，职务学校高层-教师，职称小教高级-无职称，第一学历中专/中师-本科以上，第一学历高中及以下-本科以上，职称中教初级-无职称。

在模型 1 中，职务学校高层-教师与教师质量监控是否应该有责任主体的多元相关系数为 0.091，可以解释教师质量监控是否应该有责任主体 0.8%的变异量。从标准化回归系数来看，职务学校高层-教师对教师质量监控是否应该有责任主体的 Beta 值为-0.091，为负值，表示与教师相比，职务为学校高层的被试倾向于教师质量监控应该有责任主体。

在模型 2 中，职务学校高层-教师、职称小教初级-无职称与教师质量监控是否应该有责任主体的多元相关系数为 0.133，可以解释教师质量监控是否应该有责任主体 1.8%的变异量。从标准化回归系数来看，职务学校高层-教师对教师质量监控是否应该有责任主体的 Beta 值为-0.097，为负值，表示与教师相比，职务为学校高层的被试倾向于教师质量监控应该有责任主体。职称小教初级-无职称对教师质量监控是否应该有责任主体的 Beta 值为-0.096，为负值，表示与无职称的被试相比，小教初级的被试倾向于教师质量监控应该有责任主体。

在模型 3 中，职务学校高层-教师、职称小教初级-无职称、最高学历大专-本科以上与教师质量监控是否应该有责任主体的多元相关系数为 0.160，可以解释教师质量监控是否应该有责任主体2.5%的变异量。从标准化回归系数来看，职务学校高层-教师对教师质量监控是否应该有责任主体的Beta值为-0.095，为负值，表示与教师相比，职务为学校高层的被试倾向于教师质量监控应该有责任主体。职称小教初级-无职称对教师质量监控是否应该有责任主体的Beta值为-0.098，为负值，表示与无职称的被试相比，小教初级的被试倾向于教师质量监控应该有责任主体。最高学历大专-本科以上对教师质量监控是否应该有责任主体的Beta值为-0.089，为负值，表示与最高学历为本科以上的被试相比，大专学历的被试倾向于教师质量监控应该有责任主体。

（四）个人教育特征与教师质量问题得以解决的程度

从个人教育特征与教师质量问题得以解决的程度的回归分析结果可以看出（表5-31），每周上课数、第一学历大专-本科以上、最高学历高中及以下-本科以上、身份、最高学历中专/中师-本科以上、职称中教高级-无职称、职称小教初级-无职称、最高学历大专-本科以上、职务学校中层-教师、职务学校高层-教师、职称小教高级-无职称、第一学历中专/中师-本科以上、第一学历高中及以下-本科以上、职称中教初级-无职称14个变量与教师质量问题得以解决的程度的多元相关系数为0.24，表示上述14个变量可以解释教师质量问题得以解决的程度共5.8%的变异量。此变异量主要由职务学校中层-教师、职务学校高层-教师、第一学历高中及以下-本科以上、职称小教初级-无职称、最高学历高中及以下-本科以上造成。

在模型1中，职务学校中层-教师与教师质量问题得以解决的程度的多元相关系数为0.103，可以解释教师质量问题得以解决的程度1.1%的变异量。从标

表5-31 个人教育特征与教师质量问题得以解决的程度回归分析

模型	进入的变量顺序	多元相关系数 R	R^2	ΔR	净 F 值	模型 F 值	B 估计值	Beta
1	职务学校中层-教师	0.103①	0.011	0.011	8.486	8.486	-0.265	-0.103
2	职务学校中层-教师	0.150②	0.022	0.012	9.409	8.993	-0.315	-0.123
	职务学校高层-教师						-0.515	-0.110
3	职务学校中层-教师	0.182③	0.033	0.011	8.619	8.927	-0.327	-0.128
	职务学校高层-教师						-0.530	-0.113
	第一学历高中及以下-本科以上						-0.368	-0.103
4	职务学校中层-教师	0.199④	0.040	0.006	5.251	8.044	-0.302	-0.118
	职务学校高层-教师						-0.544	-0.116
	第一学历高中及以下-本科以上						-0.397	-0.111
	职称小教初级-无职称						-0.268	-0.082

续表 5-31

模型	进入的变量顺序	多元相关系数 R	R^2	ΔR	净 F 值	模型 F 值	B 估计值	Beta
5	职务学校中层-教师	0.211⑤	0.044	0.005	4.002	7.260	-0.296	-0.115
	职务学校高层-教师						-0.528	-0.113
	第一学历高中及以下-本科以上						-0.368	-0.103
	职称小教初级-无职称						-0.273	-0.083
	最高学历高中及以下-本科以上						-1.041	-0.071

注：14 个变量自变量与因变量的多元相关系数等于 0.240⑥，R^2 为 0.058。

①预测变量：（常量），职务学校中层-教师。

②预测变量：（常量），职务学校中层-教师，职务学校高层-教师。

③预测变量：（常量），职务学校中层-教师，职务学校高层-教师，第一学历高中及以下-本科以上。

④预测变量：（常量），职务学校中层-教师，职务学校高层-教师，第一学历高中及以下-本科以上，职称小教初级-无职称。

⑤预测变量：（常量），职务学校中层-教师，职务学校高层-教师，第一学历高中及以下-本科以上，职称小教初级-无职称，最高学历高中及以下-本科以上。

⑥预测变量：（常量），每周上课数、第一学历大专-本科以上、最高学历高中及以下-本科以上、身份、最高学历中专/中师-本科以上、职称中教高级-无职称、职称小教初级-无职称、最高学历大专-本科以上、职务学校中层-教师、职务学校高层-教师、职称小教高级-无职称、第一学历中专/中师-本科以上、第一学历高中及以下-本科以上、职称中教初级-无职称。

准化回归系数来看，职务学校中层-教师对教师质量问题得以解决的程度的 Beta 值为-0.103，为负值，表示与教师相比，职务为学校中层的被试倾向于教师质量问题得以解决的程度较高。

在模型 2 中，职务学校中层-教师、职务学校高层-教师与教师质量问题得以解决的程度的多元相关系数为 0.150，可以解释教师质量问题得以解决的程度 2.2%的变异量。从标准化回归系数来看，职务学校中层-教师对教师质量问题得以解决的程度的 Beta 值为-0.123，为负值，表示与教师相比，职务为学校中层的被试倾向于教师质量问题得以解决的程度较高。职务学校高层-教师对教师质量问题得以解决的程度的 Beta 值为-0.110，为负值，表示与教师相比，职务为学校高层的被试倾向于教师质量问题得以解决的程度较高。

模型 3 中，职务学校中层-教师、职务学校高层-教师、第一学历高中及以下-本科以上与教师质量问题得以解决的程度的多元相关系数为 0.182，可以解释教师质量问题得以解决的程度 3.3%的变异量。从标准化回归系数来看，职务学校中层-教师对教师质量问题得以解决的程度的 Beta 值为-0.128，为负值，表示与教师相比，职务为学校中层的被试倾向于教师质量问题得以解决的程度较高。职务学校高层-教师对教师质量问题得以解决的程度的 Beta 值为-0.113，为负值，表示与教师相比，职务为学校高层的被试倾向于教师质量问题得以解决的程度较高。第一学历高中及以下-本科以上对教师质量问题得以解决的程度的 Beta 值为-0.103，为负值，表示与第一学历为本科以上的被试相比，高中及以下的被试倾向于教师质量问题得以解决的程度较高。

模型 4 中，职务学校中层-教师、职务学校高层-教师、第一学历高中及以下-本科以上、职称小教初级-无职称与教师质量问题得以解决的程度的多元相关系数为 0.199，可以解释教师质量问题得以解决的程度 4%的变异量。从标准化回归系数来看，职务学校中层-教师对教师质量问题得以解决的程度的 Beta 值为-0.118，为负值，表示与教师相比，职务为学校中层的被试倾向于教师质量问题得以解决的程度较高。职务学校高层-教师对教师质量问题得以解决的程度的 Beta 值为-0.116，为负值，表示与教师相比，职务为学校高层的被试倾向于教师质量问题得以解决的程度较高。第一学历高中及以下-本科以上对教师质量问题得以解决的程度的 Beta 值为-0.111，为负值，表示与第一学历为本科以上的被试相比，高中及以下的被试倾向于教师质量问题得以解决的程度较高。职称小教初级-无职称对教师质量问题得以解决的程度的 Beta 值为-0.082，为负值，表示与无职称的被试相比，小教初级的被试倾向于教师质量问题得以解决的程度较高。

模型 5 中，职务学校中层-教师、职务学校高层-教师、第一学历高中及以下-本科以上、职称小教初级-无职称、最高学历高中及以下-本科以上与教师质量问题得以解决的程度的多元相关系数为 0.211，可以解释教师质量问题得以解决的程度 4.4%的变异量。从标准化回归系数来看，职务学校中层-教师对教师质量问题得以解决的程度的 Beta 值为-0.115，为负值，表示与教师相比，职务为学校中层的被试倾向于教师质量问题得以解决的程度较高。职务学校高层-教师对教师质量问题得以解决的程度的 Beta 值为-0.113，为负值，表示与教师相比，职务为学校高层的被试倾向于教师质量问题得以解决的程度较高。第一学历高中及以下-本科以上对教师质量问题得以解决的程度的 Beta 值为-0.103，为负值，表示与第一学历为本科以上的被试相比，高中及以下的被试倾向于教师质量问题得以解决的程度较高。职称小教初级-无职称对教师质量问题得以解决的程度的 Beta 值为-0.083，为负值，表示与无职称的被试相比，小教初级的被试倾向于教师质量问题得以解决的程度较高。最高学历高中及以下-本科以上对教师质量问题得以解决的程度的 Beta 值为-0.071，为负值，表示与最高学历为本科以上的被试相比，高中及以下的被试倾向于教师质量问题得以解决的程度较高。

三、学校特征与监控效果的回归分析

（一）学校特征与监控结果反馈情况

从学校特征与监控结果反馈情况的回归分析结果可以看出（表 5-32），学校教研活动开展情况、完全中学-九年一贯、学校所在地乡镇-村屯、小学-九年一贯、学校教学质量、学校所在地县城-村屯、初中-九年一贯、学校教学设备配置情况 8 个变量与监控结果反馈情况的多元相关系数为 0.408，表示上述 8 个变量可以解释监控结果反馈情况共 16.6%的变异量。此变异量主要由学校教研活动开展情况、学校教学质量、学校所在地乡镇-村屯、学校所在地县城-村屯造成。

表 5-32　学校特征与监控结果反馈情况回归分析

模型	进入的变量顺序	多元相关系数 R	R^2	ΔR	净 F 值	模型 F 值	B 估计值	Beta
1	学校教研活动开展情况	0.339①	0.115	0.115	127.514	127.514	0.451	0.339
2	学校教研活动开展情况	0.387②	0.149	0.034	39.695	86.120	0.295	0.222
	学校教学质量						0.329	0.219
3	学校教研活动开展情况	0.392③	0.154	0.004	4.680	59.189	0.294	0.221
	学校教学质量						0.319	0.213
	学校所在地乡镇-村屯						0.136	0.064
4	学校教研活动开展情况	0.404④	0.163	0.010	11.120	47.630	0.325	0.245
	学校教学质量						0.323	0.216
	学校所在地乡镇-村屯						0.275	0.129
	学校所在地县城-村屯						0.294	0.121

注：8 个变量自变量与因变量的多元相关系数等于 0.408⑤，R^2 为 0.166。

①预测变量：（常量），学校教研活动开展情况。

②预测变量：（常量），学校教研活动开展情况，学校教学质量。

③预测变量：（常量），学校教研活动开展情况，学校教学质量，学校所在地乡镇-村屯。

④预测变量：（常量），学校教研活动开展情况，学校教学质量，学校所在地乡镇-村屯，学校所在地县城-村屯。

⑤预测变量：（常量），学校教研活动开展情况，完全中学-九年一贯，学校所在地乡镇-村屯，小学-九年一贯，学校教学质量，学校所在地县城-村屯，初中-九年一贯，学校教学设备配置情况。

在模型 1 中，学校教研活动开展情况与监控结果反馈情况的多元相关系数为 0.339，可以解释监控结果反馈情况 11.5%的变异量。从标准化回归系数来看，学校教研活动开展情况对监控结果反馈情况的 Beta 值为 0.339，为正值，表示学校教研活动开展得越好的被试，越倾向于监控有反馈结果。

在模型 2 中，学校教研活动开展情况、学校教学质量与监控结果反馈情况的多元相关系数为 0.387，可以解释监控结果反馈情况 14.9%的变异量。从标准化回归系数来看，学校教研活动开展情况对监控结果反馈情况的 Beta 值为 0.222，为正值，表示学校教研活动开展得越好的被试，越倾向于监控有反馈结果。学校教学质量对监控结果反馈情况的 Beta 值为 0.219，为正值，表示学校教学质量越好的被试越倾向于监控有反馈结果。

在模型 3 中，学校教研活动开展情况、学校教学质量、学校所在地乡镇-村屯与监控结果反馈情况的多元相关系数为 0.392，可以解释监控结果反馈情况 15.4%的变异量。从标准化回归系数来看，学校教研活动开展情况对监控结果反馈情况的 Beta 值为 0.221，为正值，表示学校教研活动开展的越好的被试越倾向于监控有反馈结果。学校教学质量对监控结果反馈情况的 Beta 值为 0.213，为正值，表示学校教学质量越好的被试越倾向于监控有反馈结果。学校所在地乡镇-村屯对监控结果反馈情况的 Beta 值为 0.064，为正值，表示与学校所在地为村屯的被试相比，乡镇的被试倾向于监控反馈结果较少。

在模型 4 中，学校教研活动开展情况、学校教学质量、学校所在地乡镇-村屯、学校所在地县城-村屯与监控结果反馈情况的多元相关系数为 0.404，可以解释监控结果反馈情况 16.3%的变异量。从标准化回归系数来看，学校教研活动开展情况对监控结果反馈情况的 Beta 值为 0.245，为正值，表示学校教研活动开展的越好的被试越倾向于监控有反馈结果。学校教学质量对监控结果反馈情况的 Beta 值为 0.216，为正值，表示学校教学质量越好的被试越倾向于监控有反馈结果。学校所在地乡镇-村屯对监控结果反馈情况的 Beta 值为 0.129，为正值，表示与学校所在地为村屯的被试相比，乡镇的被试倾向于监控反馈结果较少。学校所在地县城-村屯对监控结果反馈情况的 Beta 值为 0.121，为正值，表示与学校所在地为村屯的被试相比，县城的被试倾向于监控反馈结果较少。

（二）学校特征与监控促进教师质量提升程度

从学校特征与监控促进教师质量提升程度的回归分析结果可以看出（表 5-33），学校教研活动开展情况、完全中学-九年一贯、学校所在地乡镇-村屯、小学-九年一贯、学校教学质量、学校所在地县城-村屯、初中-九年一贯、学校教学设备配置情况 8 个变量与监控促进教师质量提升程度的多元相关系数为 0.444，表示上述 8 个变量可以解释监控促进教师质量提升程度共 19.7%的变异量。此变异量主要由学校教学质量、学校教研活动开展情况、初中-九年一贯、学校教学设备配置情况造成。

表 5-33　学校特征与监控促进教师质量提升程度回归分析

模型	进入的变量顺序	多元相关系数 R	R^2	ΔR	净 F 值	模型 F 值	B 估计值	Beta
1	学校教学质量	0.384①	0.148	0.148	170.208	170.208	0.490	0.384
2	学校教学质量	0.426②	0.182	0.034	40.972	109.054	0.342	0.268
	学校教研活动开展情况						0.246	0.218
3	学校教学质量	0.435③	0.189	0.007	8.998	76.295	0.335	0.263
	学校教研活动开展情况						0.253	0.224
	初中-九年一贯						0.179	0.086

续表 5-33

模型	进入的变量顺序	多元相关系数 R	R^2	ΔR	净 F 值	模型 F 值	B 估计值	Beta
4	学校教学质量	0.442④	0.195	0.006	6.930	59.300	0.294	0.231
	学校教研活动开展情况						0.205	0.182
	初中-九年一贯						0.158	0.076
	学校教学设备配置情况						0.106	0.101

注：8 个变量自变量与因变量的多元相关系数等于 0.444⑤，R^2 为 0.197。

①预测变量：(常量)，学校教学质量。

②预测变量：(常量)，学校教学质量，学校教研活动开展情况。

③预测变量：(常量)，学校教学质量，学校教研活动开展情况，初中-九年一贯。

④预测变量：(常量)，学校教学质量，学校教研活动开展情况，初中-九年一贯，学校教学设备配置情况。

⑤预测变量：(常量)，学校教研活动开展情况，完全中学-九年一贯，学校所在地乡镇-村屯，小学-九年一贯，学校教学质量，学校所在地县城-村屯，初中-九年一贯，学校教学设备配置情况。

在模型 1 中，学校教学质量与监控促进教师质量提升程度的多元相关系数为 0.384，可以解释监控促进教师质量提升程度 14.8%的变异量。从标准化回归系数来看，学校教学质量对监控促进教师质量提升程度的 Beta 值为 0.384，为正值，表示学校教学质量越好的被试越倾向于监控促进教师质量提升程度较高。

在模型 2 中，学校教学质量、学校教研活动开展情况与监控促进教师质量提升程度的多元相关系数为 0.426，可以解释监控促进教师质量提升程度 18.2%的变异量。从标准化回归系数来看，学校教学质量对监控促进教师质量提升程度的 Beta 值为 0.268，为正值，表示学校教学质量越好的被试越倾向于监控促进教师质量提升程度较高。学校教研活动开展情况对监控促进教师质量提升程度的 Beta 值为 0.218，为正值，表示学校教研活动开展越好的被试越倾向于监控促进教师质量提升程度较高。

在模型 3 中，学校教学质量、学校教研活动开展情况、初中-九年一贯与监控促进教师质量提升程度的多元相关系数为 0.435，可以解释监控促进教师质量提升程度 18.9%的变异量。从标准化回归系数来看，学校教学质量对监控促进教师质量提升程度的 Beta 值为 0.263，为正值，表示学校教学质量越好的被试越倾向于监控促进教师质量提升程度较高。学校教研活动开展情况对监控促进教师质量提升程度的 Beta 值为 0.224，为正值，表示学校教研活动开展越好的被试越倾向于监控促进教师质量提升程度较高。初中-九年一贯对监控促进教师质量提升程度的 Beta 值为 0.086，为正值，表示与九年一贯制学校的被试相比，初中的被试倾向于监控促进教师质量提升程度较低。

在模型 4 中，学校教学质量、学校教研活动开展情况、初中-九年一贯、学校教学设备配置情况与监控促进教师质量提升程度的多元相关系数为 0.442，可以解释监控促进教师质量提升程度19.5%的变异量。从标准化回归系数来看，学校教学质量对监控促进教师质量提升程度的Beta值为0.231，为正值，表示学校教学质量越好的被试越倾向于监控促进教师质量提升程度较高。学校教研活动开展情况对监控促进教师质量提升程度的Beta值为0.182，为正值，表示学校教研活动开展越好的被试越倾向于监控促进教师质量提升程度较高。初中-九年一贯对监控促进教师质量提升程度的Beta值为0.076，为正值，表示与九年一贯制学校的被试相比，初中的被试倾向于监控促进教师质量提升程度较低。学校教学设备配置情况对监控促进教师质量提升程度的Beta值为0.101，为正值，表示学校教学设备配置越好的被试越倾向于监控促进教师质量提升程度较高。

（三）学校特征与教师质量监控是否应该有责任主体

从学校特征与教师质量监控是否应该有责任主体的回归分析结果可以看出（表5-34），学校教研活动开展情况、完全中学-九年一贯、学校所在地乡镇-村屯、小学-九年一贯、学校教学质量、学校所在地县城-村屯、初中-九年一贯、学校教学设备配置情况8个变量与教师质量监控是否应该有责任主体的多元相关系数为0.143，表示上述8个变量可以解释教师质量监控是否应该有责任主体共2%的变异量。此变异量主要由小学-九年一贯，学校教研活动开展情况造成。

表5-34　学校特征与教师质量监控是否应该有责任主体回归分析

模型	进入的变量顺序	多元相关系数 R	R^2	ΔR	净 F 值	模型 F 值	B 估计值	Beta
1	小学-九年一贯	0.107①	0.011	0.011	11.389	11.389	-0.211	-0.107
2	小学-九年一贯	0.130②	0.017	0.005	5.480	8.461	-0.202	-0.103
	学校教研活动开展情况						0.092	0.074

注：8个变量自变量与因变量的多元相关系数等于0.143③，R^2为0.020。

①预测变量：（常量），小学-九年一贯。

②预测变量：（常量），小学-九年一贯，学校教研活动开展情况。

③预测变量：（常量），学校教研活动开展情况，完全中学-九年一贯，学校所在地乡镇-村屯，小学-九年一贯，学校教学质量，学校所在地县城-村屯，初中-九年一贯，学校教学设备配置情况。

在模型1中，小学-九年一贯与教师质量监控是否应该有责任主体的多元相关系数为0.107，可以解释教师质量监控是否应该有责任主体1.1%的变异量。从标准化回归系数来看，小学-九年一贯对教师质量监控是否应该有责任主体的Beta值为-0.107，为负值，表示与九年一贯制学校学校相比，小学的被试倾向于教师质量监控应该有责任主体。

在模型2中，小学-九年一贯、学校教研活动开展情况与教师质量监控是否应该有责任主体的多元相关系数为0.130，可以解释教师质量监控是否应该有责任主体1.7%的变异量。从标准化回归系数来看，小学-九年一贯对教师质量监控是否应该有责任主体的 Beta 值为-0. 103，为负值，表示与九年一贯制学校学校相比，小学的被试倾向于教师质量监控应该有责任主体。学校教研活动开展情况对教师质量监控是否应该有责任主体的 Beta 值为 0. 074，为正值，表示学校教研活动开展越好的被试越倾向于教师质量监控应该有责任主体。

（四）学校特征与教师质量问题得以解决的程度

从学校特征与教师质量问题得以解决的程度的回归分析结果可以看出（表 5-35），学校教研活动开展情况、完全中学-九年一贯、学校所在地乡镇-村屯、小学-九年一贯、学校教学质量、学校所在地县城-村屯、初中-九年一贯、学校教学设备配置情况 8 个变量与教师质量问题得以解决的程度的多元相关系数为 0. 329，表示上述 8 个变量可以解释教师质量问题得以解决的程度共 10. 8%的变异量。此变异量主要由学校教学设备配置情况、学校教学质量、初中-九年一贯造成。

表 5-35　学校特征与教师质量问题得以解决的程度回归分析

模型	进入的变量顺序	多元相关系数 R	R^2	ΔR	净 F 值	模型 F 值	B 估计值	Beta
1	学校教学设备配置情况	0. 269①	0. 072	0. 072	76. 584	76. 584	0. 368	0. 269
2	学校教学设备配置情况	0. 293②	0. 086	0. 013	14. 199	45. 906	0. 264	0. 193
	学校教学质量						0. 229	0. 138
3	学校教学设备配置情况	0. 314③	0. 098	0. 013	13. 907	35. 643	0. 246	0. 180
	学校教学质量						0. 237	0. 143
	初中-九年一贯						0. 306	0. 114

注：8 个变量自变量与因变量的多元相关系数等于 0. 329④，R^2 为 0. 108。

①预测变量：（常量），学校教学设备配置情况。

②预测变量：（常量），学校教学设备配置情况，学校教学质量。

③预测变量：（常量），学校教学设备配置情况，学校教学质量，初中-九年一贯。

④预测变量：（常量），学校教研活动开展情况，完全中学-九年一贯，学校所在地乡镇-村屯，小学-九年一贯，学校教学质量，学校所在地县城-村屯，初中-九年一贯，学校教学设备配置情况。

在模型 1 中，学校教学设备配置情况与教师质量问题得以解决的程度的多元相关系数为 0. 269，可以解释教师质量问题得以解决的程度 7. 2%的变异量。从标准化回归系数来看，学校教学设备配置情况对教师质量问题得以解决的程度的 Beta 值为 0. 269，为正值，表示学校教学设备配置越好的被试越倾向于教师质量问题得以解决的程度较高。

在模型 2 中，学校教学设备配置情况、学校教学质量与教师质量问题得以解决的程度的多元相关系数为 0. 293，可以解释教师质量问题得以解决的程度 8. 6%的变异量。从标准化回归系数来看，学校教学设备配置情况对教师质量问题得以解决的程度的 Beta 值为 0. 193，为正值，表示学校教学设备配置越好的被试越倾向于教师质量问题得以解决的程度较高。学校教学质量对教师质量问题得以解决的程度的 Beta 值为 0.138，为正值，表示学校教师质量越好的被试越倾向于教师质量问题得以解决的程度较高。

在模型 3 中，学校教学设备配置情况、学校教学质量、初中-九年一贯与教师质量问题得以解决的程度的多元相关系数为 0.314，可以解释教师质量问题得以解决的程度 9.8%的变异量。从标准化回归系数来看，学校教学设备配置情况对教师质量问题得以解决的程度的 Beta 值为 0.180，为正值，表示学校教学设备配置越好的被试越倾向于教师质量问题得以解决的程度较高。学校教学质量对教师质量问题得以解决的程度的 Beta 值为 0.143，为正值，表示学校教师质量越好的被试越倾向于教师质量问题得以解决的程度较高。初中-九年一贯对教师质量问题得以解决的程度的 Beta 值为 0.114，为正值，表示与九年一贯制学校相比，初中的被试倾向于教师质量问题得以解决的程度较低。

第六章　乡村教师质量监控策略

第一节　乡村教师质量监控问题梳理

一、监控主体问题

从前几章的数据分析可以看出，不同主体在家庭所在地、第一学历、身份、职务、职称、学校类型、学校所在地、学校教学质量等方面存在显著差异。就校内和校外人员来说，参与频率方面存在显著差异，校内人员更多的是经常参与监控，而校外人员更多的是有时参与监控；在参与监控的素质方面，更多的被试认为校内人员的监控素质要高于校外；在监控意见受重视程度方面，人们倾向于认为，校内人员的意见应该受到重视，而许多人认为校外人员的意见不应该受到重视的看法也比较普遍。

就校内人员来说，从个人自然特征来看，教龄、性别影响了监控频率；出生年影响了监控素质；婚姻状况影响了监控意见受重视程度。从教育特征主要是职务身份，第一学历影响了监控频率；职务影响了监控素质；职务、最高学历影响了监控意见受重视程度。从学校特征来看，学校教研活动开展情况、家庭所在地、学校教学质量、学校类型、学校所在地影响了监控频率；学校特征学校教研活动开展情况、学校所在地、学校类型影响了监控素质；学校教研活动开展情况、学校类型、学校所在地影响了监控意见受重视程度。

就校外人员来说，从个人自然特征来看，教龄、性别影响了监控频率；工资收入影响了监控素质；是否有孩子、性别影响了监控意见受重视程度。个人教育特征来看，最高学历影响了监控的频率；职务和最高学历影响了监控素质；职务、职称影响了监控意见受重视程度。从学校特征来看，学校教研活动开展情况、学校教学质量、学校类型、学校所在地、学校教学设备配置情况影响了监控的频率；学校教学设备配置情况、学校教学质量、学校所在地、学校类型影响了监控素质；学校教研活动开展情况、学校教学设备配置情况影响了监控意见受重视程度。

二、监控内容问题

从前面的统计结果分析，在教师质量监控过程中多数的学校都是考虑从专业知识水平、教学经验与能力、师德水平、学生成绩来监控教师教学质量。这些监控内容涉及教师个人的素养及能力，以及教学对学生的影响。但从访谈中也看出，对于教师质量人们很少考试教师质量涉及的社会影响（例如乡村教师对乡村文化、城乡教育一体化等方面影响）等。

从自然特征来看，依据专业知识水平来监控教师教学质量主要由教龄造成的；依据教学经验与能力来监控教师教学质量主要由工资收入变量造成；依据师德水平来监控教师教学质量是由所有自然特征造成的；依据学生成绩来监控教师教学质量主要由是否有孩子变量造成；教师教学质量监控内容涵盖教师素质的程度主要由年龄造成；所有教师的教学质量监控内容相同程度主要由教龄、性别造成的；参加选择与制定学校的教师教学质量监控内容主要由性别、工资收入变量造成。

从教育特征来看，依据专业知识水平来监控教师教学质量主要由第一学历、最高学历、职务、每周上课数造成；依据教学经验与能力来监控教师教学质量主要由第一学历、职称造成；依据师德水平来监控教师教学质量主要由职称、第一学历、最高学历造成；依据学生成绩来监控教师教学质量主要由职称造成；教师教学质量监控内容涵盖教师素质的程度主要由最高学历、第一学历造成；所有教师的教学质量监控内容相同程度主要由最高学历造成。参加选择与制定学校的教师教学质量监控内容主要由职务、最高学历、第一学历造成。

从学校特征来看，依据专业知识水平来监控教师教学质量主要由学校教研活动开展情况，学校教学质量、学校类型、学校教学设备配置情况造成；依据教学经验与能力来监控教师教学质量主要由学校教研活动开展情况、学校教学质量、学校所在地造成；依据师德水平来监控教师教学质量主要由学校教研活动开展情况、学校教学设备配置情况、学校教学质量、学校类型、学校所在地造成；依据学生成绩来监控教师教学质量主要由学校类型造成；教师教学质量监控内容涵盖教师素质的程度主要由学校教研活动开展情况、学校教学质量、学校类型、学校所在地造成；所有教师的教学质量监控内容相同程度主要由学校教学质量、学校教研活动开展情况造成。参加选择与制定学校的教师教学质量监控内容主要由学校教学质量、学校教研活动开展情况、学校类型、学校教学设备配置情况造成。

三、监控方式问题

从前面的统计数据分析，可以看出，对教师质量监控基本上都是采取听课、考核学生成绩、考查教师工作业绩等方式来监控教师质量。但是对于这些方式是否能将教师质量的内涵解释出来，更多的被试认为监控方式只是部分的揭示素质。而且现在还普遍存在一个问题，即更多的学校在对所有教师（年轻教师、中年教师、老教师）质量进行监控时，使用方式是相同的。

从自然特征来看，依据听课方式监控教师质量主要由婚姻状况、家庭所在地、性别造成；依据学生考核成绩监控教师质量主要由性别、婚姻状况造成；依据工作业绩监控教师质量主要由家庭所在地、年龄、是否有孩子造成；监控方式揭示教师素质程度主要由教龄性别、婚姻状况造成；所有教师教学质量监控方式相同程度主要由年龄变量造成。

从教育特征来看，依据听课方式监控教师质量主要由职称造成；依据学生考核成绩监控教师质量主要由职称造成；依据工作业绩监控教师质量主要由职称造成；监控方式揭示教师素质程度主要由最高学历、第一学历、职称造成；所有教师教学质量监控方式相同程度主要由职务造成。

从学校特征来看，依据听课方式监控教师质量主要由学校教学设备配置情况、学校教学质量、学校所在地造成；依据学生考核成绩监控教师质量主要由学校类型、学校教学设备配置情况、学校所在地造成；依据工作业绩监控教师质量主要由学校教研活动开展情况、学校所在地造成；监控方式揭示教师素质程度主要由学校教学设备配置情况、学校教研活动开展情况、学校教学质量造成；所有教师教学质量监控方式相同程度主要由学校教研活动开展情况、学校类型、学校教学质量、学校所在地造成。

四、监控效果问题

从前面的统计数据分析，可以看出，对于监控效果方面的问题，主要是监控结果反馈情况、监控促进教师质量提升程度、教师质量监控是否应该有责任主体、教师质量问题得以解决的程度等。大多数学校在开展教师质量监控过程中，能有反馈结果；而且大多数人也意识到教师质量监控应该有责任主体来为监控过程和监控结果负责。但在监控促进教师质量提升和教师质量问题得以解决方面，许多人认为这方面的效果并不理想。

从自然特征来看，监控结果反馈情况主要由年龄造成；监控促进教师质量提升程度主要由性别、教龄造成；教师质量监控是否应该有责任主体主要由婚姻状况、教龄造成；教师质量问题得以解决的程度主要由教龄、是否有孩子、性别造成。

从教育特征来看，监控结果反馈情况主要由职务、第一学历造成；监控促进教师质量提升程度主要由最高学历、职务造成；教师质量监控是否应该有责任主体主要由职务、职称、最高学历造成；教师质量问题得以解决的程度主要由职务、第一学历、职称、最高学历造成。

从学校特征来看，监控结果反馈情况主要由学校教研活动开展情况、学校教学质量、学校所在地造成；监控促进教师质量提升程度主要由学校教学质量、学校教研活动开展情况、学校类型、学校教学设备配置情况造成；教师质量监控是否应该有责任主体主要由学校类型、学校教研活动开展情况造成；教师质量问题得以解决的程度主要由学校教学设备配置情况、学校教学质量、学校类型。

第二节　乡村教师质量监控有效策略

一、监控要有明确的要求与指标，确保教师质量监控的方向与效率

教师质量监控效果如何很大程度上取决于监控体系中对教师质量的要求和指标的规定。这些要求与指标确立的是否合理直接影响到监控指标的有效性和可靠性。如果缺少对乡村教育教师实际专业发展需求的了解与评估，导致监控效果并不理想。因此，不论是国家层面的，还是基层的教师质量监控体系都应该有明确的要求与指标，这种要求与指标应该随着社会和教育的发展不断更新以适合新的需要。监控体系从国家层面制定的要求与指标应该作为绝对指标，确保监控的方向正确，基层部门要以国家的绝对指标为依据结合当地的教育与师资实际需求制定相对的要求与指标，但这种相对性的要求与指标的确定必须要坚持教师质量底线，不能低于最低标准，避免教师质量标准的空泛性。从效用维度来说，质量监控指标体系应能够对乡村教师质量提升进行积极干预，为促进乡村教师质量提升与发展提供一个合理的导向。

二、监控反馈信息交流渠道畅通，确保教师质量监控运行的持续与有效

教师质量监控的持续与有效离不开畅通的反馈信息交流渠道。义务教育阶段的教师质量监控的完整运行包括反馈信息的交流。教师质量监控一直关注的重点是教师的教学有效性问题。但在有些地区缺少对教师的广泛的教育影响、社会影响等方面评价，校外的相关利益者在各种监控活动中经常缺位。作为最直接的教师质量信息来源被忽略掉了。义务教育阶段的教师质量监控实施过程中，可以从不同层面邀请各种利益相关者参与对监控政策运行效果的评估与反馈，从而保证多维度、多渠道获得反馈信息；可以创设条件保障反馈信息交流渠道畅通，尽量缩短反馈时间，及时获得有效的信息；相关管理部门可以根据反馈信息对监控政策进行调控或偏差的预防，使之不断地处于最佳运行状态，形成良性的周期循环，以确保教师质量监控政策运行的持续与有效。

三、监控要有相应的问责机制，确保教师质量监控实施的持效与高效

教师质量监控从体系的制定、实际的运行、结果的反馈等所有环节，不论哪个节点出现问题都会影响整个运行，所有这些环节的问题都与监控质量有着直接

的关系。如果缺少责任主体或没有责任主体，监控运行的方向和效率出现问题，所有都会因为都有责任和都没有责任而不愿、不能承担责任。使得监控过程一直处于自由运行状态导致效率低下，其中的问题无法解决。为避免因缺少相应的问责制度造成各环节出现问题无人问津的情况，建立监控问责制度是非常必要的。从体系的制定、运行、结果反馈、问题解决等方面明确责任，确定责任主体。在监控过程运行中，因为有责任主体的监管，不仅能确保运行过程中各环节的失误与偏差尽可能降到最低，而且一旦运行中出现问题也有责任主体进行纠正与调节。当然，对于责任明确但不认真履行职责的主体必须问责。只有奖惩分明的质量监控激励与问责机制才会使管理者、参与者等按照要求运行与实施乡村教师质量监控，并根据反馈信息对监控过程中促进乡村教师质量提升不适宜的部分进行调整与纠偏，以确保通过监控不断地促进乡村教师质量提升的协调性、高效性和可持续性。

参 考 文 献

[1] 董江华. 新中国小学教师职后教育发展研究（1949—2000）［D］. 上海：华东师范大学，2007.

[2] 王世军. 我国当代农村教师队伍建设研究——历史发展、现存问题与对策［D］. 重庆：西南师范大学，2005.

[3] 樊香兰. 新中国小学教师队伍发展历史研究［D］. 西安：陕西师范大学，2004.

[4] 李森，汪建华. 我国乡村教育发展的历史脉络与现代启示［J］. 西南大学学报（社会科学版），2017（1）：61~69，190.

[5] 张君. 新农村文化建设视阈下乡村教师的文化责任与教师成长［D］. 金华：浙江师范大学，2013.

[6] 李潇晓，邹海瑞，等. 我国农村义务教育教师队伍建设的对策研究述评［J］. 教育学术月刊，2011（8）：86~88.

[7] 庞丽娟，韩小雨. 我国农村义务教育教师队伍建设：问题及其破解［J］. 教育研究，2006（9）：47~53.

[8] 胡双成. 农村义务教育师资力量薄弱的几点表现［J］. 中国教师，2007（3）：23.

[9] 刘铁芳. 重新确立乡村教育的根本目标［J］. 探索与争鸣，2008（5）：56~60.

[10] 刘英杰. 中国教育大事典（1949—1990）［M］. 杭州：浙江教育出版社，1993：116.

[11] 王莹莹. 我国农村教师生活史研究（1949—2013）——基于稻村的个案分析［D］. 长春：东北师范大学，2014.

[12] 江涛. 人类学视野中的乡村教化（1949—2014）——以伍村为个案［D］. 长春：东北师范大学，2015.

[13] 费学良. 农村中小学布局调整后农村文化建设研究——基于全国省市的调研［D］. 杭州：浙江师范大学，2015.

[14] 申卫革. 乡村教师文化自觉的缺失与建构［J］. 教育发展研究，2016（22）：44~57.

[15] 王成. 当前推进城乡教育一体化发展的几点建议［J］. 中国发展观察，2010（10）：33.

[16] 褚宏启. 城乡教育一体化：体系重构与制度创新——中国教育二元结构及其破解［J］. 教育研究，2009（11）：3~10，26.

[17] 肖正德. 乡村教师学习文化的问题与重构［J］. 教育发展研究，2013（4）：43~47.

[18] 吴亮奎. 乡村教师专业发展的矛盾、特质及其社会支持体系构建［J］. 教育发展研究，2015（24）：47~52.

[19] 唐松林，廖锐. 搭建城乡交往平台 促进农村教师专业发展［J］. 教师教育研究，2015（2）：32~37.

[20] 秦玉友，袁桂林. 农村教育发展指标体系建构的理论问题研究［J］. 中国教育学刊，2007（12）：13~16.

[21] 秦玉友. 教师质量指标研制的学理问题省思［J］. 东北师大学报（哲学社会科学版），2007（4）：126~131.

[22] 秦玉友. 教育质量指标领域基本问题反思与探究［J］. 当代教育科学，2005（8）：13~

16.
[23] 秦玉友. 农村教师素质提升的现实困境与破解思路 [J]. 教育研究，2008 (3)：35~37.
[24] 王定华. 大力推进义务教育教师资源均衡配置工作 [J]. 中小学管理，2008 (2)：1.
[25] 张宇，于海英. 城乡教育一体化进程中农村义务教育教师质量问题与对策 [J]. 教育发展研究，2012 (24)：70~73.
[26] 杜琳娜. 城乡二元教育结构下谈农村教师培养模式 [J]. 中国成人教育，2013 (5)：103~105.

附录　教师质量监控调查问卷

尊敬的老师：

您好！感谢您参加这次问卷调查。这次调查的目的是了解和收集教师质量监控的情况以及您对教师质量监控的意见和建议，您真实的意见和建议对我们很重要，请您根据亲身感受和个人实际情况认真如实地填答。问卷不针对任何一所学校或个人，以不记名方式进行，仅为研究参考之用。谢谢您的合作！

一、请您依据个人情况填写信息或将选择的答案填写在前面的括号内。

1. （　　）您的性别：

A. 男　　B. 女

2. 您出生于________年，您是________年开始进入学校从事教育工作的。

3. （　　）您的婚姻状况：

A. 已婚　　B. 单身

4. （　　）您是否有孩子：

A. 有　　B. 没有

5. （　　）您的工资收入：

A. 1000元以下　　B. 1000~2000元　　C. 3000~4000元　　D. 5000元以上

6. （　　）您的家庭所在地：

A. 县城　　B. 乡镇　　C. 村屯

7. 您的第一学历是（　　）；您的最高学历是（　　）。

A. 高中及以下　　B. 中专/中师　　C. 大专　　D. 大学本科
E. 研究生

8. （　　）您是哪种教师：

A. 本校教师　　D. 支教　　C. 巡回走教　　D. 交流轮岗
E. 代课教师

9. （　　）您的身份：

A. 校长　　B. 教学校长　　C. 德育校长　　D. 教导主任
E. 学年组长　　F. 班主任　　G. 骨干教师　　H. 普通教师

10. （　　）您目前的职称是：

A. 中教高级　　B. 中教一级　　C. 中教二级　　D. 中教三级
E. 小学特级教师　　F. 小教高级　　G. 小教一级　　H. 小教二级

I. 小教三级　J. 未评职称的新教师　K. 没机会参加评职称

11. 您自己每周上________节课。

12. (　　) 您所在学校类型是：

A. 小学　B. 初中　C. 完全中学　D. 九年一贯制学校

E. 教学点

13. (　　) 您所在学校的所在地为：

A. 市县　B. 乡镇　C. 村屯

14. (　　) 您所在学校的教学质量：

A. 非常高　B. 比较高　C. 一般　D. 比较低

E. 非常低

15. (　　) 您所在学校的教学设备配置情况如何：

A. 非常齐全　B. 比较齐全　C. 一般　D. 不太齐全

E. 非常不齐全

16. (　　) 您所在学校的教研活动开展情况如何：

A. 一直开展　B. 经常开展　C. 一般　D. 不太开展

E. 没有开展过

二、下面是关于教师质量监控的一些问题，请您依据所知道的真实情况将选择的答案填写在前面的括号内。

17. (　　) 您参加过学校里组织的对其他教师教学质量的监控吗？

A. 一直　B. 经常　C. 有时　D. 偶尔

E. 从来没有

18. (　　) 您参加学校的教师教学质量监控时，是否感觉自己缺乏专门的知识？

A. 非常缺乏　B. 比较缺乏　C. 一般　D. 不太缺乏

E. 完全不缺乏

19. (　　) 您认为参加教师教学质量监控，您的意见和建议是否应该受到重视？

A. 非常应该　B. 比较应该　C. 一般　D. 不太应该

E. 完全不应该

20. (　　) 您所在学校监控教师教学质量时，校外人员（如家长）参与情况如何？

A. 一直参与　B. 经常参与　C. 有时参与　D. 偶尔参与

E. 从来没参与

21. (　　) 您认为校外人员（如家长）是否能胜任您所在学校的教师教学质量的监控工作？

A. 完全能　B. 大部分能　C. 一半能　D. 小部分能
E. 完全不能

22. (　　) 您认为教师教学质量监控中，校外人员（如家长）的意见和建议是否应该重视?
A. 非常应该　B. 比较应该　C. 一般　D. 不太应该
E. 完全不应该

23. (　　) 您所在学校是否依据专业知识水平来监控教师教学质量?
A. 一直　B. 经常　C. 有时　D. 偶尔
E. 从来没有

24. (　　) 您所在学校是否依据教学经验与能力来监控教师教学质量?
A. 一直　B. 经常　C. 有时　D. 偶尔
E. 从来没有

25. (　　) 您所在学校是否依据师德水平来监控教师教学质量?
A. 一直　B. 经常　C. 有时　D. 偶尔
E. 从来没有

26. (　　) 您所在学校是否依据学生成绩来监控教师教学质量?
A. 一直　B. 经常　C. 有时　D. 偶尔
E. 从来没有

27. (　　) 您所在学校的教师教学质量监控内容涵盖教师素质的程度如何?
A. 全部　B. 大部分　C. 一半　D. 小部分
E. 没有

28. (　　) 您所在学校对所有教师的教学质量监控内容是否是一样的?
A. 完全一样　B. 大部分一样　C. 一半一样　D. 小部分一样
E. 完全不一样

29. (　　) 您是否参加过选择与制定您所在学校的教师教学质量监控内容?
A. 一直　B. 经常　C. 有时　D. 偶尔
E. 从来没有

30. (　　) 您所在学校的教师教学质量监控是否是通过听课的方式完成的?
A. 一直是　B. 经常是　C. 有时是　D. 偶尔是
E. 从来不是

31. (　　) 您所在学校的教师教学质量监控是否是依据学生成绩的方式完成的?
A. 一直是　B. 经常是　C. 有时是　D. 偶尔是
E. 从来不是

32. (　　) 您所在学校的教师教学质量监控是否是依据工作业绩的方式完成的?
A. 一直是　B. 经常是　C. 有时是　D. 偶尔是

E. 从来不是

33. （ ）您所在学校的教师教学质量监控的方式揭示出的教师素质程度如何？

A. 全部 B. 大部分 C. 一半 D. 小部分

E. 没有

34. （ ）您所在学校对所有教师的教学质量监控方式是否相同？

A. 完全相同 B. 大部分相同 C. 一半相同 D. 小部分相同

E. 完全不同

35. （ ）您所在学校的教师教学质量监控有反馈结果吗？

A. 一直有 B. 经常有 C. 有时有 D. 偶尔有

E. 从来没有

36. （ ）您所在学校的教师教学质量监控结果在促进教师教学水平方面作用如何？

A. 非常大 B. 比较大 C. 一般 D. 比较小

E. 没有

37. （ ）您是否认为应该有相关部门来负责学校师资队伍质量方面的问题？

A. 非常应该 B. 比较应该 C. 一般 D. 不太应该

E. 完全不应该

38. （ ）您所在学校的师资队伍质量问题是否有相关部门给予解决？

A. 一直有 B. 经常有 C. 有时有 D. 偶尔有

E. 从来没有